吕秋影 编

XIAO JU CHANG
DA KE CHENG

"小剧场
大课程"
——小学学科课程
开发新视角

中国言实出版社

**图书在版编目（CIP）数据**

"小"剧场　"大"课程：小学学科课程开发新视

角 / 吕秋影编. -- 北京：中国言实出版社，2024. 12.

ISBN 978-7-5171-4918-7

Ⅰ . G623.202

中国国家版本馆CIP数据核字第2024VR4259号

# "小"剧场　"大"课程

## ——小学学科课程开发新视角

责任编辑：朱　悦

责任校对：张　朕

出版发行：中国言实出版社

　　　　　　地　址：北京市朝阳区北苑路 180 号加利大厦 5 号楼 105 室

　　　　　　邮　编：100101

　　　　　　编辑部：北京市海淀区花园北路 35 号院 9 号楼 302 室

　　　　　　邮　编：100083

　　　　　　电　话：010-64924853（总编室）　010-64924716（发行部）

　　　　　　网　址：www.zgyscbs.cn　电子邮箱：zgyscbs@263.net

经　　销：新华书店

印　　刷：廊坊市宏森印务有限公司

版　　次：2025 年 1 月第 1 版　　2025 年 1 月第 1 次印刷

规　　格：700 毫米 × 1000 毫米　1/16　16.5 印张

字　　数：358 千字

定　　价：98.00 元

书　　号：ISBN 978-7-5171-4918-7

# 目 录

目录

## ● 第三章　戏剧做红线　学科巧相连

## ● 第四章　戏剧实践　生发灵动课程

# 第一章　戏剧与科研 擦出育人之花

# 东城区教育科学规划课题

## 开题报告

课题名称：语文教学中的戏剧元素及其应用

课题负责人：吕秋影

## 一、课题研究的背景

### 1.选题缘由

在小学语文教学中，如何吸引学生的注意力，如何最大限度地调动学生的积极性，如何找准语文学科工具性与人文性的最佳结合点，一直是一个亟待解决的问题。带着这样的思考，我从2009年起跟随刘燕君校长进行市级课题《小学校园剧教育的实践研究》，作为东城区语文学科教学带头人，我也独立主持区级课题《以课本剧为载体实现学生阅读与体验互动发展的研究》。实践研究中深入探索了课本剧在语文教学中的开发与实施，以课本剧为载体为学生搭设了语文综合实践的平台，促进学生语文综合素养的整体提升。同时我也认为戏剧教育与语文教学的结合还有很大的挖掘空间，本课题研究就是在前一阶段研究成果的基础上，继续拓宽戏剧教育在语文教学中的应用领域，努力在语文教学中挖掘戏剧元素，探索应用途径和方法，探讨戏剧元素融入语文教学为学生带来的深远影响。

### 2.研究意义

在前一阶段的研究中，我深切地感受到戏剧活动门槛低、有趣味，每个孩子都乐于参与，戏剧艺术是一门综合艺术，涉及领域广泛，每个孩子都能够从中找到适合自己的位置，能够满足孩子的心理需求和社会需求。在创造性的戏剧活动中，学生是主动地、积极地参与，而不是被动、强迫性地进行学习。戏剧教育为学生的学习提供了一种自然的学习情境，学生能够在这种情境中自然地获得各种知识和技能。我也在实践研究中深入探索了课本剧在语文教学中的开发与实施，以课本剧为载体为学生搭设了语文综合实践的平台，促进学生语文综合素养的整体提升，也逐渐形成自己独特的教学方式及教学风格。在此基础上，开始新一阶段的实践研究，拓宽戏剧教育在语文教学中的应用领域，不仅仅局限于课本剧表演，努力在语文教学中挖掘戏剧元素，探索应用途径和方法，探讨戏剧元素融入语文教学为学生带来的深远影响，是具有重要的研究价值的。

3.核心概念界定

（1）戏剧：戏剧是一种综合的舞台艺术，它借助文学、音乐、舞蹈、美术等艺术手段塑造舞台艺术形象，揭示社会矛盾，反映现实生活。在我国，戏剧一般是戏曲、话剧、歌剧的总称，也常专指话剧。在西方，戏剧（英文drama）即专指话剧。世界各民族的戏剧都是在社会生产劳动和社会实践的基础上，由古代民族、民间的歌舞、技艺演变而来的，后逐渐发展为由文学、导演、表演、音乐、美术等各种艺术成分组成的综合艺术。

（2）戏剧元素：戏剧元素是指构成戏剧的组成部分。我们认为存在着九种戏剧元素，它们分别是戏剧台词、戏剧动作、戏剧时空、戏剧场面、戏剧情节、戏剧角色、戏剧意象、戏剧主题和戏剧节奏。

（3）语文教学：语文课程是一门学习语言文字运用的综合性、实践性课程。义务教育阶段的语文课程，应使学生初步学会运用祖国语言文字进行交流沟通，吸收古今中外的优秀文化，提高思想文化修养，促进自身精神成长。工具性与人文性的统一是语文课程的基本特点。

（4）语文教学中的戏剧元素：指我们在语文教学中挖掘的戏剧元素。包括戏剧台词、戏剧动作、戏剧情节、戏剧角色、戏剧主题。这些戏剧元素适合应用于语文教学，并能促使学生在戏剧实践中达成语文学习的目标。

（5）语文素养包含：①必要的语文知识。②丰富的语言积累。③熟练的语言技能。④良好的学习语文的习惯。⑤深厚的文化素养。

语文素养的内涵充分体现了语文的实践性和综合性的特点。它是以语文能力为核心的，包括语文知识、语言积累、思想情感、思维品质、审美情趣、学习方法、学习习惯的融合。

**二、文献综述**

1.起源

将戏剧融入教学起源于法国思想家卢梭的两个教育理念"在实践中学习"和"在戏剧实践中学习"，与后来美国教育思想家杜威实践学习理论的"渐进式教学"和赫兹-麦恩斯的创造力（creative power）教学理论等，成为戏剧融入教学的理论基础。

2.发展

教育戏剧最初在英美两国产生，英国的哈丽特•芬蕾•强生（Harriet Finlay Johnson）第一个有意识有目的地将戏剧方法系统地应用于学校课堂教学中，并于1911年写成《教学中的戏剧方法》（Dramatic Method of Teaching）。随后，美国的温妮佛列德•瓦德（Winifred Ward）于1930年出版了《创作性的戏剧活动》（Creative Dramatics），首次提出了"创作性戏剧"（Creative Dramatics）的概念，这本书使创作性戏剧方法风靡全美。同样在20世纪30年代，彼得·史莱德（Peter Slade）指出教育戏剧中缺失儿童剧，强调要将天然的戏剧引入课堂中，他批评了这种以表演为目的的教育戏剧实践，鼓励学生自我表达的教育戏剧。这一思想为以过程中心的教育戏剧奠定了基础。20世纪60年代，桃乐丝·希斯考特（Dorthy Heathcote）指出教育戏剧中儿童的表达是积极地表达，儿童自我表达是自我体验和自我经历的过程，让学生自我体验并在体验中成长的教育戏剧应称之为"深度戏剧"。20世纪90年代，David Hornbrook提出教育戏剧课程应该成为独立的学科，应该关注其本身的学习，即戏剧的学科说。

3.我国教育戏剧发展概况

1995年，李婴宁参加了国际教育戏剧联盟会议，开始学习并着力将教育戏剧引入中国并推广，引进国外专家讲学、交流和实践。

20世纪90年代末期：开始有人将戏剧方法运用到企业培训中；学校则开始使用戏剧方法用于心理辅导等活动。

21世纪初，社区活动和幼儿园师资培训开始运用戏剧方法。各地非政府组织、环保组织志愿者活动也开始出现教育戏剧活动。

2005-2007年，在上海、香港和台湾连续三年开展两岸三地教育戏剧互动活动宣传推广，在此期间，上海戏剧学院开设了教育戏剧课程。

2007年7月，大陆数十名教育戏剧、民众戏剧活动参与者和研究者出席国际教育戏剧联盟第六次会议，开始在教育戏剧领域发出中国的声音。

2009年，王永阳教授将教育戏剧运用到国际汉语教学领域，其研究成果发表在国际汉语教学权威期刊《世界汉语教学》（2009年第二期）中。

2009年，我校教师在刘燕君校长的带领下，开展市级课题"小学校园剧教育的实践研究"，探索校园剧在小学各学科教学中的实施与应用；探索校园剧在班级建设中的实施与应用；探讨校园剧在学生发展中发挥的巨大作用。2014年取得阶段性成果，在教育科学出版社出版了《Hello，校园剧》一书，为国内戏剧教育的发展作出了贡献。

综上所述，戏剧教育在国内外有长远的发展历史，戏剧教育在学科教学中发挥的独特作用在大量的研究和实践中得到了肯定。研究发现，戏剧教育能够促进学生的语言技能、学习动机和阅读理解技能等发展。在我国，一些教师将戏剧表演引入了语文课堂，发现采用情境表演的教学手段能使学生更加准确地掌握语言文字，持久地保持学习的动力，培养学生的情感和创造能力。

然而，当前的研究还存在一些问题，主要表现在以下两点。

（1）当前研究中，理论的探讨比较多，也有一些尝试，但在实践模式上，还没有形成系统化的结论。关于戏剧元素在小学语文教学中的开发与应用有待进一步系统化地探索与实践。

（2）在小学语文教学中开发并应用戏剧元素对学生在哪些方面有促进作用，缺乏案例支撑，没有形成系统化、科学化的结论。

### 三、研究设计

**1.研究目标和研究假设**

研究目标：本课题旨在利用学校的现有基础和优势，努力挖掘语文教学中的戏剧元素，探索戏剧元素在语文教学中应用的途径和方法，打造优质且有戏剧特色的语文课程，带动学生语文素养整体提升。

研究假设：

①通过研究，挖掘出语文教学中的戏剧元素。

②通过研究，梳理出戏剧元素在语文教学中应用的途径和方法。

③通过研究，形成有戏剧特色的优秀课堂教学设计汇编及教学课例集。

④通过研究，探讨出戏剧元素融入语文教学为学生带来的深远影响。

**2.研究内容**

①挖掘语文教学中的戏剧元素。

②探索戏剧元素在语文教学中应用的途径和方法。

③收集整理有戏剧特色的优秀课堂教学设计及教学课例。

④为研究对象建立成长档案，记录其进步成长过程，探讨戏剧元素融入语文教学为学生带来的深远影响。

**3.研究方法**

本课题主要采用行动研究法和案例研究法来进行研究。

（1）行动研究法：首先，我们会根据语文学科不同年段学生的特点、教材特点，以及教学目标，深入挖掘戏剧元素，精心进行教学设计，并在课堂上常态化实施，在实践中梳理出戏剧元素在语文教学中应用的有效途径和方法，打造优质且有戏剧特色的语文课程。

（2）案例研究法：设计与之配套的学生语文戏剧实践课程学习手册。此手册把学习单、评价手册、成长档案集于一身，记录学生进步成长的过程。我们也将以此作为重要依据分析语文教学中的戏剧元素及其应用对于学生的学业成就和学习情绪等方面的影响，并分析归纳戏剧元素与语文学科教学相结合的最佳策略和实施模式。

### 四、研究的重点和难点

重点：挖掘语文教学中的戏剧元素，探索戏剧元素在语文教学中应用的途径和方法。

难点：为研究对象建立成长档案，记录其进步成长过程，探讨戏剧元素融入语文教学为学生带来的深远影响。

**五、研究的实施计划及人员分工**

1. 研究思路

首先，在语文教学中深入挖掘戏剧元素，然后在语文教学实践中探索戏剧元素在语文教学中应用的途径和方法，在过程中不断反思、总结，收集相关教学设计，探讨戏剧教育为学生带来的深远影响，最终形成相关成果。

2. 实施步骤及人员分工

（1）动员启动阶段（2016年6月—2017年7月）。

组建课题组，落实人员分工，搜集并整理资料，撰写研究方案和规划。坚持"走出去，请进来"的方法，请专家讲座，学习交流，提高实验教师的整体科研能力。（负责人：吕秋影）

（2）成立子课题研究小组。

子课题1：低年段语文戏剧综合实践课程的开发与实施。

子课题2：中年段语文戏剧综合实践课程的开发与实施。

子课题3：高年段语文戏剧综合实践课程的开发与实施。

（3）子课题负责人制定研究方案。

项目实施阶段（2017年7月—2019年7月）。

①挖掘语文教学中的戏剧元素。

②探索戏剧元素在语文教学中应用的途径和方法。

③收集整理有戏剧特色的优秀课堂教学设计及教学课例。

④为研究对象建立成长档案，记录其进步成长过程，探讨戏剧元素融入语文教学为学生带来的深远影响。

（4）项目总结阶段（2019年7月—2020年7月）。

①邀请专家对项目进行进一步指导。

②在专家指导的基础上，对项目加以完善和发展，针对存在的问题，重新调整研究方案。通过各种形式的研讨，交流体会，最终打造优质且有戏剧特色的语文课程，带动学生语文素养整体提升。

**六、预期研究成果**

| 研究阶段（起止时间） | 阶段成果名称 | 成果形式 |
| --- | --- | --- |
| 2016.9—2020.7 | 研究报告 | 研究报告 |
| 2017.3—2019.7 | 语文戏剧实践课程教学设计 | 教案集 |

（续表）

| 研究阶段（起止时间） | 阶段成果名称 | 成果形式 |
|---|---|---|
| 2017.3－2019.7 | 语文戏剧实践课程学生学习手册 | 学习手册 |
| 2017.3－2017.1 | 语文剧场实施方案及优秀剧本 | 剧本集 |
| 2019.5－2020.7 | 教师、学生成长案例 | 成长案例集 |

**参考文献：**

①陈昊.教育戏剧：理论探讨与实践进展[J].内蒙古师范大学学报.2017.09.1－7.

# 语文教学中的戏剧元素及其应用的研究总报告

## 结题报告

课题负责人单位：北京市东城区回民实验小学
课题负责人姓名：吕秋影

### 一、统编小学语文教材中的戏剧元素

研究中梳理了小学语文统编教材中适合用戏剧表演的方式学习的内容，我们不刻意在每一篇课文的学习中融入戏剧元素，而是根据教材特点以及不同学年段学生的特点和发展需求，找准结合点和切入点而进行精心设计。

1.根据教材特点以及不同学年段学生的特点和发展需求选择课文（见图1）

低年级侧重选择生动有趣的童话故事。童话故事深受低年级孩子的喜爱，故事内容生动有趣，易于演绎。

中年级侧重选择叙事类的文章。文章可以是教材中出现的，也可以是学生的优秀习作。

高年级侧重选择古诗文。

2.根据不同学年段学生的特点及发展需求选择学习方式

低年级教学以教师为主导，学生为主体，教师负责编排全过程，学生积极参与。

中年级教学为师生共同策划，教师组织研讨，由学生全程策划，教师随机指导。

高年级教学则以学生主导，教师配合。由学生设计活动方案，相关教师根据方案需要予以配合。

### 二、戏剧元素在语文教学中应用的途径和方法

研究中团队共同探索了戏剧元素与语文教学亲密结合的三种途径，共同构建了回民实验小学语文戏剧实践课程。

（一）途径一：在教材中找结合点，实现国家级课程校本话实施

在实际授课过程中，教师根据教材特点和学生的需求，灵活教学。有的课是某一片段融入戏剧元素，有的课是戏剧元素贯穿始终，学生始终置身于戏剧元素创设的情境中学习。融入多少，怎样融入，完全取决于实际授课过程中学生的学习需求。

下面以课例具体说明。

低年级：走进情境，角色扮演。

教学案例：人教版一年级下册《要下雨了》。

案例简介：

《要下雨了》是一年级教材中一篇生动有趣的科学童话故事。课文通过小白兔与小燕子、小鱼和蚂蚁的对话，介绍了燕子低飞、鱼游到水面、蚂蚁搬家这三种可预示即将下雨的现象，使学生知道观察大自然也能预测天气变化。课文内容生动有趣，通过对话展开故事情节，特别适合学生演绎。教学中，教师通过角色扮演，引领学生走进故事情境，把文字内容形象化，把抽象内容具体化，激发学生阅读兴趣，调动学生参与的热情，学生在轻松、愉悦的学习氛围中朗读、背诵课文，在情境表演中理解课文内容，识记重点字词。

教学过程：

1.走进文本，让教材"活"起来

课堂伊始，教师引导学生自由阅读，走进这有意思的小故事中：要下雨了，小白兔遇到了谁？看到了什么？在文本中，学生看到小白兔分别遇到了小燕子、小鱼、小蚂蚁，并听到了他们生动有趣的对话。此时的文本变成了有声、有色、有形的动态"活"的文本。

2.带入情境，让人物"活"起来

在学生了解了故事的主要内容之后，教师把学生带入三次对话情境。例如，在学习小白兔和小鱼的对话时，采用师生对读的方式，抓住"闷得很"展开情境对话。教师说："小鱼们，我特别理解你们，要下雨了，气压很低，水中缺氧，你们会闷得喘不过气来了。那什么语气才能让我们感受到你的痛苦呀？"在教师的引领下，学生自然进入了情境，在情境中用心体会，在情境中读出语气，使文本中的人物鲜活起来。

3.角色扮演，让学生"活"起来

在学生正确、流利、有感情朗读的基础上，教师指导学生通过表演外化对课文的理解，展示自己的学习成果，层层递进地落实教学重点。教师让学生想一想，其他小动物在下雨前有什么表现，试着与同伴一起合作表演，以此调动学生的课外积累，为他们搭建运用语言的平台。学生在积极主动地参与过程中，活跃思维，活跃情感，表演得活灵活现。

展现情境使学生将语言文字内化，同时发挥学生学习的主动性，培养创造性。通过角色转换、角色对白、角色情感交流，不仅使文本呈现的内容更加现实形象，而且使学生作为一个活生生的人，在角色意识驱动下，全身心地投入、全面地活动起来，不知不觉地经历角色的心理活动过程，改变被动学习的状态。

低年级教学选择科普通话类课文，融入戏剧元素，引导学生通过角色扮演，走进故事情境，为学生搭设语文实践的平台。像这样的教材还有《荷叶圆圆》《夏夜多美》《小壁虎借尾巴》《小白兔和小灰兔》《两只狮子》等，这种方式使学生兴趣盎然。高年级教学则选择古诗文这类文章融入戏剧元素，帮助学生走进情境，走进角色内心世界，深入理解古诗文，并通过表演外化自己的理解，提高学生的学习能力，激发学生学习古诗文的兴趣。

（二）途径二：学科间找联动点，构建融通课程

戏剧元素走进语文课堂，可以为学生搭设语文学科实践的平台，戏剧还可以打通学科界限，架设学科通道，为学生搭设跨学科综合实践的舞台。戏剧教育实践过程，是一个真实任务驱动的过程，它提供了一个真实的情境——排演剧目；它形成了一个各学科整合资源的载体——剧目。每一个剧目的演出，都是一个真实的任务，是学科联动的纽带。它把不同学科老师组织在一起，形成研究共同体。这样的一个动态学习型组织，就是学科联动的研究型团队。

首先，剧目负责人根据完成剧目的需要，向相关学科教师发布征集令，组建学科联动团队。形成团队后，剧目负责人制定学科联动计划，各学科教师根据计划设计、撰写本学科教案。在此基础上，剧目负责人组织召开团队会议，完善各学科教案，最终形成此剧目学科联动实施方案。方案形成后，各学科教师利用校本课程的时间实施方案，形成剧目。

**教学案例：课本剧《七颗钻石》。**

1.自主选择学习内容

有的学生想将这个故事生动地讲给身边的伙伴；有的学生想改编为剧本，搬上舞台进行表演；有的学生想要为故事绘制手绘本；有的学生酷爱音乐，要为故事配上动听的乐曲；有的学生要为这个舞台剧设计舞蹈动作；更有学生将这个国外的故事用中国传统皮影戏的形式演绎……

2.组建课程团队

三年级组长根据学生的学习需求，向相关学科教师发布征集令，打破学科界限组建综合性学习实施团队。语文老师教授学生如何讲故事、改编剧本；音乐老师指导学生在赏析中外名曲的过程中为作品；美术老师和语文老师一起指导学生完成手绘本；劳技老师和学生们一起画皮影、刻皮影……除了满足孩子们的学习要求，语文老师还为每一位学生建立成长档案册，记录学生参与课程过程中的点滴收获与体会，为学生搭设了微作文的平台，各学科教师共同努力为学生搭建能全身心参与的综合性学习实践平台。

3.形成课程方案

各学科教师则根据学生的学习需求及自己所教授学科的特点，和学生一起研讨、设计学习计划，最后由年级组长即本课程负责人制定课程方案，完成主题课程第一阶段的研发，内容包括"经典童话""改编剧本""音乐欣赏与选编""舞蹈"等。在课程实施过程中根据学生新的学习需求还会继续生发新的课程，完成主题课程第二阶段的研发，包括"民族皮影""中英文电子宣传"等。两个阶段的课程研发，共同形成一个完整的

主题课程，从而实现一个主题全面开花。各学科教师不再孤立地思考如何开展学科实践活动，而是围着学生转，围着同一研究学习的主题共同开展教育教学活动。有的内容是在学科教学中完成的，如改编剧本、讲童话故事，有的内容是利用课后时间完成的，如皮影课程。

4.课程评价方式

（1）形成性评价：课程实施过程中为每一个学生建立成长档案册，档案册中留有学生参与的照片，学生写下参与的感受与收获，记录学生的自我评价，以及教师、家长和学习伙伴对学生的评价，帮助学生记录成长的过程，而且也为学生创设了微作文的平台。

（2）展示性评价：学期中召开课程中期汇报会，学期末召开课程总结会，邀请学生、教师、家长以及关注我们发展的社会人士共同参加。会上展出学生的阶段性作品，有中英文海报作品、童话故事手绘本，播放学生们制作的电子宣传片，演出皮影舞台剧《七颗钻石》，分享学生参与过程中的独特感受。为每一个学生搭设展示的舞台，彰显个性，展现独特的自我。我们还把这一综合性学习过程通过一个短片记录下来。

（三）途径三：生活中找育人点，构建主题课程

语文课程标准指出：要结合语文学习，观察大自然、观察社会，书面表达与口头表达要结合自己的观察所得。语文是一门源于生活，又寓于生活的学科。语文学习必须与生活实际相结合，让生活成为语文的大课堂，语文才能焕发出无尽的生命力。

记得这样一个故事，孔子携弟子数人至泗水河边游春。他们围坐着畅谈水之德性、水之志向、水之情义、水之教化。随后，他们在颜回的古琴声中载歌载舞，尽兴而归。故事给我们展现了一幅动人的教学情景。春风和煦，杨柳依依，在大自然中，弟子们在孔子无声的浸润中明白了为人之道、处世之理。生活，是我们理想的语文课堂，在生活中，我们每时每刻都能感受到语文的存在；生活，为我们学习语文打开了更为开放、自由、灵活、广阔的空间。带领学生在生活这个大课堂里学习语文，有利于学生更好地学语文、用语文。

比如，建立成长档案册，指导学生写日记，通过日记进行心与心的沟通，再如，我们通过知心话信箱与学生真心交流，也是教孩子在生活中学会表达与交流。只要我们能够抓住教育契机，我们就能够感受到身边处处皆语文。再比如，我们带领毕业班的学生们完成六年级毕业课程，主题为"致敬成长"，学生们共同完成一本回忆录，记录了学生们小学阶段的珍贵记忆。师生一起把部分同学的感人故事改编成剧本，在毕业典礼中展演。其中的每一部剧目都展现了学生们真实的校园生活，其中的每一句台词、每一句歌词都由师生共同创作完成，饱含着浓浓的师生情。

**三、结论**

戏剧活动本身的实践性、参与性、合作性、交流性、教育性、思辨性等特点非常契合以核心素养为目标的课程改革需求。语文学科作为实施人文素质教育的重要载体，运

用戏剧教育的策略可以在语文课堂上丰富语文教学的方式，更好地落实语文核心素养。

1."文本"变"剧本"，促进语言的建构与运用

语言建构与运用是指学生在丰富的语言实践中，通过主动的积累、梳理和整合，逐步掌握祖国语言文字特点及其运用规律，形成个体的言语经验，在具体的语言情境中正确有效地运用语言文字进行交流沟通的能力。在戏剧教育中，引导学生把课文改编成剧本，不是为改编而改编，而是为学生搭设语言实践的平台，在这样的语言实践中，促进学生语言建构与运用能力的提升。

（1）提炼剧本要素，促进整体建构。

改编剧本第一步，提炼剧本要素：时间、地点、人物、环境及故事梗概。比如，统编教材三年级上册第8单元，出现了小学阶段的第一篇小古文《司马光》。在教学这篇课文时，为了消除学生第一次学习文言文的畏难情绪，激发学生参与的热情，引导学生演这个古代小朋友司马光的故事。表演之前需要一起改编剧本，在真实任务的驱动下，我引导学生借助注释想一想，故事发生的时间、地点以及当时的环境，并试着用自己的话讲一讲这个故事。在师生共同交流的过程中，学生轻松提炼出故事发生在宋朝，司马光和一群孩子在庭院嬉戏。一个小孩爬上瓮，失足落入水中。大家都吓跑了，只有司马光拿石头砸瓮。瓮破了，水一下子喷涌出来，落水的小孩得救了。在提炼剧本要素的过程中，从整体上把握了故事的主要内容。落实了本节课用自己的话讲一讲这个故事的教学重点。

（2）聚焦矛盾冲突，促进整合思考。

备课时我们常常会设计一系列问题链，如"是什么，为什么，怎么样"等。这些问题常常是平行关系，不利于深入挖掘与探讨。而聚焦戏剧的核心矛盾，有利于整合语文教学的零碎性和随意性。比如，教学统编教材二年级下册中的寓言故事《揠苗助长》，我引导学生在剧本改编中感受农夫急切的心情，抓住课文中"巴望"一词，想象农夫的心理活动，撰写内心独白。

---

**《揠苗助长》剧本片段**

一大早，农夫扛着锄头，兴冲冲地来到田里。

农夫：（兴奋地告诉大家）"昨晚，老汉我做了一个梦，梦见刚插下的小禾苗，一转眼就接满了金色的、沉甸甸的麦穗。"（做眺望远方的动作）"可我这么放眼一瞧呀，怎么一点儿也没有长高，真是急死我了。"（转圈表示十分焦急）"真是急死我了！"（做思考状）"这可怎么办呢？"（思考片刻）"不行，我必须想个办法帮助它们长高！"

---

在真实情境中，体会农夫心理活动并撰写农夫的内心独白，促进学生语言运用能力的提升。农夫的急于求成与自然生长的小禾苗形成了核心矛盾，促进学生在剧本改编中感悟寓言故事的道理，突破了学习难点。

2."课堂"变"剧场"，助力思维的发展与提升

思维发展与提升是指学生在语文学习过程中获得的思维能力发展和思维品质的提升。语言的发展与思维的发展相互依存、相辅相成。思维发展与提升也是学生语文核心素养的重要组成部分，是学生语文素养形成和发展的重要表征之一。在古诗教学中，将戏剧元素融入课堂教学，助力学生思维品质的提升。

《黄鹤楼送孟浩然之广陵》是学生们熟能成诵的古诗佳作，在"送别诗"中独放异彩，是历来传颂的名篇；引发我们许多的情感共鸣，抓住这一情境，在执教中，我转变了借助注释解释诗句、诵读诗文的教学模式，大胆融入戏剧元素，鼓励学生以角色塑造的形式走进诗境、感悟诗情。学生在理解大意的基础上，把这首七言绝句写成了一个小故事。在查阅资料、充分了解诗中人物的基础上，又不断丰富内容，把故事改编成了剧本，语文教学的重难点随之突破，将理解教学内容转化为有温度的表达，提升了学生们的课堂思维品质；古诗文的课堂幻化为灵动的诗韵剧场，学生在扩展情节、创作剧本角色演绎的过程中走进诗境、感悟诗情，学生们的精彩演绎彰显出他们对诗文学习的热情，多学科知识的融合发展了学生们的创造性思维。

3."读者"变"角色"，促进审美的鉴赏与创造

"审美鉴赏与创造"作为语文核心素养的重要内容之一，是指认识美、评价美的能力，以及在艺术素养的基础上形成与发展以主观爱好体现对美的客观认知与创造。审美鉴赏与创造具有鲜明的个性，它需要主体具备较高的审美能力、艺术鉴赏能力和丰富的创造力。

戏剧课程的重心就是以人文素养和艺术修养为内涵的教育，在场景还原或再现的情景化中，借助人物、事件的展现，达到促进人由"智"到"心"的全面发展。不仅深入体验古诗内涵中的矛盾冲突与变化、人物性格与心理，更形成个体体悟后的再现，并在体验中提升个体对内容的重新认知与架构，达到鉴赏后的再造。

如，在送别的古诗文教学中，尝试情景化呈现，这一过程不仅要求学生对古诗文内容有充分理解，更挑战了学生对人物心理、环境氛围、社会背景诸多方面的探究度，全员化、全景化、全程化的课程要求对于学生的审美、鉴赏、创造都形成了良性塑造的场。学生们在角色体验中赏析诗文、评价人物、拓展诗文情境，古诗教学与戏剧元素的联姻，让审美创作体验在课堂教学中真实发生。

4."古今"巧"穿越"，助力文化的传承与理解

文化的传承与理解是指学生在语文学习中能继承中华优秀传统文化，理解、借鉴不同民族和地区文化的能力；以及在语文学习过程中表现出来的文化视野、文化自觉和文化自信。

（1）创设戏剧情境，"穿越至古"巧理解

我校语文学科大组开展"演绎经典"活动，号召各班级剧组选择富有教育意义的体现中华传统美德和当代中国价值的感人故事，改编剧本，精彩演绎。我班选择了《孟母三迁》的故事。这个故事发生在战国时期，孟轲（孟子）的母亲为选择良好的环境教育孩子，多次迁居。《三字经》里说的"昔孟母，择邻处"便出自于此。从字面上理解起来并不难，但故事发生的时代离当今学生的生活实际较远，真正读懂故事，从中体会孟母的用心良苦并不容易。我带领同学们查阅相关资料，了解那段历史，学生自制道具、服装，布置故事场景，把自己装扮成故事中的某个人物，这样我们便穿越到故事之中。在演绎故事的过程中，扮演孟母的同学看到自己给予厚望的儿子，学着人家哭坟、卖肉，心急如焚。扮演孟轲的同学也感受到，如果再这样下去，自己将一辈子以哭坟为生。从而领悟到孟母在孟轲成长过程中的巨大作用，同时学生也亲身感受到环境对一个人的影响。穿越到故事情境中，才真正理解了故事的内涵。

（2）创新戏剧情节，穿回现代巧传承

深刻理解了《孟母三迁》这个故事的内涵之后，我们又从"古穿越至今"，进行《孟母三迁》故事新编。引导学生结合生活实际想一想，日常中"孟母三迁"体现在哪里，学生们集思广益，选择典型案例撰写剧本。比如，有学生写了妈妈陪读的故事，理解了妈妈是为了给自己营造良好的环境，自从有了自己，妈妈再也没有追过剧，而是每天坚持亲子阅读。有学生写出"我的虎妈是真爱"，从妈妈的严厉中体会到了背后的深爱。有学生写到我的榜样是妈妈，他告诉我们，自己的妈妈是一名护士，但当疫情发生时，妈妈变身白衣战士，义无反顾地冲向战场，救治病人。从此我立志长大要像妈妈一样当一名医生。从学生们的创作中，我们读懂了《孟母三迁》这个故事在今天的传承，在传承中故事也变得更加丰富、立体了。

戏剧教育作为一种教学方式，对于培养学生的语言能力、思维能力、审美能力和文化理解能力，具有特殊的意义和独特的价值。我们也将继续实践与探究，使其在小学生语文核心素养的培育中发挥更大的作用。

**四、分析和讨论**

通过研究梳理了小学语文统编教材中的戏剧元素，结合教材特点，设计并实施了语文戏剧实践课程，出版了语文戏剧实践课程学习单。在研究中探索了以课本剧为载体构建跨学科实践课程的途径和方法，打破学科壁垒，促进全面发展。研究中在生活中找育人点，构建大主题课程，落实全人教育。研究得出戏剧元素融入语文教学能够促进学生语文素养落地的结论。

**五、建议**

在小学语文教学中开发并应用戏剧元素对学生在哪些方面有促进作用，还需要结合案例进行更为系统化、科学化的梳理。

## 相关发表或出版成果

| 题目 | 发表期刊名称、期数或出版社名称 | 刊载时间或出版时间 | 作者 |
|---|---|---|---|
| 以课本剧为载体搭设语文综合性学习平台 | 《小学语文》2020年第9期 | 2020年9月 | 吕秋影 |
| 以课本剧《七颗钻石》为载体学科联动方案 | 《小学语文》2020年第9期 | 2020年9月 | 吕秋影 |
| 《要下雨了》教学实录 | 《小学语文》2020年第9期 | 2020年9月 | 吕秋影 |
| 语文戏剧实践课程教学感悟 | 《小学语文》2020年第9期 | 2020年9月 | 王忱忱 |
| 《语文戏剧实践课程学习单》 | 北京出版社 | 2019年9月 | 主编：刘燕君 副主编：吕秋影 |

**参考文献：**

①陈昊.教育戏剧：理论探讨与实践进展[J].内蒙古师范大学学报.2017（09）1-7.

②李越挺.戏剧在教育上的路向[J].戏剧，1998（4）.

③张晓华.台湾中小学表演艺术戏剧教学的解析.[J]教育学报.2014（2）.57-66.

④徐俊.教育戏剧——基础教育的明日之星[J].基础教育，2011（3）:68-74.

⑤徐俊.回望与反思：近二十年大陆教育戏剧相关研究述评[J].上海戏剧学院学报，2017，195（1）:101-111.

# 北京市教育学会 "十四五" 教育科研课题
# 研究报告

课题名称：以戏剧教育为载体构建小学跨学科主题实践课程的实践研究
负责人：吕秋影
单　位：北京市东城区回民实验小学
类　别：2021年一般课题

## 一、问题的提出

### (一) 选题背景

1. 2015年9月，《北京市实施教育部〈义务教育课程设置实验方案〉的课程计划(修订)》的通知中明确指出要加强学科实践活动课程建设，中小学各学科平均应有不低于10%的课时用于开展校内外综合实践活动课程。2017年10月，教育部印发《中小学综合实践活动课程指导纲要》，强化实践育人。怎样构建有价值、可操作、学生感兴趣的综合实践活动，是我们要在实践中思考、探索、解决的问题。

2. 戏剧应用于国内外教育教学中有着长远的历史，大量的研究表明，戏剧具有很强的实践性、包容性，能够成为促进学科融合、构建综合实践活动的平台。能够促进学生的人文积淀、审美情趣、批判质疑、实践探究、健全人格等核心素养的全面发展。

3. 本课题是在 "十二五" "十三五" 阶段实践研究基础上的拓展延伸。课题负责人及主要参研人员均参与了刘燕君校长主持的北京市规划办 "十二五" 立项课题《小学校园剧教育的实践研究》及 "十三五" 立项课题《基于小学生核心素养培育的戏剧教育实践研究》，进行了十余年的戏剧元素融入小学教学的实践研究，梳理总结了戏剧元素在各学科教学中应用的途径和方法。本课题在十余年研究的基础上继续深入挖掘戏剧应用于教学实践的途径，特别是在运用戏剧的方式构建跨学科综合实践活动方面进行深入探索与实践。

### (二) 选题意义

被誉为 "教育戏剧第一人" 的上海戏剧学院李婴宁认为，教育戏剧针对中国现行的教育观念和教育体制，改变了学生被灌输的状态。她说："在一个人的成长过程中，最早的过家家的游戏，其实就是孩子在一个自发创造的环境中体验未来的生活，实际上他就是在学习。但是一旦进入学校，孩子就变成了被动的接受者，灌输性的教学压抑了孩子的天性。教育本应该是'全人教育'，是整个人的品德、思想、创造力和人格的培养，而绝不只是掌握知识。我们现行的教育太注重知识的灌输，我们需要一种工具突破传统观念，打开新的眼界。教育戏剧恰逢这个时代，解放人的精神，解放人的思考，改变人的观念。"戏剧教育对中国现行的教育观念和教育体制是一个突破，在教育戏剧里，学生们获得的不仅仅是知识与技能的提升，更是人格的和谐发展，教育戏剧指向全人的培养。因此，我国现行的教育体制需要教育戏剧的介入，教育戏剧也成为课程与教学改革的热点。

### 二、国内外相关研究的综述和分析

将戏剧融入教学起源于法国思想家卢梭的两个教育理念"在实践中学习"和"在戏剧实践中学习"，这强调了戏剧融入教学能够增强学习过程的实践性，戏剧能够为学生搭设实践的平台。

1930年开始，戏剧融入教学开始在欧美等国家发展起来。美国戏剧教育家温尼弗瑞德•瓦尔德根据自己实践编写出版《创作性戏剧技术》一书提出了"创作性戏剧教学方法"。在英国，哈丽特•芬蕾•强生第一个有意识有目的地将戏剧应用到教学中。戏剧性质的教学方法开始在欧美国家发展起来。二次世界大战以后，为推动教育发展，许多戏剧专长的教育家也开始在校园推广戏剧教学的方法，DIE/TIE，创作性戏剧教学方法在欧美迅速发展。

20世纪90年代，戏剧融入学校教育、学科教学逐渐在我国发展，在发展中逐渐形成了戏剧融入学科教学的方法即戏剧教学法，很多学校成立了戏剧社团，还有一些中小学开设了戏剧课。

在研究中达成这样的共识：戏剧融入教育、教学的重点不在于培养戏剧表演方面的人才，而是以戏剧为媒介为学生搭设更广阔的学习平台，促使学生在喜闻乐见的戏剧活动中综合素养得到整体提升。

### 三、课题研究的理论依据

1.从教育的目的看，人是作为一个整体而存在的，教育的使命不能分割为德智体美劳五个向度的独立发展；从教育的内容看，"五育"之间有着天然的有机联系，并无绝对边界；从教育的功能看，任何一类教育教学活动都蕴含着多方面的育人资源，每一位教师都承担着促进学生全面发展的任务。因此，"五育"不应是五个方面各自独立、相互并行，必须融为一体、有机贯通，实现由"五育"并举到"五育"融通的演进。

2.育人先育心，"五育"对知识传授和能力培养各有侧重，但价值塑造的旨归异曲同工。我们要牢固树立"价值塑造、能力培养、知识传授"三位一体的育人理念，把价值塑造放在首位，以社会主义核心价值观贯穿人才培养全过程，倡导"人人事事时时处处皆育人""人人都是德育工作者、门门课程有思政"，引导学生自觉做社会主义核心价值观的坚定信仰者、积极传播者、模范践行者，自觉明大德、立大志、成大才、担大任。

3.学校要作好顶层设计，创设"五育"融通的场域。结合学校教育特色及品牌，以戏剧教育为载体构建五育融通场域。戏剧元素融入学科教学为学生搭设学科实践的平台，充分发挥课程教材培根、铸魂、启智、润心的作用，充分利用语文教材中的中华优秀传统文化、革命文化、社会主义先进文化，以文化人，培养学生正确的价值观、必备品格和关键能力。

### 四、课题研究的目标与主要内容

研究目标：

1.在实践中梳理各年级跨学科综合实践活动的主题及内容。

2.在实践中探索以戏剧的方式构建跨学科综合实践活动的运行模式。

3.在实践中探索以戏剧的方式构建跨学科综合实践活动的实施方案。

研究内容：

1.系统梳理小学统编教材中的红色经典故事、中华优秀传统文化、社会主义核心价值观等文本内容，确定各年级跨学科综合实践活动的主题及内容。

2.在实践中探索以戏剧的方式构建跨学科综合实践活动的途径和方法，逐步总结、梳理运行模式。

3.围绕主题，根据文本内容、年段特点、年段发展目标，以戏剧的方式设计跨学科综合实践课程实施方案，以校本方式落实5%的跨学科实践内容。

### 五、核心概念的界定

戏剧融入教育：戏剧融入教育教学是指运用戏剧方法、戏剧元素以及技巧，让儿童在戏剧实践中达到学习目标和目的。戏剧性扮演、戏剧性游戏、剧场及戏剧认知等，都是教育戏剧用来引导儿童自发性共同探索问题、事件与各种关系（家庭、社会、健康、环境等）的形式。其目的是为了给儿童拓展认知、提高语言的准确性、激发创造力、培养社会技能等。作为一种综合性的教育方式，教育戏剧通过戏剧的结构，将诸多艺术形式囊括其中，又由于儿童在其中需要情感体验以及对现实生活的高度模仿，教育戏剧甚至被认为是最契合"全人教育"与"终身教育"的艺术教育方式。

"戏剧融入教育"除了形式借助于戏剧方式外，教育活动的内容可以是其他任何知识、技能，往往与戏剧无关。在本课题的研究中也是把戏剧作为跨学科综合实践活动的媒介。

跨学科：是与交叉科学（interdiscipline）在同等意义上使用的，因此，许多人也称跨学科为交叉科学。具体而言，是指专门学科的综合科学含量，每一门科学，都有它的跨学科性（包含其他的科学范畴）和跨学科发展。

动词复合学习：是指超越原学科界限，从事其他学科的学习。

综合实践活动：综合实践活动提供了一个相对独立的学习生态化空间，学生是这个空间的主导者，学生具有整个活动绝对的支配权和主导权，能够以自我和团队为中心，推动活动的进行。在这个过程中，学生更谋求独立完成整个活动，而不是聆听教诲和听取指导。教师在综合实践活动这个生态化空间里，只是一个绝对的引导者、指导者和旁观者。与传统实践活动强烈的目标性不同，综合实践活动更强调多种主题、多种任务模式、多种研究方法的综合，这种复合不是来自教师的人为复杂化，而是来自学生个体对实践活动主题的更深入认识和挖掘过程。

### 六、课题研究的过程与方法

（一）研究方法

本课题主要采用文献研究法和行动研究法。

1.文献研究法：本课题的研究是建立在大量文献研究的基础上，了解了戏剧融入教育教学在国内外发展的现状，了解了综合实践活动设计的目的、要求及对于学生发展的重要意义。挖掘了戏剧融入教育教学的优势以及它与综合实践活动存在的内在关系，找到本课题研究的切入点，为课题研究奠定了一定的基础。

2.行动研究法：系统梳理小学统编教材中红色经典故事、中华优秀传统文化、社会主义核心价值观等文本内容。确定年级跨学科综合实践活动的主题。围绕主题，根据文本内容、年段特点、年段发展目标，以戏剧为载体设计年级跨学科综合实践课程实施方案，收集整理年级跨学科综合实践活动优秀课程案例。

（二）研究过程

1.确定各年级跨学科实践课程主题

（1）途径一：系统梳理小学统编语文教材中的红色经典故事、中华优秀传统文化、社会主义核心价值观等文本内容。新学期伊始，各年级师生共同研读语文教材，根据学生的年龄特点、兴趣爱好，选择一个主题作为年级跨学科主题实践课程的主题。

（2）途径二：源于学生中的真实问题。发现问题、科学诊断，即真实联动的任务，全部来自学生在成长中遇到的困惑点、思考点，学科教师将其收集、整理，针对共性问题展开讨论，分析产生问题的原因，讨论解决问题的策略，从而确定育人主题。

2.根据课程实施需求，组建课程实施团队

年级组长根据戏剧综合实践主题及学生的学习需求，向相关学科教师发布征集令，打破学科界限组建综合实践课程实施团队。课程实施的过程，是一个真实任务驱动的过程，它提供了一个真实的情境——排演剧目；它形成了一个各学科整合资源的载体——剧目。每一个演出的剧目，就是一个真实的任务，是学科联动的纽带。它把与剧目完成相关的老师组织在一起，形成研究共同体。他们来自不同学科背景，有共同的目标——完成作品；有不同任务——根据剧目需要；有个人特长发挥；更有团队磨合共赢。这样的一个动态学习型组织，就是学科联动的研究型团队。

3.实践中探索跨学科主题实践课程实施模式

首先，剧目负责人根据完成此剧目的需要，向相关学科教师发布征集令，组建学科联动团队。形成团队后，剧目负责人制定学科联动计划，各学科教师根据计划设计、撰写本学科教案。在此基础上，剧目负责人组织召开团队会议，碰撞、完善各学科教案，最终形成此剧目学科联动实施方案。方案形成后，各学科教师利用校本课程的时间实施方案，形成剧目。

第一步：形成剧本。

（1）根据学校的育德方向，选择经典剧本。

（2）根据学生的问题，自主改编、创编剧本。

（3）挖掘义务教育小学教材中的经典内容，改编剧本。

第二步：组建团队。

剧目负责人根据完成剧目的需要向相关学科教师发布征集令，组建学科联动团队。

第三步：制定计划。

形成团队后，剧目负责人制定学科联动计划。

第四步：撰写教案。

各学科教师根据学科联动计划，设计、撰写本学科教案。

第五步：形成学科联动方案。

（1）召开团队会，相互碰撞，完善各学科教案。

（2）各学科合理衔接，共同形成以此剧目为载体的学科联动实施方案。

第六步：实施方案，逐步形成剧目。

各学科教师利用校本课程的时间实施方案，逐步形成剧目。

跨学科主题实践课程案例：

我校四（3）班主任孙老师发现孩子们存在一个普遍的问题，那就是不爱护学校设施，包括每天陪伴自己学习的桌椅。有的学生无所事事时会在桌子上乱涂乱画；有的学生吃饭时特别不小心，把桌子弄得很脏；还有的"小淘气包"课间时居然站到桌子上开始"演讲"。基于本班存在的这一问题，孙老师引导学生们发现问题，撰写作文《桌子的烦恼》。接着引导学生交流分享自己的习作，选择优秀习作，改编剧本，形成剧目。孙老师成为这个剧目的负责人，根据排演这个剧目的需要，分别向美术学科教师、形体学科教师以及劳动学科教师发出邀请，组建学科联动团队。团队组建后，孙老师设计联动计划。首先，由语文学科教师兼班主任孙老师为学生分配角色，指导学生背诵台词，完成初步排演；接着，这个剧目中间要穿插一段舞蹈动作，由形体学科教师来完成；之后，由美术学科教师和劳动学科教师分别指导学生进行宣传策划、制作道具。然后，各学科教师根据学科联动计划，设计撰写本学科实施教案。最后，各学科教师分别利用校本课程的时间实施教案，初步形成剧目。

这个剧目形成后在年级会、学校的升旗仪式、学校艺术节上进行展示，在分层展示中进一步完善。

以《桌子的烦恼》为载体的学科联动项目，形成的主产品是童话剧的完成，形成的副产品有学生绘制的宣传海报若干、学生绘制的手绘本若干、学生亲手制作的道具、学生参与过程中撰写的体验日记等。

这样的学科联动方式，便于教师打破学科界限，形成教育合力，打造教育共同体。在打造优质剧目的同时，促进教师专业提升，促使学生全面发展。

这个项目带给学生的收获是：

（1）通过编剧、演剧，实现了自觉育德的目标，孩子们懂得了，我们应该像爱护自己、爱护伙伴那样爱护我们的学习用具。

（2）在撰写作文、改编剧本的过程中，培养了学生的习作能力。

（3）在排演的过程中培养了学生的合作能力。

（4）在参与制作道具的过程中培养了学生的动手能力。

（5）在绘制宣传海报和手绘本的过程中培养了学生的创新思维和绘画能力。

这个项目结束后，英语学科教师发现，由于缺少语言环境，学生开口说的机会比较少，造成学生的口语短板，于是老师把学生喜欢的小剧本改成英文剧本，请学生用英语演一演，为学生提供了说英语的语言环境，激发了学生说英语的积极性，在剧目表演中提升了学生的口语水平。

此项目实施方案图示如下：

图1.1　学科联动流程图

### 七、课题研究的结论及讨论

（一）戏剧元素恰当融入学科教学，体现了戏剧教育的重要价值

校园剧融入学科教学，将校园剧与国家课程相结合，使校园剧教育能够通过课堂这一主渠道实现，起到激发学生学习的积极性，帮助学生突破课上学习的难点，逐步形成综合学习能力的作用。其切入点、结合点、落脚点是校园剧恰当融入学科教学的关键。以学科课程标准为依据的切入点突出学科教学的实践性与综合性；在研究教材、研究学生的基础上找到的结合点符合教材特点，解决学习难点；以学生学习需求为目的的落脚点决定了融入校园剧元素的数量和方式。

（二）以戏剧教育为载体的学科联动模式有利于打造教育共同体，形成教育合力

在实践中逐步形成了以剧目为载体的学科联动模式：发现问题—诊断分析—项目发布—集体研讨—集中实施—戏剧展示—评价反馈。以此种学科联动模式运行中，使不同学科背景的教师通过任务驱动工作方式开展剧目排演，实现了各学科的资源整合，利于研究型团队的形成，促进了教师专业发展。

（三）戏剧教育实践的开发应依据各学段学生特点及需求模式

根据低、中、高年段学生的特点及发展需求选择剧本素材、学习方式、表现形式，开发剧目之外的副产品，使校园剧教育实践活动的设计和实践更符合学生的年龄特点，更适应学生的发展需求，从而取得最突出的教育效果。

## 八、研究成果与效果

（一）学生综合能力全面提升

校园剧是一个综合实践平台，在排演过程中，学生的多种能力训练蕴含其中。校园剧为学生的学习提供一种自然的学习情境，学生能够在这种情境中自然地获得各种知识和技能。校园剧与学科教学有机结合，激发了学生的学习兴趣，为学生提供了更多地参与和展示的时间和空间，促进学生在亲身体验中加深理解与感悟，在合作学习中加强沟通与交流，提高了课堂教学的实效性。具体来说，在参与校园剧的过程中，孩子们通过不断地学习人物语言、揣摩人物心理、设计人物动作，能够有效提升自学能力、锻炼语言能力、培养创新实践能力、提高鉴赏审美能力。

1.提升了自学能力

参演校园剧的真实任务，促使学生自觉学习相关内容，以期待更出色的表现效果。如排演英语剧《皇帝的新装》，为了演好其中的角色，学生自发学习人物的语言、揣摩人物的心理、设计人物的动作，找来与该剧的相关内容主动阅读，对塑造人物有帮助。他们还会查阅当时的背景资料，以期更精确地表现人物服装、造型……由于有了强烈的动机，自主学习会更有效。

2.锻炼了语言能力

如今，口语表达能力越来越受到重视，而学生口语表达能力的弱化是当今语言学习中的一个致命缺陷。在真实情境下对话及当众表情达意的能力，学生普遍较弱。话剧舞台是一个很好的提高口语表达能力的训练场。参演校园剧可以有效提高学生的口语表达能力。在这个过程中，学生锻炼了当众表达的表演力、互动表达的感染力等素质。经过调研，各班参演过校园剧的同学在课堂上都能大胆举手、自信发言，且声音洪亮、条理清晰，语言更富感染力。

3.培养了创新实践能力

校园剧是一个充满创造的过程，概括起来包括以下方面。

（1）创造剧本：有的校园剧本源于真实的校园生活，从校园故事的撰写到剧本的改编都是一种创造性综合实践活动；有的校园剧本来自语文教材，需要师生再度加工创造。

（2）创造形式：有的剧目需载歌载舞，综合运用多种艺术形式；而所有剧目都需进行人物设计、舞美设计、形式表现等的艺术加工，都离不开创新。

（3）创造角色：每一个角色都要经过扮演者的形体、语言、动作、神态去表现，而这都需要学生入情入境的内心体验支撑才能完成。孩子要调动他的生活积累去触摸、感悟，并创造出真实打动人心的角色。

（4）创造产品：一个剧目的生产过程就是创造成品的过程，这需要统筹协调各部门、各环节、各个参与的人，需要集合大家的智慧，需要团队配合协作。我们深深地感到，创作过程其实比结果更重要。

4.提高了审美鉴赏能力

通过校园剧的演出，孩子提高了辨别真善美、识别假丑恶的能力，将美与德融为一体，透过外在的美触摸内心的美提高了学生鉴别美、欣赏美、审视美的能力，提升了学生的人格修养和艺术品位。

（二）通过研究，教师的专业发展水平得到显著提高

将校园剧与学科教学结合，能特别有效地帮助小学教师进一步转变教育教学观念、丰富教学手段、提高教学能力。而这一过程也促进了教师对教学观念、方法进行反思和创造，进行教育教学的研究，提高专业水平。同时，教师剧团搭建了一个教师参演校园剧的平台，这个平台组建了一个学习的共同体，教师们一起研究剧本、参与道具制作、反复排练。这种过程与学生排演校园剧的过程是一致的，因而能促使教师们设身处地地体会学生的心理、学习过程，使得教学相长，师生共同提高。

（三）通过研究，提升了干部、教师的管理能力

回民实验小学的校园剧教育不但给学生提供了一个全员卷入的大舞台，更为学校的干部、教师队伍创设了一个人人参与、分层管理的教育实践平台。这个平台挖掘了教师的潜能，提高了教师的专业素质，促进了教师间的合作与交流，强化了团队合作意识，提升了合作能力。在教育实践中，逐渐规范管理制度，完善管理运行机制，形成管理智慧。

**九、参加课题研究的成员列表**

**表1.1　课题研究计划表**

| 序号 | 研究阶段<br>（起止时间） | 主要研究工作及成果名称 | 成果形式 |
|---|---|---|---|
| 1 | 开题论证阶段<br>2021.9–2021.11 | 1.完成文献综述<br>2.进行开题论证 | 开题报告 |
| 2 | 课题实施阶段<br>2022.1–2023.9 | 1.系统梳理小学统编语文教材中红色经典故事、中华优秀传统文化、社会主义核心价值观等文本内容。确定年级跨学科主题实践课程的主题<br>2.围绕主题，根据文本内容、年段特点、年段发展目标，以戏剧为载体设计年级跨学科主题实践活动实施方案 | 以戏剧为载体设计年级跨学科主题实践课程实施方案及评价方案 |

续表

| 序号 | 研究阶段<br>（起止时间） | 主要研究工作及成果名称 | 成果形式 |
|---|---|---|---|
| 3 | 中期总结阶段<br>2023.9–2023.12 | 梳理总结前一阶段实践研究成果，反思问题，调整后续研究方案 | 中期报告 |
| 4 | 成果梳理阶段<br>2024.1–2024.6 | 1.收集整理年级跨学科主题实践活动优秀课程案例<br>2.结合研究对象成长档案，探讨以戏剧为载体构建跨学科主题实践课程为学生带来的深远影响 | 优秀课程案例 |
| 5 | 课题结题阶段<br>2024.6–2024.12 | 全面梳理课题实践研究成果 | 结题报告 |

**十、课题研究存在问题的反思、尚待进一步研究的实际问题**

（一）在研究内容的选取方面

课题的研究实现了全员参与及全学科介入，但各学科具体的研发内容范围还不够广泛。比如，语文学科更多地从阅读教学中找切入点，更加注重了阅读与表演课程的研究，很少涉及习作教学、口语交际教学、识字写字教学等与校园剧的结合。再比如美术学科，主要从道具制作及绘制宣传海报两方面进行拓展研究，但缺少如舞台布景设计的切入，具有一定的局限性。

（二）在研究效果的评定方面

在研究的过程中，课题组不断反思、归纳与总结，在这种由实践—经验积累—反思—再实践—再经验积累—再反思的不断往复的知识结构重组与学习的过程中，老师们获得了成长与发展，教育教学发生着巨大的改变，但能改变多少，对教师、学生的影响有多大并不确定，现有的成果更多的是教师、学生、家长撰写的参与感悟，在成果量化上还缺乏充足的数据支撑。

**参考文献：**

①陈昊.教育戏剧：理论探讨与实践进展[J].内蒙古师范大学学报.2017.09.1–7.

②徐俊.回望与反思：近二十年大陆教育戏剧相关研究述评[J].上海戏剧学院学报，2017,195(1):101–111.

# 第二章　戏剧融学科 注入新活力

# 杨氏之子

吕秋影

| 教学基本信息 | | | |
|---|---|---|---|
| 课题 | 《杨氏之子》 | | |
| 学科 | 语文 | 年级 | 五年级 |
| 教师姓名 | 吕秋影 | | |

**戏剧元素融于学科教学有效性的思考**

在国内外的教育学实践中，教育工作者们始终在探索更为有效的教学方法。近年来，课本剧作为一种有效的教育手段和教学方法得到了越来越多的教育工作者和研究者的重视，并开展了大量的教育实践和相关研究。我校的校园剧具有较高的水平，十年来多次在市、区艺术节中获奖，给学生带来很好的发展机遇，同时培养了学生的综合能力，也逐渐成为学校的教育特色。我校把校园剧与学科教学有机整合开发出特色校本课程，进行了初步的尝试，创设"阅读与表演"课程，以课本剧为载体实现学生阅读与体验互动发展的研究。我在研究中发现，在语文课堂中巧妙引用课本剧，有利于激发学生阅读兴趣，促使学生在体验中加深感悟，在表演中外化内在的理解，培养表达能力，提高学生的阅读能力。

**教学目标及重难点**

1.联系上下文揣摩人物心理活动。

2.读写结合，培养学生描写人物心理活动的能力。（难点）

3.排演课本剧，走进角色，深刻感受人物思维敏捷、语言委婉之妙。（重点）

4.有感情地朗读课文，背诵课文。

**教学过程（文字描述）**

（一）创设情境，激发兴趣

1.导入：同学们刚刚学习了《杨氏之子》这篇课文，大家特别感兴趣，还排演了课本剧，从语言到动作都演得不错，不过总觉得还缺点什么，你们发现了吗？

2.观看课本剧片段，通过对比再发现。（预设：缺少人物的心理活动。）

3.如果我们在演《杨氏之子》这个课本剧的时候，也能够把人物的心理活动表达清楚，是不是理解就更加到位？

（二）走进角色，启发写话

1.在上节课的学习中，人物精妙的语言给我们留下了深刻的印象，那他们在说话之前的心理活动是怎样的呢？这在本文中是空白点，现在请你再读读这段对话，边读边揣摩人物内心的想法。

2.思考之后，请你试着写一写。要联系上下文推想人物的内心活动，可以想象一下故事情境，思考人物的身份，以及这两个人物之间的关系、情感等，还要注意语句要通顺，表达要清楚。

> 写话提示：
> 1.联系课文内容推想人物的内心活动，想象要合理。
> （1）符合故事情境。
> （2）符合人物关系。
> （3）符合人物情感。
> 2.语句要通顺，表达要清楚。

> 写话练习单：
> 梁国杨氏子九岁，甚聪惠。孔君平诣其父，父不在，乃呼儿出。为设果，果有杨梅。
> 孔想：＿＿＿＿＿＿＿＿＿＿＿＿＿＿＿＿＿＿＿＿＿＿＿
> ＿＿＿＿＿＿＿＿＿＿＿＿＿＿＿＿＿＿＿＿＿＿＿＿＿＿＿
> 孔指以示儿曰："此是君家果。"
> 儿听后想：＿＿＿＿＿＿＿＿＿＿＿＿＿＿＿＿＿＿＿＿＿＿
> ＿＿＿＿＿＿＿＿＿＿＿＿＿＿＿＿＿＿＿＿＿＿＿＿＿＿＿
> 儿应声答曰："未闻孔雀是夫子家禽。"

（三）引发交流，修改写话

1.走进孔君平的内心世界，准确把握人物性格特点。

（1）写好后自己读一读，也可以读给学习伙伴听一听，看看想象是否合理，语句是否通顺。

（2）同学互评，请其他同学认真倾听，联系上下文揣摩人物心理活动，语句要通顺，表达尽量生动。

（3）引导体会孔君平的幽默风趣，并指导朗读。

教师小结：你看，通过揣摩人物的内心活动，让我们更加深刻地感受到了孔君平的幽默风趣，以及他对杨氏子的喜爱之情。

过渡：杨氏子的语言如此精妙，他又是怎样想的呢？

2.走进杨氏子的内心世界，体会人物思维之敏捷，语言之精妙。

（1）指名交流，其他同学认真倾听，按照以上标准来评一评。

预设：

①孔伯父把杨梅和我的姓氏联系起来逗我，我也将计就计来逗逗他。（评价点：发现联系，理解透彻）

②孔伯父欺负我是小孩，千万不能让他小看了。（引导点：杨氏子是想表现自己的聪慧而不是想给孔伯父难堪。）

③我姓杨，杨梅就是我家的果，那孔伯父姓孔，孔雀就是他家的鸟吗？我要来逗逗孔伯父，还不能惹他生气。（评价点：推想合理，思考全面）

（2）教师引导：你看，通过我们揣摩人物内心活动，我们发现杨氏子之所以能说出如此精妙的语言，是因为他经过了这样的思考，但这些思考却是在瞬间完成的，对吗？（从哪看出来的？儿应声答）让我们更加深刻地感受杨氏子的聪明与智慧。

小结：通过走进人物内心，我们对他们有了更加深刻的了解，同时也看到了写话中存在的问题，请你完善表达自己所写的内容。修改好后再好好读一读，为接下来的表演做准备。

【设计意图：抓住文中的空白点，对学生进行表达训练，培养学生联系上下文推想人物心理活动的能力，并训练学生描写人物心理活动的能力，同时也带领学生走进人物的内心世界，培养学生准确描写人物心理活动的能力。】

（四）分组排演，深入体验，构建画面

1.改好之后，请大家再排课本剧，这一次一定要把我们刚刚写的人物心理活动加入进去，应该怎样表现呢？再给大家播放一段我们曾演过的课本剧视频，看看这个小演员是怎样表达人物内心想法的，相信一定会对你有所启发。

2.给了你什么启发？

引导学生总结方法：通过对观众说的方式，表达人物内心想法，还要通过人物的动作、表情、语言、语气来塑造人物。

3.下面就请同学们根据排演提示，再排课本剧。

---

排演提示：演"活"人物

①加入人物内心独白。

②动作。

③表情。

④语言语气。

---

4.汇报表演，表演后请同学们根据排演提示进行评议，哪演得好，哪还需要改进。

（五）整体回文，朗读背诵

1.学生的戏剧完成度很高，课后学生引导继续练习，还可以制作道具和服装，在升旗仪式等活动中的学生提供更多展示机会。

2.表演使故事更立体，请学生绘声绘色地读，展现更深入的理解与感悟。

3.自己练习。

4.指名朗读。（评价点：努力读出自己的理解，读出古文的韵味。）

5.引导学生回答：这个故事学完了，给你留下印象最深刻的是什么？（评价点：人物语言之精妙）

（六）拓展学习

1.阅读下面的文言文，体会其中人物语言的精妙，尝试借助注释自己理解。

> 徐孺（小孩子、幼儿）子年九岁，尝（曾经）月下戏（玩耍），人语之曰："若令（让）月中无物，当极明邪（同"耶"，表示疑问）？"徐曰："不然。譬如人眼中有瞳子，无此（指眼中的瞳仁）必不明。"

2.理解文章大意，与同桌交流。

3.引导学生用自己的话把这个故事讲给大家听听。

> 故事大意：徐家有个小孩，年九岁，曾有一次在月光下玩耍，有人对他说："若是让月亮中什么都没有，它是不是应该更加明亮呀？"这个姓徐的孩子说："不对。比方说人眼中都有瞳仁，没有瞳仁就看不见光明了。"

4.理解之后，读一读，注意合理断句。边读边想这个徐家小孩给你留下了怎样的印象？（评价点：精炼得当的语言、机智巧妙的回答）

5.学生自行朗读，试着读出自己的理解，再指名朗读，教师指导。

读书推荐：这篇文言文和课文《杨氏之子》都是选自南朝刘义庆的《世说新语》，这是一部记述人物轶闻（指世人不知道的传记，没有正式记载）琐事、言谈举止的小说集里面的，很多人物都妙语连珠，可以作为推荐读物。

| 板书设计 |
| --- |

杨氏之子

思维敏捷之妙

心理活动　语言精妙　理解透彻之妙　　　聪慧

语言委婉之妙

| 教学反思 |
| --- |
|     教学《杨氏之子》的课文重难点：引导学生走进故事情节，走进人物内心世界，准确把握人物性格特点，深入体会人物语言之精妙。由于本文故事性较强，人物性格特点鲜明，非常适合与我校校本研究专项课题"基于学校特色教育的小学生学习投入研究"有机整合。于是，我设计了二课时教案。第一课时引导学生读通课文、读懂课文，在此基础上以组为单位简单排演课本剧，走进故事情节，初步体会人物性格特点，激发学生深入学习的兴趣。第二课时引导学生走进人物内心世界，揣摩人物心理活动，进行扩写训练，在此基础上把课文改编成剧本。培养学生联系上下文揣摩人物内心想法，准确把握人物性格特点的能力。引导学生根据提示精心排演课本剧，演"活"人物，帮助学生在头脑中形成画面，实现把"话"变"画"，从而促使学生更加深刻地理解故事内容，感受人物语言之精妙，培养学生的语言表达以及小组合作的能力。这样的学习方式深受学生喜爱，大大激发了学生学习的兴趣和参与的热情，摆脱了古文教学的枯燥、乏味。把语文教学与我校校园剧特色教育有机结合，使特色教育更好地为我们的课堂服务，为学生服务，确实做到人人参与，全面培养了学生的听、说、读、写的能力，使课堂真正成为学生的学堂，让学生在轻松、愉悦的氛围中有所收获，得到提高，做到省时高效。 |

# 《杨氏之子》说课稿

## 吕秋影

### 一、课程研发背景

为学生创设良好的学习环境，让每一个学生享受教育公平，是我校义不容辞的责任，不仅在常规教学工作上，学校还努力为每个学生的成长提供更广阔的发展空间，多年来学校一直以艺术教育为特色，将艺术教育工作纳入学校整体发展规划，使学生在美的熏陶下，身心得到愉悦，审美得到陶冶，艺术才华得到充分展示，综合素养得到全面提升。

校园话剧在我校已经走过十余年历程，十余年来多次在市、区艺术节中获奖，我校话剧团已成功申报为北京市金帆话剧团。随着2010年"基于学校校园剧特色的小学生学习投入研究"市级校本专项课题成功立项，校园话剧也走上科研引领的道路，我校教师在自己的实际工作中依托课题寻找结合点，大胆研究。各学科教师在本学科找研发点，以校园剧为载体，深入研究国家级课程校本化实施方案。

### 二、"阅读与表演"课程简介

作为一名语文教师，两年来我在课堂中进行"以课本剧为载体实现学生阅读与体验互动发展"的研究，在语文教材中寻找结合点，研发了"阅读与表演"课程。此课程在我校1—6年级均有开设，每周一课时，由语文老师兼课。"阅读与表演"课程的教学内容大多来源于语文教材，这样既不会给学生增加学习负担，又利于激发学生的阅读兴趣，实现阅读与表演的互动发展。现已初步形成"阅读与表演"课程实施方案，以及《课本剧剧本集》。

### 三、教学内容分析

《杨氏之子》是人教版教材小学语文五年级下册第三单元中的一篇课文。

> 梁国杨氏子九岁，甚聪慧。孔君平诣其父，父不在，乃呼儿出。为设果，果有杨梅。孔指以示儿曰："此是君家果。"儿应声答曰："未闻孔雀是夫子家禽。"

本文是一篇文言文，语言精妙，情节简单，颇有趣味，令人拍案叫绝。

1. 教学本课的目标

①理解古文的意思。

②感受故事中人物语言的风趣机智。

③正确、流利、有感情地朗读、背诵课文。

2.教学重难点

本文虽为文言文，但短小易懂，五年级的学生已初步具备借助工具书及课后注释理解古诗文的能力，所以理解文章内容不是难点。但深入体会人物思维之敏捷、语言之精妙是重点也是难点。所以，在第一课时学生已经初步读懂课文的基础上，第二课时我巧妙地引入课本剧，引导学生通过排演课本剧，走进角色，走入人物内心，然后通过表演外化自己的理解，在这一过程中体会人物思维之敏捷、语言之精妙，从而突破教学难点。培养学生揣摩人物心理活动，绘声绘色朗读、表演的能力。基于以上，本节课我设计了以下教学环节。

**四、教学环节**

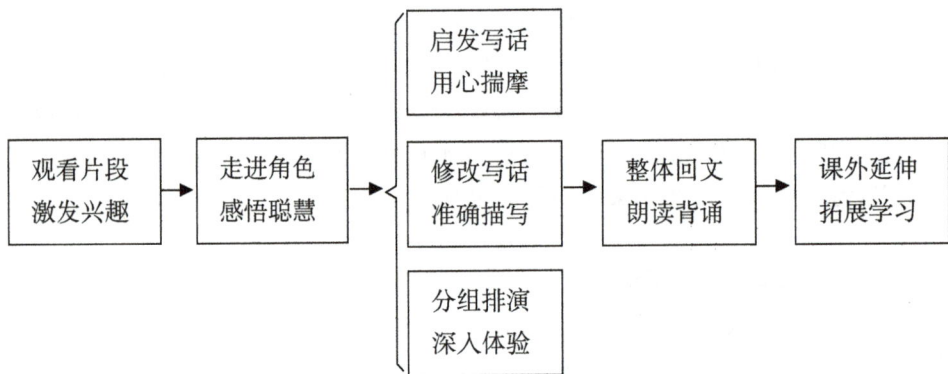

图2.1　教学流程图

（一）观看片段，激发兴趣

学生在第一课时的学习中已经初步理解了课文内容，分组排演了课本剧，本节课伊始先请学生观看曾经表演过的课本剧片段，边看边想，如果想演好《杨氏之子》这部课本剧，还缺少什么。看后，学生很快发现缺少人物的内心独白，进而激发起学生走进角色内心，揣摩人物心理活动的兴趣。在浓浓的兴趣中，在好奇心的驱使下，引领学生走进文章，走入人物内心，用心揣摩人物的心理活动。进入本节课的第二大环节。

（二）走进角色，感悟聪慧

此环节是本节课的重点环节，同时也是难点环节。主要通过以下三个步骤落实。

1.走入角色内心，用心揣摩，描写人物心理活动

教师启发学生：在上节课的学习中，人物精妙的语言给我们留下了深刻的印象，他们在说之前心里究竟是怎样想的呢？

引导学生走进角色内心，用心揣摩，并在写话提示下描写人物的心理活动。

2.引发交流，修改写话

在学生独立揣摩并描写人物心理活动的基础上，引发交流，相互评价，修改写话。

此环节抓住文中的空白点，对学生进行写作训练，培养学生联系上下文推想人物心理活动的能力，在交流中引导学生准确、生动地描写人物的心理活动，准确体会人物的性格特点。

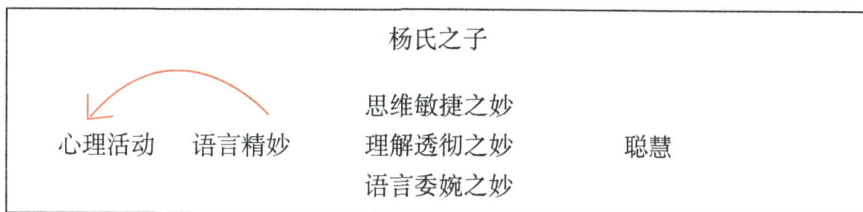

图2.2　教学难点图

杨氏子精妙的语言引起了我们对他心理活动的好奇，通过走进人物的内心，揣摩并刻画人物的心理活动，我们深刻感受到，人物的语言精妙主要表现在人物对对话理解透彻且思维敏捷、语言婉转，既清楚表达了自己的想法又不失礼貌，体现杨氏子的聪慧。理解这些，既为表演课本剧打下了坚实的基础，又很好地突破了本节课教学的难点。

3.分组排演，深入体验

接着请学生根据排演提示分组排演。

而后进行汇报表演，引导同学们根据排演提示进行评议。

同学们参与的热情高涨，表演时绘声绘色，融了自己对人物的理解、对文章的感悟，还能够有创造性并合情合理地拓展情节，增设人物。把分析讲解的时间留给学生，让学生在体验中自我感悟，使课堂真正成为快乐的学堂。训练了学生联系上下文揣摩人物心理活动并准确刻画，在表演中通过人物独白表现人物心理活动的能力。通过走进人物内心，真正感受人物的聪慧，准确把握人物的性格特点。通过表演，外化自己的感悟与理解，培养了学生的表达能力、与人合作的能力等。

以上是本课重点环节的设计，我主要是通过这三个环节来完成这部分的教学任务，其中以课本剧为载体，实现学生阅读与体验的互动发展，突出了本节课教学的重点，也较好地突破了难点。

（三）整体回文，朗读背诵

表演课本剧帮助学生在头脑中建立了故事的画面，准确把握了人物的性格特点，此刻引导学生反复朗读、理解与感悟，读出古文的韵味。

（四）课外延伸，拓展学习

课余时间，学生根据自己的兴趣阅读并排演了《世说新语》中另外一则小故事以及《聪明的小甘罗》《机智的阿凡提》等。

"阅读与表演"课程带给学生浓厚的阅读兴趣，提供了宽松愉悦的合作交流氛围和尽情展示的舞台。

# 要下雨了

吕秋影

| 教学基本信息 | | | |
|---|---|---|---|
| 课题 | 《要下雨了》 | | |
| 学科 | 语文 | 年级 | 一年级 |
| 教师姓名 | 吕秋影 | | |

### 戏剧元素融于学科教学有效性的思考

　　《北京市中小学语文学科教学改进意见》指出：小学低年级要通过活泼的教学形式培养学生学习语文的浓厚兴趣，可以通过讲故事、游戏、诵读、角色扮演等形式培养学生的阅读兴趣和习惯。我也尝试运用多种方法，调动学生的学习兴趣，促进学生全情投入，有效学习语文。实践中我们发现课本剧为学生提供一种集体验、创造、娱乐、教育于一体的语文综合实践平台，更是每个孩子乐于参与、实现自我价值的舞台。课本剧有效融入语文教学，开拓了一种在情境表演中学习语文的新模式。

### 教学目标及重难点

　　1.复习巩固生字词，指导书写"吗""吧"两个字。
　　2.正确、流利、有感情地朗读课文，背诵自己喜欢的部分。
　　初步了解下雨前的现象，对观察了解大自然产生兴趣。

### 教学过程（文字描述）

　　（一）复习词语，巩固识字
　　教师导入：同学们，上节课我们结识了几个动物朋友，还认识了很多生字宝宝，看看你还记得他们吗？
　　1.指名学生带读词语，指导学生读准字音，读好轻声。

| | | |
|---|---|---|
| 山坡 | 割草 | 潮湿 |
| 消息 | 虫子 | 搬东西 |
| 大声喊 | | 伸伸腰 |

　　2.出示课文中出现的口字旁的字，引导发现，指导朗读。

呀　吗　吧　呢

1. "燕子，燕子，你为什么飞得这么低呀？"
2. "小鱼，小鱼，今天怎么有空出来呀？"
3. "小白兔，你快回家吧，小心淋着雨。"
4. "是要下雨了，我们正忙着搬东西呢！"

3.引导观察，指导书写。指导学生书写两个口字旁的字"吗""吧"。

【设计意图：针对学生易读错的字词，不断复现、巩固，抓住课文中反复出现的语气词，引导学生发现并关注，放到句中读出语气。】

（二）自行读文，整体回顾

引导学生自行读文，整体回顾课文内容。要下雨了，小白兔遇到了谁？看到了什么呢？随学生回答，教师板书。

【设计意图：培养学生整体读文，整体了解课文内容的学习习惯和学习能力，过程中指导学生清楚、完整地表达，发展学生的语言及思维能力。】

（三）品读对话，巩固识字，朗读背诵

以分角色朗读、表演为载体，引领学生进行三次对话，在情境表演中理解课文内容，巩固识字，朗读背诵课文。

**对话一：小白兔和燕子**

小白兔大声喊："燕子，燕子，你为什么飞得这么低呀？"
燕子边飞边说："要下雨了。空气很潮湿，虫子的翅膀沾了小水珠飞不高，我正忙着捉虫子呢！"

1.出示对话，学生自由读。

2.师生情境对话。引导学生关注"潮湿"一词，在语境中理解"潮湿"是指下雨前空气中的水分特别多，从而理解燕子低飞的原因。

3.指导学生分角色表演，由教师先示范表演，指导学生熟读课文，自己的理解加上表情和动作。

4.教师示范指导后，同桌两个人合作演一演，在情境表演中有感情朗读并背诵。

**对话二：小白兔和小鱼**

过渡：听了小燕子的话，小白兔有些半信半疑，心里想：是要下雨了吗？小白兔往前面池子里一看，小鱼都游到水面上来了，小白兔又跑过去问小鱼，同桌组队再现小白兔和小鱼的对话。

> 小白兔跑过去，问："小鱼，小鱼，今天怎么有空出来呀？"
>
> 小鱼说："要下雨了。水里闷得很，我们到水面上来透透气。小白兔，你快回家吧，小心淋着雨。"

1.结合语境，学习理解"闷"的含义，引导学生理解下雨前气压很低、水中缺氧，小鱼在水里闷得喘不过气来的原因，并读出自己的感受。

2.同桌为一组合作读。

**对话三：小白兔和蚂蚁**

> 他看见路边有一大群蚂蚁，就把要下雨的消息告诉了蚂蚁。一只大蚂蚁说："是要下雨了，我们正忙着搬东西呢！"

结合语境，引导学生识记"搬"，借助插图观察小蚂蚁搬家是从哪往哪搬，以及为什么这样搬，继而体会马上就要下雨了，小蚂蚁们想快点搬的心急，指导学生读出着急的语气。

【设计意图：以分角色朗读、表演为载体，引领学生进行三次对话，在情境表演中理解课文内容，巩固识字，有感情朗读、背诵。】

（四）回顾三次对话，小组合作表演，向课外拓展延伸

1.品读对话，有感情朗读，引导学生小组合作表演，在表演中根据理解加上表情和动作，努力背诵相关内容。

2.努力引导学生向课外拓展延伸，引导学生交流：其他小动物在下雨前有什么表现。在此基础上，请学生猜一猜，如果下雨前小白兔遇到的不是课文中出现的小动物，而是师生课堂中刚刚提到的那些小动物，又会是怎样的情境呢？小组同学一起猜一猜，想一想，演一演。

【设计意图：通过小组合作表演整体回顾课文重点，借助表演外化自己的理解，朗读并背诵。在表演情境中，自然引导学生向课外拓展延伸，丰富学生的知识积累，培养学生的想象力、创造力及表达能力。】

（五）回扣题目，激发兴趣

通过本文的学习，学生了解了下雨前大自然的奇妙现象，在此基础上追问学生，大雨真的下起来了吗？指导学生读好最后一段，激发学生观察自然、探索自然的兴趣。鼓励学生课后继续去探索大自然的奥秘，还可以把自己的发现跟小伙伴说一说，演一演。

| 板书设计 |
|---|
| **要下雨了** |

|  |  |  |
|---|---|---|
|  | 燕子 | 低飞 |
| 小白兔 | 小鱼 | 透气 |
|  | 蚂蚁 | 搬东西 |

# 借助示意图讲故事，感受身边处处有变化

## ——统编教材二年级下册第七单元教学设计

**教学设计执教　　吕秋影**

**一、单元（或主题）教学设计说明**

《义务教育语文课程标准》对讲故事这一能力的培养提出了明确的要求，即第一学段学生应能较完整地讲述小故事。针对这一目标，统编教材二年级上册第八单元安排了"借助提示讲故事"环节。其中《风娃娃》一课是借助不同场景讲故事，《狐假虎威》是借助关键词语表演故事。通过这一单元的学习，学生已经初步建立了借助提示讲好故事的意识并能够根据提示，按照一定顺序，较为清楚地讲述故事。

二年级下册第七单元再一次没有借助提示讲故事训练。教师既要关注学生原有的基础，也要关注进阶难度。进阶难度主要体现在以下三点。

1.课文篇幅增长，角色增多，情节更为复杂。

2.讲故事的要求从按一定顺序较为清楚地讲述故事，进阶到较为清楚、完整地讲故事，不遗漏重点内容。

3.提示从比较直观、具体的场景，过渡到相对比较抽象的示意图。

接下来就针对本单元内容进行具体分析。

本单元的语文要素是借助提示讲故事，这里的提示是示意图。围绕这一语文要素，每课各有侧重，又互相支撑。《蜘蛛开店》重在引导学生读懂用好示意图，借助示意图续编故事，《小毛虫》课后只给出了小毛虫变化的过程，教学本课重在引导学生在此基础上补充完善示意图。《青蛙卖泥塘》一课没有给出任何提示，重在引导学生自主设计示意图。从读懂用好，到补充完善，再到自主设计，逐步帮助学生学会借助示意图讲故事。

童话作为小学低学年段语文教学的重要内容，工具性与人文性并重。本单元围绕"改变"这一主题，安排了四篇引人入胜、有思维价值的童话故事。《大象的耳朵》告诉我们不要盲目改变。《蜘蛛开店》告诉我们改变前要认真思考。《小毛虫》中小毛虫是通过自身的蜕变，让我们懂得了要努力做好自己。《青蛙卖泥塘》中的小青蛙根据小动物们的意见不断改变着环境，让我们看到了改变会更美好。因此，在讲故事、演故事的过程中，要引导学生感受我们身边处处有改变，从不同角度感悟"改变"的不同意义。同时培养学生的阅读兴趣、人文情怀，发展思维与表达，培养想象力，全面提升语文素养。

二、单元（或主题）学习目标与重点难点

教学目标：

（1）认识51个生字，读准4个多音字。会写33个字、38个词语。

（2）正确、流利地朗读课文，借助提示讲故事、演故事。

（3）对课文内容有所感悟和理解，体会故事蕴含的道理。

教学重点：正确、流利地朗读课文，借助提示讲故事、演故事。

教学难点：对课文内容有所感悟和理解，体会故事蕴含的道理。

三、单元（或主题）整体教学思路（教学结构图）

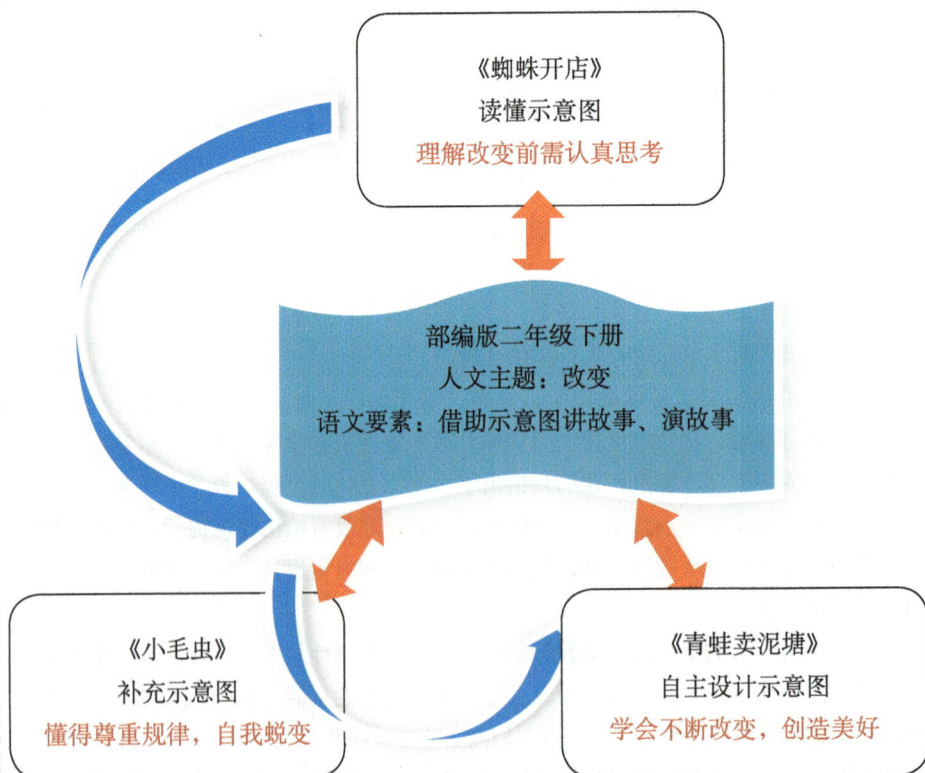

《蜘蛛开店》
读懂示意图
理解改变前需认真思考

部编版二年级下册
人文主题：改变
语文要素：借助示意图讲故事、演故事

《小毛虫》
补充示意图
懂得尊重规律，自我蜕变

《青蛙卖泥塘》
自主设计示意图
学会不断改变，创造美好

单元设计框架图

| 第1课时教学设计 | |
|---|---|
| 课题 | 《蜘蛛开店》第二课时 |
| 课型 | 新授课 ☑　　　章/单元复习课 □　　　专题复习课 □<br>习题/试卷讲评课 □　　学科实践活动课 □　　　其他 □ |

1.教学内容分析

《蜘蛛开店》是本单元第二篇课文，故事一波三折，内涵丰富，结构反复，课后给出故事示意图可帮助学生讲好故事，并在此基础上续编故事。激发学生读故事、讲故事、编故事的兴趣，进一步提升学生讲故事的能力。

2.学习者分析

讲故事的训练对于学生来说并不陌生，在之前的学习中，学生尝试过借助图片讲故事，但相比较而言，本课借助示意图讲故事相对抽象，学生容易遗漏一些重要信息，这需要老师引导学生读懂示意图，借助示意图理清故事思路，发现故事情节反复的特点，从课文中提取重要信息，不断丰富示意图，借助示意图清楚完整地讲好故事并续编故事。

3.学习目标确定

(1) 复习巩固"编织""蜈蚣""寂寞"等词语，正确书写"商""店"两个生字。

(2) 朗读课文，能够根据示意图讲故事。

(3) 能根据课文内容展开合理想象，续编故事。

4.学习重点难点

重点：朗读课文，能够根据示意图讲故事。

难点：根据课文内容展开想象，不断丰富示意图，续编故事。

5.学习评价设计

(1) 借助示意图讲故事（1—5星）。

(2) 展开想象续编故事（1—5星）。

评价方法：学生自评，生生互评，教师评价相结合。

6.学习活动设计

**环节一：复习词语，学写生字，巩固识字方法。**

| 教师教学1 | 学生活动1 |
|---|---|
| (1) 指名读词,认真观察,学会发现。<br><br>蜘蛛 编织 蜈蚣<br><br>(2) 带读,读准字音。<br><br>寂寞 口罩 顾客 交换 蹲下<br>长颈鹿 袜子 匆忙 商店<br><br>(3) 自主观察,学写生字。指导书写"商""店"两个字。<br>①扩词练习,在生活中积累词语。<br>②自主观察。<br>③教师范写。<br>强调"商"第二笔横最长,第七笔撇和第八笔的点从竖中线向左右打开,覆盖"口""店"第三笔撇要写舒展。<br>④学生练写,展示点评。<br>⑤再次修改。 | (1) 学生一边读词,一边观察,看看有什么发现。<br>例如,从结构上看,它们都是左右结构。从构字特点上看,它们都是形声字。<br>(2) 读词语,注意读准字音。<br>(3) 自主识记、书写"商""店"这两个字。<br>①学生能够多角度扩词,如"商场""经商""商量"等。<br>②二年级的学生已经具备较强的独立识字能力,学生能够观察发现汉字的结构特点、重点笔画,从而写好汉字。<br>③在相互评价中找到优势和不足,努力把字写得更加端正、美观。 |

活动意图说明:此环节意在复习巩固词语,学习书写生字。过程中引导学生关注汉字的结构特点、构字特点,同时引导学生在生活中积累词语、运用词语,进一步强化自主识字能力。

**环节二:看懂示意图,讲清故事框架。**

| 教师教学2 | 学生活动2 |
|---|---|
| (1) 指导学生朗读第一自然段,回顾蜘蛛开店原因。<br><br>有一只蜘蛛,每天蹲在网上等着小飞虫落在上面,好寂寞,好无聊啊。<br><br>(2) 引导学生自由读文,梳理故事框架。 | (1) 朗读第一自然段,感受小蜘蛛的寂寞、无聊,了解其开店原因。<br>(2) 自由读文,边读边回忆:蜘蛛每一次开店卖的是什么?迎来了哪位顾客?结果怎么样?<br>(3) 同桌讨论,练习说一说:蜘蛛每一次开店卖的分别是什么?迎来了哪位顾客?结果怎么样? |

重点回顾：蜘蛛每一次开店卖的是什么？迎来了哪位顾客？结果怎么样？

（3）请三位同学回答，每位同学介绍蜘蛛开店的一次经历。随学生回答，另外一位学生到黑板前，选择正确的词卡，贴到黑板上，共同完成示意图。

（4）引导学生观察示意图，发现故事规律，关注本文情节反复的特点。

（4）指名交流，共同完成示意图。

（5）观察示意图，发现故事情节反复的特点。

活动意图说明：此环节通过四个部分来落实：一是带着问题整体回顾课文内容；二是同桌讨论，理清故事框架；三是借助示意图讲清故事框架；四是观察示意图，引导学生看懂示意图，并借助示意图发现规律，关注文章情节反复的特点。层层深入，引导学生整体把握课文内容，看懂示意图，发现故事结构规律，从而为后面讲故事打下坚实的基础。

**环节三：朗读并展开想象，丰富示意图，借助示意图，讲好情节一。**

| **教师教学3**<br>（1）学习第2-4自然段。 | **学生活动3**<br>（1）学生用朗读的方式汇报。 |
| --- | --- |
| 创设情境，读文思考：蜘蛛开店前是怎么想的？<br>（2）在示意图上，丰富招牌信息。 | 蜘蛛决定开一家商店，准备卖什么呢？就卖口罩吧，因为口罩织起来很简单。 |
| 口罩编织店，每位顾客只需付一元钱。 | （2）学生能够从招牌中获取商店出售的商品以及价格这两个重要信息。 |
| （3）朗读体会，了解顾客特点，体会蜘蛛的心情。 | （3）学生能够掌握顾客的特点，并且展开想象，体会当蜘蛛看到这样一位顾客，它的心里又是怎样想的，读出自己的体会。 |

河马的嘴巴那么大，口罩好难织啊，蜘蛛用了一整天的工夫，终于织完了。

补充重要提示：

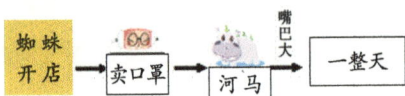

（4）在讲清故事框架的基础上，抓住文本中的关键信息，丰富示意图，借助示意图，讲好故事中的第一个情节。

（4）在朗读想象的基础上，练习讲好故事的第一个情节，努力把自己的体会与想象融入进去，其他同学借助学习单上的评价标准评一评。

活动意图说明：本环节是本节课的重点环节，学生在理清故事框架的基础上，以蜘蛛第一次开店经历为例，用心读文、好好体会，抓住文本中的关键信息，丰富示意图，并展开想象，练习把故事讲得清楚、完整，更加吸引人。

环节四：合作学习，举一反三，借助示意图，讲好故事。

**教师教学4：合作学习5—11自然段**

（1）引导学生按照上面的学习方法，合作学习5-11自然段，自主提取重要信息，丰富示意图，练习借助示意图讲好蜘蛛开店后两次经历，教师巡视指导，及时点拨。

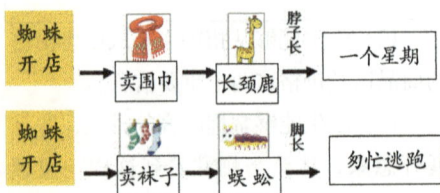

**学生活动4**

（1）学生按照步骤与方法试着讲好蜘蛛开店的两次经历。先读一读，提取重要信息，丰富示意图，借助示意图讲好故事。

（2）同桌合作，互相补充讲好蜘蛛开店后两次经历。

（3）同桌合作交流，其他同学按照评价标准评一评。

（2）学生同桌完善讲好蜘蛛开店后的两次经历，教师巡视指导，及时帮助遇到困难的学生。

（3）学生同桌合作讲故事。

（4）开展"小小故事会"请学生借助示意图，完整地讲讲蜘蛛开店这个故事。

（4）请学生完整地讲讲蜘蛛开店这个故事。

活动意图说明：此环节主要通过三个部分来落实：一是引导学生按照上一环节的学习方法，独立练习讲好蜘蛛开店后的两次经历，为学生提供自主学习的时间和空间，帮助学生学会举一反三；二是同桌合作展示，教师引导评价，为学生提供合作探究的平台，过程中巩固讲好故事的方法；三是请学生借助示意图完整地讲好故事，体验讲故事的乐趣，增强讲好故事的信心，扎实落实本节课的教学重点。

**环节五：** 探究思考，拓展示意图，借助示意图，续编故事。

**教师教学5**

（1）引导学生回顾故事，探究蜘蛛开店不成功的原因并积极思考，为小蜘蛛想想解决问题的办法。

（2）引导学生展开想象，续编故事，教师指导、点拨。

**学生活动5**

（1）学生在读故事、讲故事的过程中，对故事内涵有所感悟和理解，纷纷劝小蜘蛛做事情要先想清楚，考虑周全。比如，可以事先织好商品，明码标价，供客人选购；还可以量身定做，但是要按照款式和规格定价；也可以多雇佣一些工人。

（2）在续编中有的学生关注到故事结构反复的特点，继续按照这样的段式续编，但思考更加全面。有的学生针对蜘蛛开店不成功的原因，在续编中帮助蜘蛛解决之前存在的问题。要求想象合理，表述清晰。

活动意图说明：本环节分两步落实：第一步引导学生探究蜘蛛开店不成功的原因，意在引导学生进一步感悟故事内涵，发挥童话的育人功能，为学生续编故事做好铺垫。第二步引导学生展开想象，续编故事，意在深化理解、训练表达，发展学生想象力及思维力，突破本节课的教学难点，更把童话育人功能发挥得淋漓尽致。

7.板书设计

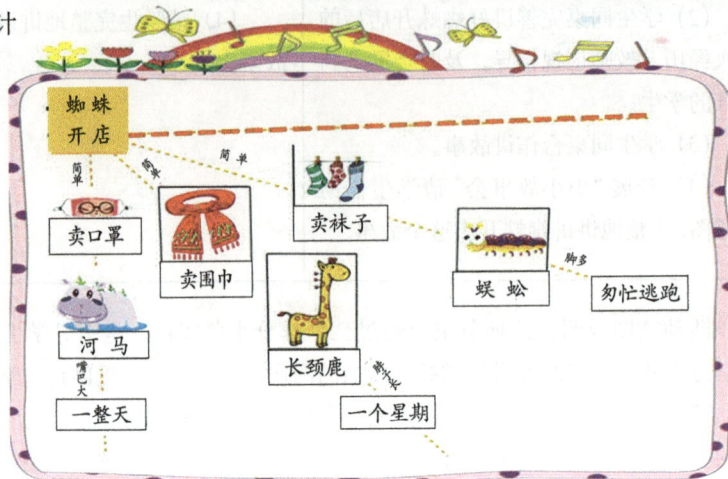

8.作业与拓展学习设计。

（1）把《蜘蛛开店》的故事以及自己续编的内容讲给小伙伴或家人听，听听他们的感受与评价。

（2）推荐阅读作者鲁冰的其他童话作品，读过之后，可以将故事复述给大家听听。（学生根据自己的兴趣，任选其一完成即可。）

9.教学特色及反思。

（1）充分挖掘并有效利用教材资源

本课课后习题给出了示意图，教学本课时充分利用示意图，帮助学生有效学习。首先，引导学生纵向读懂示意图，借助示意图，整体了解故事内容，理清故事框架；接着，引导学生横向观察示意图，发现故事结构特点，最后，引导学生不断丰富示意图，借助示意图讲好故事。利用示意图层层深入，实现从走进故事到讲述故事再到续编故事。

（2）实践中增强学生讲好故事的自信心

从讲清故事框架，到完整地讲述情节一，到同桌合作练习讲好后两个情节，到最后讲完整故事。努力为每一位学生搭建讲故事的平台，使学生在实践中对讲故事产生浓厚的兴趣，增强讲好故事的自信心，为后面进一步学习打下基础。

（3）注重并充分发挥童话育人功能

在读故事、讲故事、续编故事的过程中始终引导学生关注每一次小蜘蛛都想得很简单，可事情偏偏就不那么简单，好像故意捉弄它似的，感受故事的情趣。引发学生思考：问题到底出在哪了？在思考探究、续编故事的过程中表达自己的理解与感悟。

以上三方面教学特色，将在《小毛虫》这一课的学习中继续延伸，引导学生在借助示意图讲故事的基础上，尝试借助几个关键词讲好故事，难度进阶，安排好梯度，层层递进。在这个小故事的学习中孩子们懂得了不能盲目改变，改变前需认真思考，在后面的学习中继续拓展，感受改变的意义。

| 第二课时教学设计 | |
|---|---|
| 课题 | 《小毛虫》第二课时 |
| 课型 | 新授课 ☑ 章/单元复习课 □ 专题复习课 □<br>习题/试卷讲评课 □ 学科实践活动课 □ 其他 □ |

1.教学内容分析

《小毛虫》讲述了一只小毛虫从结茧到破茧成蝶的过程，充满了人文气息和童趣。课后习题给出了小毛虫变化的过程，以及两次内心独白，安排了借助提示讲故事的训练。这就要求学生在前两课学习的基础上，借助提示自主读文，提取重要信息，深入感悟，展开想象，清楚、完整地讲述故事。

2.学习者分析

学习了《蜘蛛开店》后，学生学会了借助示意图清楚、完整地讲述故事。我想，学生除了会借助文中给出的示意图讲故事，还要逐步学会自己设计简单的示意图，自行讲好故事。《小毛虫》一课给出了小毛虫变化的过程，为学生搭起了示意图的框架，需要学生进一步补充、完善示意图，为学生铺设进阶的台阶。本节课教学要帮助学生迈上新的台阶。

3.学习目标确定

(1) 复习生字词，学写"整""怎""布"三个生字。

(2) 正确、流利地朗读课文，补充完善示意图，借助示意图讲故事。

(3) 对课文内容有所感悟，体会故事内涵。

4.学习重点难点

重点：正确、流利地朗读课文，补充完善示意图，借助示意图讲故事。

难点：对课文内容有所感悟，体会故事内涵。

5.学习评价设计

评价指标：

(1) 记住小毛虫变化的过程（1-5星）。

(2) 标画关键词语和句子（1-5星）。

(3) 借助关键词句，展开想象，讲故事（1-5星）。

评价方法：学生自评，生生互评，与教师评价相结合。

6.学习活动设计

**环节一：复习词语，整体回顾，理清故事框架。**

| 教师教学1 | 学生活动1 |
|---|---|
| （1）复习巩固词语、句子。<br><br>尽心竭力　与世隔绝　色彩斑斓　笨拙<br>耐心等待　九牛二虎之力　轻盈<br><br>每个人都有自己该做的事情。<br><br>万事万物都有自己的规律<br><br>（2）读文，回顾小毛虫经历了哪些变化。<br><br>（3）摆图片，借助图片说一说小毛虫变化的过程，理清故事框架。 | （1）读词语，注意读准字音，读通句子，体会含义。<br><br>（2）边摆图片，边回顾小毛虫变化的过程。<br><br>（3）借助图片，说一说小毛虫变化的过程。 |

活动意图说明：此环节引导学生摆一摆，说一说小毛虫的变化过程，意在整体回顾课文内容，理清故事框架。

**环节二：借助课后习题中的词语，补充示意图，讲清故事主要内容。**

| 教师教学2 | 学生活动2 |
|---|---|
| （1）引导学生想一想刚刚复习的词语、句子，分别属于小毛虫的哪个阶段，请把它贴到相应的位置。<br><br>（2）请学生借助提示，再次讲一讲小毛虫变化的过程，讲清每一阶段小毛虫的特点以及它是怎样做的，整体把握故事内容。 | （1）结合课文内容想一想，刚刚复习的词语属于小毛虫的哪个阶段，把它贴到相应的位置。<br><br>（2）借助提示，再次讲一讲小毛虫变化的过程，讲清每一阶段小毛虫的特点、想法以及它是怎样做的，整体把握故事内容。 |

同学们，快来读一读、贴一贴、讲一讲吧！

每个人都有自己该做的事情。

轻盈

尽心竭力

笨拙

耐心等待

色彩斑斓

与世隔绝

九牛二虎之力

万事万物都有自己的规律。

活动意图说明：此环节引导学生结合自己对课文内容的理解以及对词句的感悟，把词语、句子摆放到相应的位置上去，检查了学生对课文的理解程度，对词句的感悟程度，同时进一步丰富了学习单，使提示的内容更加具体，促使学生借助提示，讲清故事主要内容。

**环节三：自主标画词语，完善示意图，借助示意图讲故事。**

| **教师教学3** | **学生活动3** |
|---|---|
| （1）引导学生默读，想一想：小毛虫变化的经历还有哪些内容给你留下了深刻的印象？把相关词语画下来，补充到学习单上。<br><br>（2）引导学生交流分享，请学生说说补充了哪些词语，为什么补充。<br><br>（3）引导学生借助这些关键词句，结合自己对课文的理解，完整地讲一讲故事。 | （1）学生能够抓住小毛虫的笨拙和其他昆虫的生机勃勃，体会小毛虫的可怜。<br><br>（2）能够通过小毛虫不悲观失望，也不羡慕任何人，而是一刻也不迟疑，尽心竭力地工作，尊重规律，耐心等待，体会小毛虫即便在困境中也不悲观、不退缩，而是不懈努力。<br><br>（3）能够抓住"轻盈的翅膀""色彩斑斓的花纹""愉快的舞动"体会小毛虫破茧成蝶后的兴奋、快乐，以及对新生活的憧憬与探索。<br><br>（4）这一次讲故事，学生均能够借助关键词句用自己的话有序、完整、较为具体地讲故事，并能自觉融入自己的想象和理解。 |

活动意图说明：此环节为学生提供了自主学习的时间和空间，学生运用前面学习的方法，静心读文，从文中提取相关信息，用心感悟，展开想象，并把学习收获运用到借助提示讲故事中去，以达到用自己的话清楚、完整地讲故事的目的，很好地检验和证明了这两课的学习效果。

**环节四：引导观察，指导书写生字。**

| 教师活动4 | 学生活动4 |
|---|---|
| （1）出示生字"整""怎""布"，学生自主观察，发现结构特点。<br>（2）教师范写，指导重点笔画。<br>（3）学生练写。<br>（4）评价反馈，指导修改。 | （1）学生通过观察，发现这3个字的结构特点及重点笔画。<br>（2）认真看教师范写，认真倾听教师重点强调的内容。<br>（3）独立练习书写。<br>（4）相互评价，根据老师及同学的点评进行修改。 |
| 活动意图说明：二年级学生已经养成自主识字的习惯，具备一定的自主识字的能力，此环节请学生自主观察发现结构特点及重点笔画，独立思考写好这3个字需要注意什么，相互提醒，教师只是点拨，帮助学生把字写得更加规范、美观。 ||

7.板书设计

8.作业与拓展学习设计

（1）和小伙伴一起练习演一演这个童话故事。

（2）制作头饰或为这部课本剧制作宣传海报，吸引更多的观众来看。

（学生根据自己的兴趣，任选其一完成即可。）

9.教学特色及反思

（1）关注课后习题，有机整合，有效落实

本课在课后习题中给出了小毛虫变化过程的相关提示，学生能够借助提示说清小毛虫变化的过程。课后第三题要求学生积累关键词语。教学中把这两道题有效整合，在学生记住小毛虫变化的基础上，请学生一边读第三题给出的词语，一边想这些词语分别属于小毛虫的哪个阶段，把它贴到相应的位置上去，然后请学生借助这些关键词，再讲一讲小毛虫变化的过程。最后，请学生自主标画关键词语，补充到学习单上，一步步帮助学生借助关键词句讲好故事。层层递进，步步深入，符合学生认识规律，突破学习难点。

（2）科学设计学习单，引导学生自主学习，形成能力

在前一课借助示意图讲故事的基础上，本节课重点引导学生借助关键词语，补充完善示意图讲故事。通过学习单引导学生分两步自主完成示意图。第一步把课后习题中给出的词语贴到相应的位置上去，第二步自主读文，摘抄关键词语，完成示意图，从而进一步培养学生借助提示讲好故事的能力。

教是为了不教，通过这两课的学习，学生形成了借助提示讲好故事的意识，逐步形成了借助提示讲好故事的能力。学生面对一篇新故事，也会有意识地或画个简单的示意图，或标画重点词句，借助这些提示讲好故事。

| 第三课时教学设计 | |
|---|---|
| 课题 | 《青蛙卖泥塘》第三课时 |
| 课型 | 新授课 ☑　　　章/单元复习课 □　　　专题复习课 □<br>习题/试卷讲评课 □　　　学科实践活动课 □　　　其他 □ |

1.教学内容分析

《青蛙卖泥塘》这篇童话故事主要讲了：青蛙为了把烂泥塘卖掉搬到城里去住，它根据小动物们指出的问题，一次又一次地改造着烂泥塘，渐渐地这方烂泥塘变成了有花有草、鸟飞蝶舞的好地方，最后青蛙决定留在这个"好地方"，不再买泥塘了。故事情节生动有趣，角色众多，适合学生分角色朗读、表演，在情境表演中，展开想象，发展思维，练习表达，感悟故事内涵。

2.学习者分析

通过前面的学习，学生形成了借助提示讲好故事的意识和能力，对读故事、讲故事产生了浓厚的兴趣。在本课学习中，将继续巩固借助提示讲好故事的方法，并在这一基础上，请学生根据课文内容，自主设计示意图。借助示意图讲故事、演故事。

3.学习目标确定

(1) 复习生字词，学写"搬、倒、泉、卖"四个生字。
(2) 正确、流利地朗读课文，自主设计示意图，借助示意图讲故事、演故事。
(3) 了解课文内容，知道青蛙不卖泥塘的原因，体会故事内涵。

4.学习重点难点

重点：正确、流利地朗读课文，自主设计示意图，借助示意图讲故事、演故事。
难点：了解课文内容，知道青蛙不卖泥塘的原因，体会故事内涵。

5.学习评价设计

评价指标：
(1) 借助图片讲故事（1-5星）。
(2) 伙伴合作演故事（1-5星）。
评价方法：学生自评，生生互评，教师评价相结合。

**环节一：复习字词，学写生字。**

| 教师教学1 | 学生活动1 |
|---|---|
| （1）出示词语，巩固认读。 | （1）在老师的引导下读一读、做一做动作，巩固认读词语。 |

①读准字音：

| 灌水 草籽 绿茵茵 |
|---|

②读好轻声：

| 牌子 舒服 吆喝 |
|---|

③做做动作：

| 采集 播撒 愣住 |
|---|

（2）书写生字。

①出示生字"搬""倒""泉""卖"，学生自主观察，发现规律。

②教师范写"搬""泉"两个生字，强调把字写紧凑，注意压线笔画。

③学生书写四个生字。

④教师反馈指导修改。

（2）学习书写生字。

①学生通过观察，发现这四个字的结构特点及重点笔画。

②认真看教师范写，认真倾听教师重点强调的内容。

③独立练习书写。

④相互评价，根据老师及同学的点评进行修改。

活动意图说明：此环节引领学生复习巩固词语的同时积累表示动作的词语。

**环节二：整体回顾课文内容，自主设计示意图。**

教师教学2

（1）请学生自由读文，回顾思考：都有谁来看小青蛙的泥塘了？分别提出了什么建议？

（2）梳理课文主要内容，自主设计示意图。

（3）借助示意图，试着完整地讲一讲这个故事。

学生活动2

（1）自由读文，边读边思考，整体回顾课文内容。

（2）自主设计示意图。

（3）借助示意图讲故事。

活动意图说明：童话故事有着完整的人物和故事历程，能够在低年级儿童的直觉中形成较为完整的影像。在现实的童话教学中，教师也应当注重儿童在阅读过程中的第一感觉，注重故事的完整性，注重让学生对文章进行整体感知，才能达到更好的教学效果。

**环节二：小组合作练习，借助示意图演故事。**

| 教师教学2 | 学生活动2 |
|---|---|
| （1）学习老牛时，引导学生学习借助提示演故事的方法。<br>　①请学生自己读一读3至5自然段，想一想青蛙是怎样大声吆喝的，老牛是怎样说的？根据自己的体会，读一读，演一演。<br>　②指名让学生试着分别演一演青蛙和老牛，引导学生抓住文中的关键信息进行评价。<br>　③在教师充分指导的基础上，请学生两人一组练习分角色表演，通过表演外化自己对课文的理解。<br>　④引导学生总结表演方法。<br>　（2）学习野鸭部分时，引导学生用借助提示演故事的方法。<br>　①教师引导学生运用刚刚总结的方法，自主学习野鸭买泥塘部分。<br>　②引导学生根据文本中的重要信息进行评价交流。<br>　（3）学习其他动物部分，借助提示，展开想象，生动表演。<br>　①引导学生继续读文思考：小动物们都会对小青蛙说些什么？<br>　②引导学生结合文本中的重要提示，展开想象，为课文补白，互动中练习表演。 | （1）学习老牛部分，学习表演方法。<br>　①充分自读自悟，一边读一边体会，青蛙和老牛这两个角色分别是怎样说、怎样想的？再试着把自己的体会通过表演展现出来。<br>　②学生抓住"大声吆喝"演好青蛙，抓住"走过来，看了看"演好老牛的动作，透过老牛的语言，揣摩老牛的想法，把握老牛说话的语气。<br>　③同桌两个人练习分角色表演。<br>　④总结表演方法：读课文，根据课文重要信息的提示，以及自己的理解，设计人物动作、语言、表情，还可以展开想象丰富人物的表现。<br>　（2）应用方法，练习表演。<br>　①要认真读文，用心体会，融入想象，自主练习野鸭买泥塘部分内容的表演。<br>　②学生根据文本中的重要提示，结合自己的想法，进行评价交流。<br>　（3）借助提示，展开想象，生动表演。<br>　①继续读文思考：其他小动物们都会对小青蛙说些什么？<br>　②在故事情境中，展开想象，为课文补白，同学合作，生动表演。 |

　　活动意图说明：此环节是本节课的重点环节，通过三个层次来落实，关键词是"借助提示"和"角色扮演"。意图有三：首先，角色扮演为学生搭设了语文实践的平台，摒弃了教师的说教和讲解，而是让学生在表演实践中关注文本信息，对故事内容加深理解与感悟。第二，课本剧表演，为学生搭设了自主、合作、探究的平台，学生自主练习，小组探究，合作展示，共融互促。第三，这种学习方式为学生创设了开放而富有创新活力的语文课堂，颇受学生喜爱，提高了学习效率。

**环节三：根据示意图，分角色表演故事，感悟故事内涵。**

| 教师教学3 | 学生活动3 |
|---|---|
| （1）小组合作，分角色表演故事，教师导演。<br>请一个小组分角色表演，教师进行现场导演，引导学生关注小青蛙为泥塘做了哪些事情，为什么要做这些事，从而感受小青蛙为了迎合买主的心意，不断地去改变泥塘，一点点感受泥塘的变化。<br>（2）请一个小组表演，大屏幕配合演示泥塘的变化，引导学生感受改变创造的美好，理解青蛙为什么不卖泥塘了。 | （1）一个小组分角色表演，教师进行现场导演，表演中关注小青蛙为泥塘做了哪些事情，为什么要做这些事，从而感受，小青蛙为了迎合买主的心意，不断地去改变泥塘，一点点感受泥塘的变化。<br>（2）说一说，青蛙为什么不卖泥塘了。 |

活动意图说明：在分角色表演中，学生进一步感受青蛙为了迎合买主心意，不断地去改造泥塘，真真切切地感受泥塘发生的变化，感受改变是可以创造美好的，领悟故事内涵。

7.板书设计

21.青蛙卖泥塘　　搬　泉

8.作业与拓展学习设计

（1）和小伙伴一起练习演一演这个童话故事。

（2）制作头饰或为这部课本剧制作宣传海报，吸引更多的观众来看。

（学生根据自己的兴趣，任选其一完成即可。）

9.教学特色及反思

（1）继续夯实借助提示讲故事的能力

在前两课学习的基础上，本课请学生摆一摆图片，借助图片讲故事，继续夯实借助提示讲好故事的能力，有效落实本单元教学重点，达成本学段讲故事的教学目标。

（2）角色扮演，活化语文教学，全面提升语文素养

本节课以课本剧表演为载体"活"化语文教学，积极为学生提供语言建构与运用的"实践场"、思维发展与提升的"进阶场"、审美鉴赏与创造的"体验场"，以及文化理解与传承的"展示场"，创造出一个综合的"练能场"，促进学生主动地解读文本、理解言语、创新思维、感悟文化，从而获得真知、真能，全面提升学科核心素养。

# 借助提示讲故事、演故事，感受身边处处有变化

## ——统编教材二年级下册第七单元说课

### 一、单元主题

统编教材二年级下册第七单元的人文主题是"改变"，语文要素是"借助提示讲故事"，基于此我确定的单元主题是"借助提示讲故事、演故事，感受身边处处有变化"。

### 二、整体设计思路

《语文课程标准》对讲故事这一能力的培养提出了明确的要求：第一学段能较完整地讲述小故事。针对这一目标，二年级上册第八单元安排了"借助提示讲故事"环节，其中《风娃娃》一课是借助不同场景讲故事，《狐假虎威》是借助关键词语表演故事。通过这一单元的学习，学生已经初步建立了借助提示讲好故事的意识，能够根据提示，按照一定顺序，较为清楚地讲述故事。

二年级下册第七单元的借助提示讲故事训练，既要关注学生的原有基础，也要关注难度进阶。难度进阶主要体现在以下三点。

1.课文篇幅增长，角色增多，情节更为复杂。

2.讲故事的要求也从之前的按一定顺序较为清楚地讲述故事，进阶到较为清楚、完整地讲故事，不遗漏重点内容。

3.提示从比较直观、具体的场景，过渡到相对比较抽象的示意图。

以上，清楚地分析了本单元学习的起点和进阶点，我想这是进行本单元教学设计的前提。

接下来就针对本单元内容进行具体分析。

本单元的语文要素仍旧是借助提示讲故事，这里的提示是示意图。围绕这一语文要素，每课各有侧重，又互相支撑。《蜘蛛开店》课后给出了示意图，教学本课就要重在引导学生读懂用好示意图，借助示意图讲故事、续编故事；《小毛虫》课后只给出了小毛虫变化的过程，教学本课重在引导学生在此基础上补充完善示意图，借助示意图讲故事。《青蛙卖泥塘》一课没有给出任何提示，重在引导学生自主设计示意图，借助示意图讲故事、演故事。从读懂用好，到补充完善，再到自主设计，逐步帮助学生学会借助示意图讲故事。

同时，童话作为小学低学段语文教学中的重要内容，工具性与人文性并重，教学本单元在扎实落实语文要素的同时，也要注重童话育人功能。本单元围绕"改变"这一主题，安排了4篇引人入胜、有思维价值的童话故事。《大象的耳朵》告诉我们不要盲目改变。《蜘蛛开店》告诉我们改变前要认真思考。《小毛虫》中的小毛虫是通过自身的蜕变，让我们懂得努力做好自己。《青蛙卖泥塘》中小青蛙根据小动物们的意见不断改变着环境，让我们看到了改变会更美好。因此，在讲故事、演故事的过程中，要引导学生感受我们身边处处有改变，从不同角度感悟"改变"的不同意义。同时培养学生的阅读兴趣、人文情怀，发展思维与表达，培养想象力，全面提升语文素养。

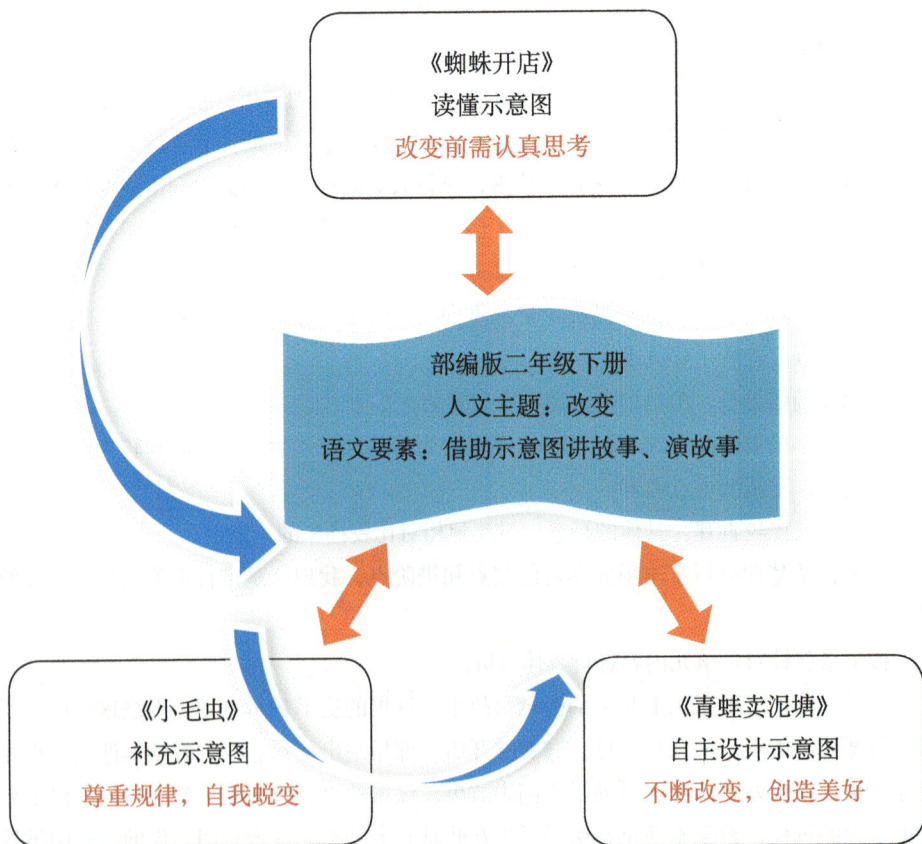

图2.3 单元设计框架图

## 三、课时安排

### 表2.1 课时安排表

| 分类 | 内容 | 课时 | 教学要点 |
|---|---|---|---|
| 课文 | 《大象的耳朵》 | 2课时 | 1.随文识记生字，指导书写生字。<br>2.分角色朗读课文。<br>结合生活实际，理解"人家是人家，我是我"的意思。 |
| | 《蜘蛛开店》 | 2课时 | 1.随文识记生字，指导书写生字。<br>2.借助示意图讲故事。<br>展开联想续编故事。 |
| | 《青蛙卖泥塘》 | 2课时 | 1.随文识记生字，指导书写生字。<br>2.分角色表演故事。<br>感受变化可以创造美好。 |
| | 《小毛虫》 | 2课时 | 1.随文识记生字，指导书写生字。<br>2.借助提示用自己的话完整地讲故事。<br>积累"生机勃勃""尽心竭力"等词语。 |
| 语文实践活动 | 召开故事会 | 2课时 | 1.随文识记生字，指导书写生字。<br>2.讲故事、演故事，人人展示。<br>激发学生参与的热情，培养自信心。 |
| 语文园地七 | 识字加油站<br>字词句运用<br>写话<br>书写提示<br>日积月累<br>我爱阅读 | 4课时 | 1.识记生字，认读词语。<br>2.学习比喻句。<br>3.写清楚自己想养小动物的理由。<br>4.发现一些生字做偏旁时笔顺、笔画的变化，写好"劝""转"等字。<br>5.背诵《二十四节气歌》。<br>自主阅读，展开想象，理解故事。 |
| | | | 合计：14课时 |

本单元共安排14课时，每篇课文安排2课时，第一课时重点引导学生随文识字，指导学生书写生字，初步感知课文内容。第二课时重在引导学生借助示意图讲故事，并从不同角度感悟单元主题。

单元整体教学主要体现在围绕单元主题及语文要素，通盘考虑每篇课文所承载的任务，以及课文与课文之间、课时与课时之间的内在关联，从而达到每一课时各有分工，又互相支撑、循序渐进，达成本单元的教学目标。

实际教学过程中基于学生的学习需求，把《小毛虫》和《青蛙卖泥塘》调整了教学顺序。学习了《蜘蛛开店》后，学生学会了怎样借助示意图清楚、完整地讲述故事。我想，学生除了会借助文中给出的示意图讲故事，还要逐步学会自己设计简单的示意图。《小毛虫》一课给出了小毛虫变化的过程，为学生搭起了示意图的框架，需要学生进一步补充、完善示意图，为学生铺设了进阶的台阶。而《青蛙卖泥塘》一课完全需要学生自主设计示意图，分角色演故事，难度又一次进阶。因此，把《小毛虫》一课换到《青蛙卖泥塘》前面来讲。

**四、主要教学过程**

下面我主要以本单元三个课时为例，谈一谈主要教学过程以及我的思考。首先是《蜘蛛开店》一课，它在本单元教学中承载的主要任务是：看懂用好示意图，借助示意图，讲故事、续编故事，懂得改变前要认真思考。为了完成这个任务，我设计了如下教学环节。

（一）《蜘蛛开店》主要教学环节

读懂用好示意图，借助示意图讲故事

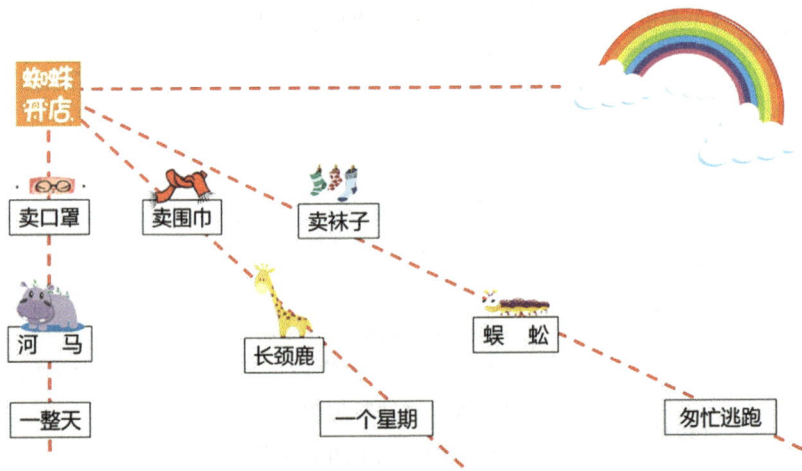

图2.4 《蜘蛛开店》课文示意图

课后习题中给出了示意图，请学生借助示意图讲故事（见图2.4）。随着与学生共同梳理课文内容，我把示意图呈现在黑板上。那怎样用好示意图呢？我想，看懂是用好的前提。于是，我请学生纵向观看，横向对比。经过认真地观察、思考，学生发现，纵向线讲了蜘蛛一次开店的经历，横向比较发现，三次开店都先讲述卖什么，然后讲述来了哪位顾客，最后写结果怎么样，呈现这个故事情节反复的特点。有了这样的发现学生很快就能够借助示意图讲清故事的框架。

在讲清故事框架的基础上，引导学生继续读文想象，还可以试着补充一些关键信息，比如，蜘蛛开店前是怎么想的？来的这位顾客有什么特点？看到这位顾客后，蜘蛛是什么心情？把故事讲得更加完整、更加吸引人。

**（二）《小毛虫》主要教学环节**

学习了《蜘蛛开店》后，学生学会了借助示意图清楚、完整地讲故事。此时要对这一教学成果继续巩固和拓展。教学《小毛虫》一课就要引导学生补充完善示意图，培养学生自主设计示意图的意识，进一步强化讲好故事的自信心，进一步感受改变的不同意义。基于此，本课主要设计了如下教学环节。

补充完善示意图，借助示意图讲故事。

本课在课后习题中给出了如图2.5的示意图，能够帮助学生讲清小毛虫变化的过程。可是要想讲好这个故事，仅仅有这三张图片是远远不够的，学生又想到了本课"读读记记"引导我们积累的一些词语能够帮助我们讲故事。

图2.5 《小毛虫》课后习题示意图

所以，第一步请学生利用课后习题给出的词语，补充示意图（见图2.6）。学生发现，有了这些词语和句子能够帮助我们把故事讲清楚，那还有哪些词语能够帮助我们把故事讲得更好呢？

图2.6 补充课后习题，现有词语后的示意图

第二步请学生自主标画词语，进一步完善示意图（见图2.7），在这一环节中学生特别补充了让自己感受深刻的词语，而且还能清楚地说出补充的理由。比如，有学生补充了"可怜"一词，因为觉得小毛虫跟其他昆虫比特别可怜，但他却不悲观失望。还有学生说从"挣脱"这个词语中感受到小毛虫很努力。此时，学生不但能够借助示意图清楚、完整地讲述故事，而且能够讲出自己的理解与感悟。

图2.7　学生进一步补充了自己的理解

【设计意图：在前一课，学生读懂示意图，在借助示意图讲故事的基础上，本节课重点引导学生借助关键词语，补充完善意图。迈上了新的台阶，为后面完全由学生自主设计示意图，借助示意图讲故事、演故事奠定了基础。】

（三）《青蛙卖泥塘》主要教学环节

在学习《青蛙卖泥塘》一课时，学生发现这个故事先后出现了8个角色，要想按照故事顺序清楚、完整地讲故事、演故事，特别需要示意图来引导，此时设计示意图成为学生的学习需求。有的学生通过简笔画来完成示意图，有的学生通过文字和箭头来完成示意图，有的学生以小动物为线索，有的同学以环境变化为线索，更多的同学关注了故事情节，也有的同学关注了故事主题，学生设计的示意图各具特色、想法各异，但都能够帮助学生讲故事、演故事，学生学得不亦乐乎。

**五、教学反思**

1.纵向看步步深入。围绕本单元语文要素，逐步培养学生借助示意图讲故事的能力。

从读懂用好示意图，到补充完善示意图，再到自主设计示意图，有层次，有梯度，逐步落实本单元的教学重点，达成本年段的发展目标。

2.横向看立体建构。围绕本单元人文主题，引导学生多角度感悟改变的不同意义。

# 我的拿手好戏

吕秋影

| 教学基本信息 | | | |
|---|---|---|---|
| 单元（或主题）名称 | 《要下雨了》 | | |
| 学科 | 语文 | 年级 | 六年级 |
| 教师姓名 | 吕秋影 | | |
| 单元（或主题）教学背景分析 | | | |

**一、教学内容分析及课时分配**

此次主题活动是统编教材六年级上册第七单元习作课生发出来的，本次习作的主题是"我的拿手好戏"。"好戏"指绝活或绝招。前面的两个修饰词"我的""拿手"，一个强调了是专属于我的而不是别人的，另一个强调了是自己擅长的，这里就引出了一种心理感受，即成就感和自豪感，也是这篇习作需要表达出的情感。所以，这次习作的构思过程也是一个学生在成长过程中发现自我、了解自我、建立自豪感与成就感的过程，更是同学之间相互了解、相互促进的过程。

基于学情以及学生的学习需求，我设计了"班级达人秀"主题实践活动。本次语文实践活动安排3课时，第一课时以"中国达人秀"视频片段引入，激发学生的表达兴趣，引导学生理解题意，围绕主题拓思选材。紧扣选材，进行构思，列出提纲，备战"中国达人秀"。第二课时引导学生借助提纲完成习作，召开"班级达人秀"，把平台交给学生，由学生主持，同学作为选手来介绍、展示自己的拿手好戏，其他同学作为嘉宾点评，在这样有趣生动的互动中不断完善表达。第三课时召开"达人秀颁奖礼"。学生、教师、家长共同参与，教师、家长、学生都可以作为颁奖嘉宾，撰写颁奖词，在多元评价中促进提升。

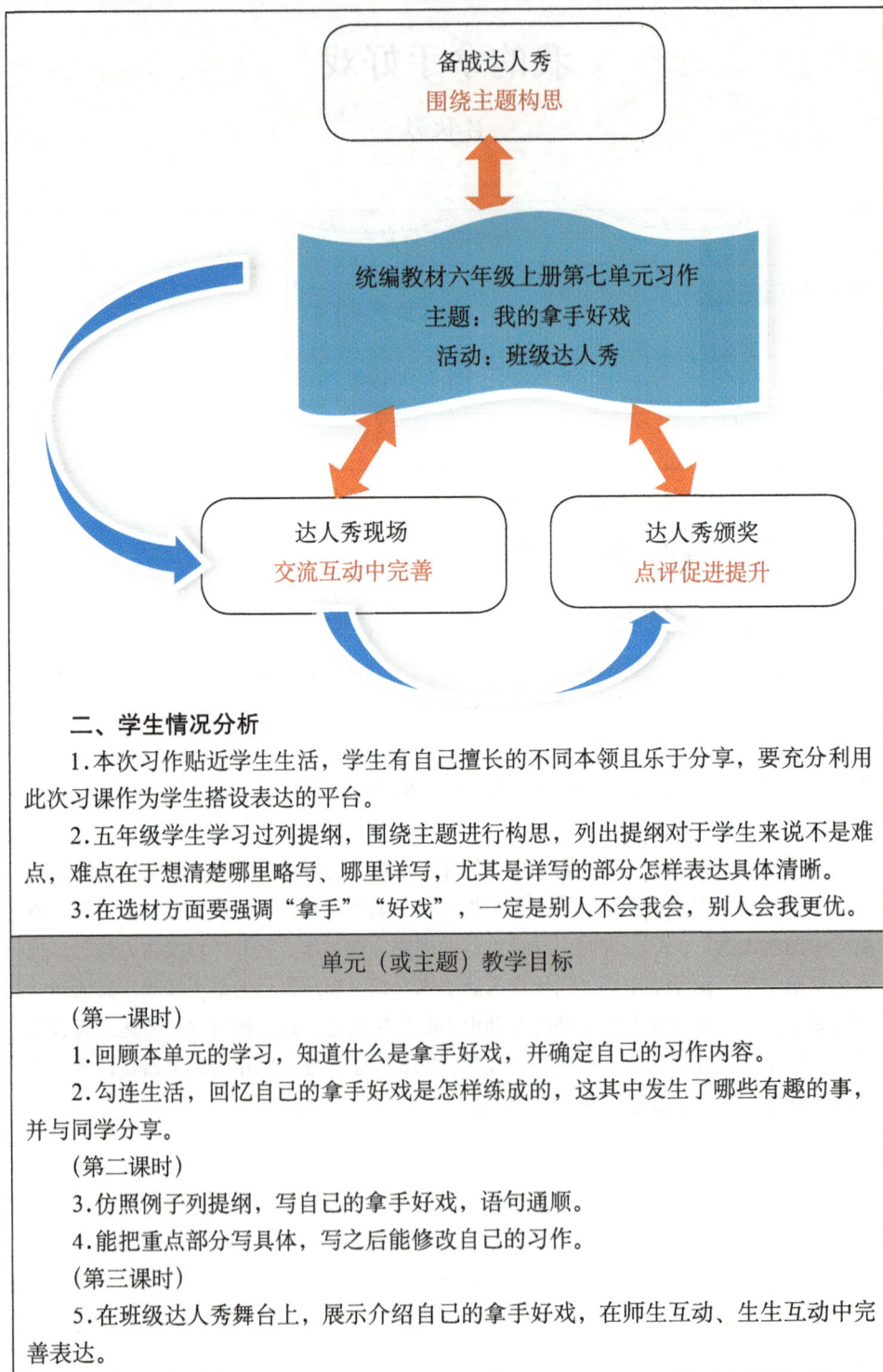

**二、学生情况分析**

1.本次习作贴近学生生活，学生有自己擅长的不同本领且乐于分享，要充分利用此次习课作为学生搭设表达的平台。

2.五年级学生学习过列提纲，围绕主题进行构思，列出提纲对于学生来说不是难点，难点在于想清楚哪里略写、哪里详写，尤其是详写的部分怎样表达具体清晰。

3.在选材方面要强调"拿手""好戏"，一定是别人不会我会，别人会我更优。

| 单元（或主题）教学目标 |
| --- |

（第一课时）

1.回顾本单元的学习，知道什么是拿手好戏，并确定自己的习作内容。

2.勾连生活，回忆自己的拿手好戏是怎样练成的，这其中发生了哪些有趣的事，并与同学分享。

（第二课时）

3.仿照例子列提纲，写自己的拿手好戏，语句通顺。

4.能把重点部分写具体，写之后能修改自己的习作。

（第三课时）

5.在班级达人秀舞台上，展示介绍自己的拿手好戏，在师生互动、生生互动中完善表达。

| 单元（或主题）教学过程设计 |
|---|

（一）视频激趣导入，打开思路选材

【设计意图：作文教学的前提是让学生以一种轻松快乐的态度去进行写作，在写作生活中去体验去思考，实现学以致用，从而提高学生的写作能力。此环节充分激发学生的表达兴趣，并引导学生在展示交流中拓材、选材。】

（二）对接生活实际，明确习作要点

（1）读懂要求。你的拿手好戏是怎样练成的？关于拿手好戏，有哪些有趣的故事？（写什么）

（2）怎样写你的拿手好戏？哪些内容先写？哪些内容后写？（顺序）

（3）哪些内容作为重点部分？哪些内容可以写得简略一些？（详略）

（三）学习列出提纲，构思习作结构

1.学习提纲：一位同学的拿手好戏是"三招挑西瓜"部分，围绕这个内容他是怎样构思的呢？

（1）围绕这个主题写三部分内容：点明拿手好戏是挑西瓜；简单介绍是怎样练成挑西瓜这个拿手好戏的；具体写周末和同学郊游时挑西瓜、吃西瓜的趣事。

（2）理清内容的先后顺序。

（3）想清楚哪些内容简单写，哪些内容具体写。

（4）其他想详写的部分。

2.仿列提纲：围绕自己的拿手好戏进行构思，试着列个提纲，可以仿照例子，也可以用自己喜欢的方式列。

3.交流提纲：借助提纲把你的拿手好戏讲给同学听听，要特别把怎样练成的讲清楚，把其中有趣的古文事讲具体。

4.完善构思，修改提纲：根据老师和同学的表现修改提纲。

5.修改之后再次交流。

【设计意图：此环节引导学生围绕主题进行构思，列出提纲，在生生交流中修改提纲，不断完善构思。】

（四）召开"班级达人秀"，互动完善

1.召开"班级达人秀"，确定这一期选手，可以自荐，也可以推荐小伙伴。

2.选出本期达人秀的主持人。

3.其他同学担任点评嘉宾，重点点评这位达人是否把练习的过程说清楚，把其中的趣事讲具体了。

| 板书设计 |
| --- |

<table>
<tr><td colspan="4" align="center">我的拿手好戏</td></tr>
<tr><td>写什么</td><td>过程</td><td>清楚</td><td>我的表现</td></tr>
<tr><td></td><td>趣事</td><td>具体</td><td>旁人反应</td></tr>
<tr><td>怎么写</td><td>先后</td><td></td><td>真实感受</td></tr>
<tr><td></td><td>详略</td><td></td><td></td></tr>
</table>

| 教学反思 |
| --- |

**一、快乐中主动表达**

作文教学的前提是让学生以一种轻松快乐的态度写作，在写作生活中去体验与思考，实现学以致用，从而提高学生的写作能力。所以，激发兴趣，创设轻松、愉悦的表达情绪就显得尤为重要，本主题课程我秉承着这样的理念，在激发学生表达兴趣上下了很多功夫，促进学生轻松愉悦地去表达与交流。

**二、互动中提升表达**

提升小学语文教学的互动性，对于促进学生思维发散、集中学生的课堂注意力、拓展学生思路等方面具有积极作用，同时也是新时期提升小学生语文核心素养的重要途径。在小学语文写作教学中，尤其是高年级的小学生作文教学中，教师应充分发挥互动教学的作用，将写作教学推向学生素养探究的更高层次。因此，本次习作课我积极构建"班级达人秀"语文实践活动，为学生搭设分享与交流的平台，让学生在充分地生生互动、师生互动中完善构思，提升表达。

**三、实践中完善表达**

在新课改的背景下，小学语文传统的教学模式已经不能满足当前学生的需求，但是小学高年级阶段正是学生的语文综合素养形成的关键时期。因此，我们应该顺势而为，积极推动作文教学理念和方法的革新，让作文成为学生的心之所好，拓展学生的视野，并不断提高学生的综合能力。

# 有目的地阅读

吕秋影

**单元（或主题）指导思想与理论依据**

1.课后习题体现编者的意图，是落实单元语文要素的重要抓手，紧紧抓住课后习题进行单元教学整体设计，课上与课后一体化构建是落实"双减"要求的重要方式及途径。

本单元教、学、评一体化整体构建，以真实任务驱动，为学生搭设语文实践平台，通过自主、合作、探究的学习方式，达成学习目标，培养学生的创新思维及综合运用能力。

**单元（或主题）教学背景分析**

**一、教学内容分析及课时分配**

本单元是阅读策略单元，这是本套教材第四次以阅读策略为主线串联单元内容。本单元围绕"有目的地阅读"这一策略进行了有层次、有梯度的安排。《竹节人》通过学习提示，安排了三个不同的阅读任务，引导学生体会阅读同一篇文章时，若目的不同，关注的内容、采用的阅读方法也会不同。《宇宙生命之谜》通过旁批呈现了一位同学根据自己的阅读目的阅读这篇文章的思维过程，课后习题进一步引导学生交流如何根据阅读目的开展阅读，在阅读中运用了哪些具体的方法。

《故宫博物院》是一组非连续性文本，引导学生将在精读课文里学到的方法进行迁移运用，逐步实现自主"有目的地阅读"。本单元学习伊始，布置长周期作业引领学生运用"有目的地阅读"的策略开展课外阅读，并与课后服务课程相结合加强阅读交流与分享，在丰富的阅读实践中，自觉养成 "有目的地阅读"的习惯。

**二、学生情况分析**

1.统编教材在三至五年级有意地安排了阅读策略单元，学生已经学习了"预测""提问""提高阅读速度"等阅读策略，体验到在阅读中尝试运用这些阅读策略能够增强阅读乐趣，提高阅读的获得感。

2."有目的地阅读"这一阅读策略，学生虽没有系统地学习过，但学生在阅读实践中运用过这一策略，可以说学生是有基础的。学习本单元的进阶点是引导学生在阅读实践中体验阅读目的不同，关注的内容、采用的阅读方法也会有所不同，充分体会这样阅读能够大大提高阅读效率，在有针对性地阅读实践中，掌握这种阅读策略，养成有目的地阅读的习惯。

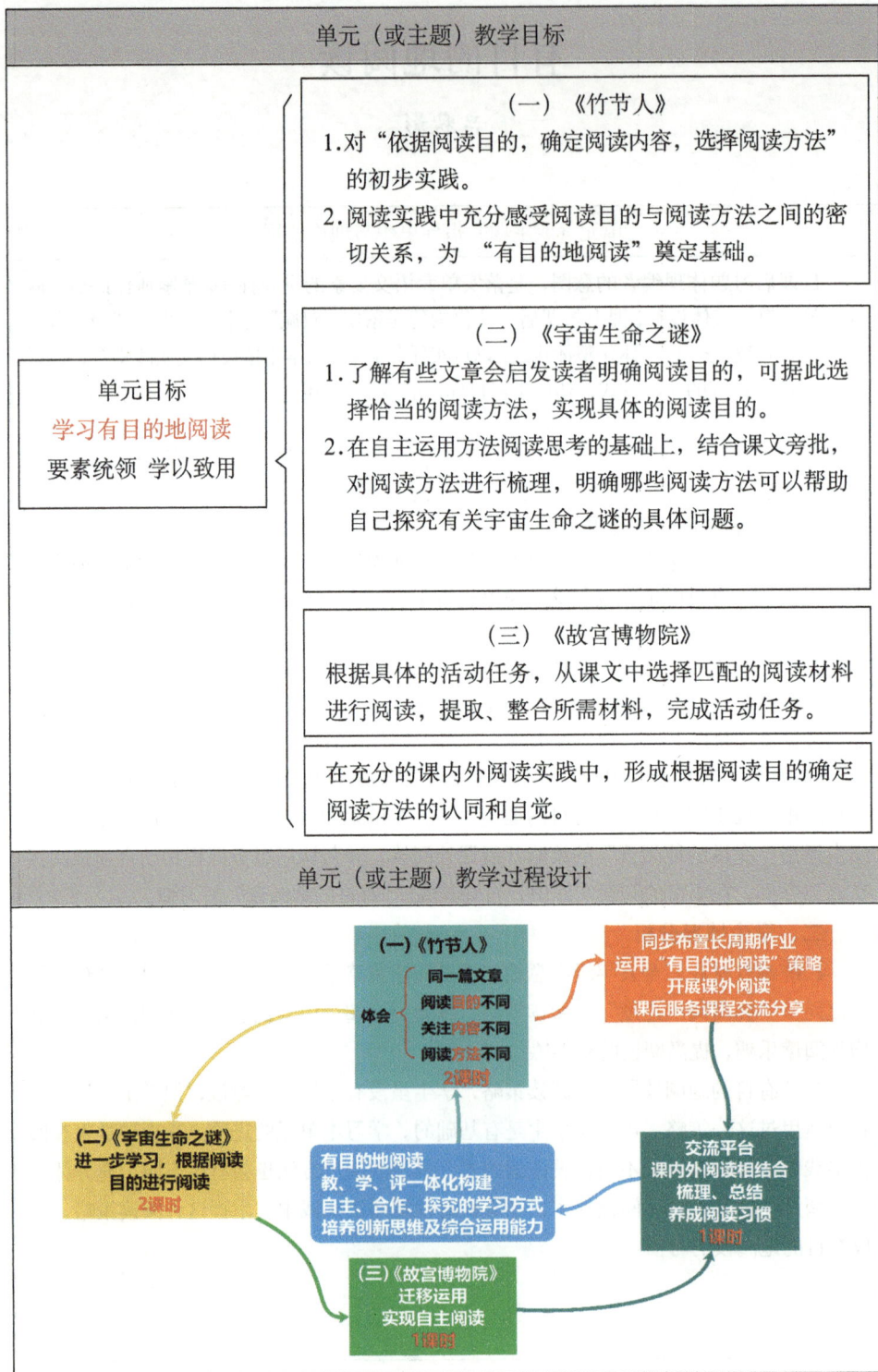

| 单元（或主题）教学目标 |
| --- |

**（一）《竹节人》**

1. 对"依据阅读目的，确定阅读内容，选择阅读方法"的初步实践。
2. 阅读实践中充分感受阅读目的与阅读方法之间的密切关系，为"有目的地阅读"奠定基础。

**（二）《宇宙生命之谜》**

1. 了解有些文章会启发读者明确阅读目的，可据此选择恰当的阅读方法，实现具体的阅读目的。
2. 在自主运用方法阅读思考的基础上，结合课文旁批，对阅读方法进行梳理，明确哪些阅读方法可以帮助自己探究有关宇宙生命之谜的具体问题。

**单元目标**
**学习有目的地阅读**
要素统领 学以致用

**（三）《故宫博物院》**

根据具体的活动任务，从课文中选择匹配的阅读材料进行阅读，提取、整合所需材料，完成活动任务。

在充分的课内外阅读实践中，形成根据阅读目的确定阅读方法的认同和自觉。

| 单元（或主题）教学过程设计 |
| --- |

**（一）《竹节人》**
体会 同一篇文章
阅读目的不同
关注内容不同
阅读方法不同
2课时

同步布置长周期作业
运用"有目的地阅读"策略
开展课外阅读
课后服务课程交流分享

**（二）《宇宙生命之谜》**
进一步学习，根据阅读目的进行阅读
2课时

有目的地阅读
教、学、评一体化构建
自主、合作、探究的学习方式
培养创新思维及综合运用能力

交流平台
课内外阅读相结合
梳理、总结
养成阅读习惯
1课时

**（三）《故宫博物院》**
迁移运用
实现自主阅读
1课时

一、《竹节人》（2课时）

板块一　交流分享 回顾策略

引导学生交流分享最近在读什么书，读书的时候会运用哪些阅读策略，引导学生回顾以前学习过的预测、提问、有速度地阅读等策略。

板块二 聚焦导语 明确任务

1.聚焦单元导语，交流对杨绛先生"读书好比串门儿——隐身的串门儿"这句话的理解

2.了解单元学习要素，根据阅读目的，选择恰当的阅读方法

3.根据课前提示，了解本课学习任务

板块三 根据目的 制定计划

1.浏览课前导语及课文内容，在初步了解课文内容的基础上，根据本课要完成的任务，按计划完成

2.试着根据目的，关注内容，确定方法

（1）请你从中选择一个你最感兴趣的阅读任务，先来完成。

（2）根据任务不同变化座位。选择同一任务的同学自愿组成一组，每组3—5人。

（3）想一想要完成这一阅读任务，我们要关注哪部分内容，可以采用什么方法？

（2）小组讨论，制定阅读计划。

板块四 自主阅读 完成任务

请学生按照阅读计划自主阅读，独立完成阅读任务。

板块五 任务驱动 合作探究

1.引导学生根据汇报任务，开展小组合作学习，人人参与

2.分享交流，引导提升

二、《宇宙生命之谜》2课时

板块一　明确目的 探究任务

1.借助学习提示，明确阅读目的

2.带着阅读任务，自主阅读课文

板块二 借助批注 学习方法

1.结合文中给出的旁批，梳理阅读方法

2.借助课后练习题，巩固运用方法

板块三 设置情境 运用方法

1.设置真实情境，迁移运用方法

情境创设：经过广泛阅读，我们要召开一场新闻发布会，结合相关阅读资料向大家说明人类是否有可能移居其他星球。

2.模拟真实情境，提高表达能力

三、《故宫博物院》（1课时）

板块一 明确任务 选择材料

1.阅读学习提示，明确学习任务

2.根据学习任务，选择阅读材料

板块二 整合信息 合理设计

1.借助资料，整合信息

2.私家定制，合理设计

板块三 充分准备 详细讲解

1.明确任务：参观路线已经确定，接下来需要在参观的景点中选择一两个重要景点来做详细讲解

2."云游"故宫，评选最佳

单元小结：将课内外阅读相结合，梳理总结阅读收获，在充分的阅读实践中，形成根据阅读目的确定阅读方法的认同和自觉。

## 单元（或主题）学习效果评价及结果分析

评价目标：

1.能够依据阅读目的，选择阅读内容，确定阅读方法。

2.在充分的课内外阅读实践中，形成根据阅读目的确定阅读方法的认同和自觉。

评价内容：

1.根据阅读目的制定阅读计划，完成自主阅读。

2.根据阅读汇报任务，小组合作探究，深化阅读目的。

评价方式：

1.自主阅读采取学生自评的方式。

2.合作探究采取小组汇报，场上、场下互动交流的方式。

评价结果：

1.通过自评，98%的学生能够根据阅读目的制定阅读计划，完成阅读任务。

2.在合作探究中，帮助阅读能力稍弱的学生弥补自主阅读中的不足，帮助阅读能力较强的学生深化阅读理解。

质量分析：

通过学生自评、生生互评、教师评价等方式，100%的学生均能够在自主阅读、合作探究的过程中，根据阅读任务选择阅读方法，达成阅读目标。

## 本单元（或主题）教学特色分析

（一）要素引领 层层落实 课内外一体化设计

本单元教学围绕单元要素，深入挖掘每一篇课文以及语文园地所承载的任务。《竹节人》引导学生体会阅读同一篇文章，目的不同，关注的内容、采用的阅读方法也会不同。《宇宙生命之谜》引导学生针对不同的阅读目的开展的阅读活动，进一步体会什么是"有目的地阅读"。《故宫博物院》是一组非连续性文本，引导学生将在精读课文里学到的方法进行迁移运用，逐步实现自主"有目的地阅读"。本单元学习伊始，布置长周期作业引导学生运用"有目的地阅读"的策略开展课外阅读，并与课后服务课程相结合加强阅读交流与分享，在丰富的阅读实践中，自觉养成"有目的地阅读"的习惯。

（二）真实任务驱动 搭建学习活动平台

小组合作学习环节，引导学生根据汇报任务，科学分工，有效合作。比如，《竹节人》阅读任务一的汇报任务为：（1）完成竹节人制作指南。（2）一位同学讲解制作方法，另一位同学现场操作。（3）一位同学讲解，另一位同学演示，教别人玩竹节人。促使学生在实践中检验阅读任务完成情况。

（三）教、学、评一体化整体构建

教学中引导学生根据阅读目的开展阅读实践。检验评价学生阅读任务完成情况的评价点同样取决于阅读目的。比如，《竹节人》阅读任务一"写玩具制作指南，并教别人玩这种玩具"，评价点确定为过程梳理清楚，在制作指南的指导下，能够完成竹节人的制作。阅读任务二"体会传统玩具给人们带来的乐趣"的评价点为通过朗读、讲述突出"乐趣"。阅读任务三"讲一个有关老师的故事"评价点确定为通过讲述，突出老师的特点。这样教师的教，学生的学，整节课的评价点、出发点和归宿点围绕阅读目的，浑然一体，提高实效。

## 某一课时的教学目标、教学重点和难点

### 《竹节人》第一课时

1.能够依据阅读目的，选择阅读内容，确定阅读方法。（重点）

2.在阅读实践中，初步形成根据阅读目的确定阅读方法的认同和自觉。（难点）

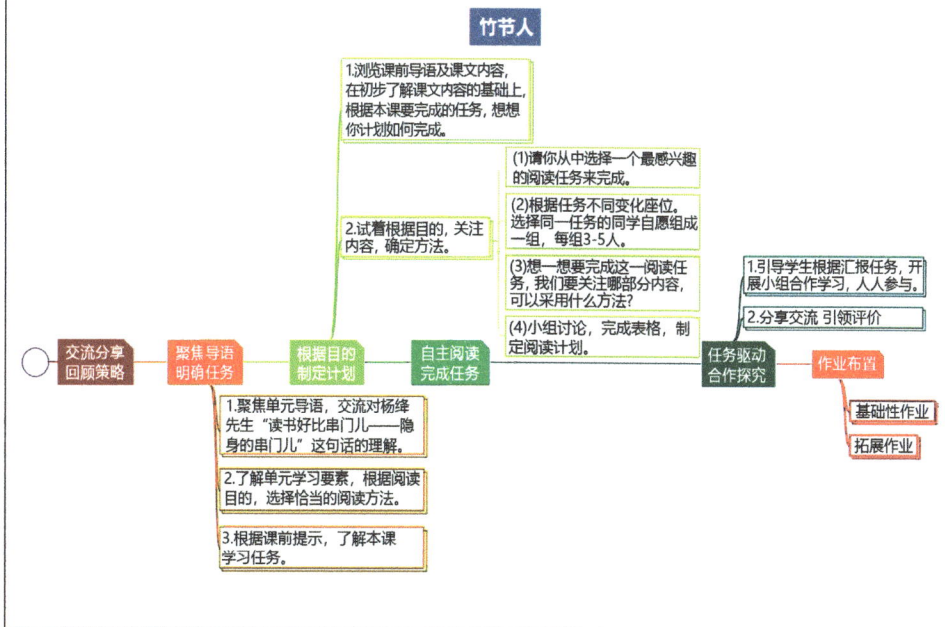

| 教学过程示例 | | |
|---|---|---|
| 教学阶段 | 教学活动 | 设计意图 |
| （一）<br>交流分享<br>回顾策略 | 　　引导学生交流分享最近在读什么书，读书的时候会运用哪些阅读策略，引导学生回顾以前学习过的预测、提问、有速度地阅读等策略。 | 　　通过交流唤醒学生的阅读经验，回顾之前学习过的阅读策略。 |
| （二）<br>聚焦导语<br>明确任务 | 　　1.聚焦单元导语，交流对杨绛先生"读书好比串门儿——隐身的串门儿"这句话的理解。<br>　　2.了解单元学习要素，根据阅读目的，选择恰当的阅读方法。<br>　　3.根据课前提示，了解本课学习任务。 | 　　明确"有目的地阅读"的意义，知道阅读目的不同，选择的阅读内容和运用的阅读方法不同，理解方法应服务于目的。 |
| （三）<br>根据目的<br>制定计划 | 　　1.浏览课前导语及课文内容，在初步了解课文内容的基础上，然后根据本课要完成的任务，想想你计划如何完成。<br>　　2.试着根据目的，关注内容，确定方法。<br>　　（1）请你从中选择一个你最感兴趣的阅读任务，先来完成。<br>　　（2）根据任务不同变化座位。选择同一任务的同学自愿组成一组，每组3—5人。<br>　　（3）想一想要完成这一阅读任务，我们要关注哪部分内容，可以采用什么方法?<br>　　（4）小组讨论，完成表格，制定阅读计划。<br><br>| 阅读目的 | 关注内容 | 阅读方法 |<br>\|---\|---\|---\|<br>\| 写玩具制作指南，教别人玩竹节人。 \| \| \|<br>\| 体会传统玩具给人们带来的乐趣。 \| \| \|<br>\| 讲一个有关老师的故事。 \| \| \| | 　　此环节引领学生带着阅读目的，浏览全文，确定与阅读目的相关的内容，并根据阅读目的选择阅读方法，完成表格，这样就完成了学生自主阅读的计划，为后面学生根据阅读目的自主阅读做铺垫。 |

| | | |
|---|---|---|
| （四）<br>自主阅读<br>完成任务 | 请学生按照阅读计划自主阅读，独立完成阅读任务。 | 在独立自主的阅读实践中有所收获。 |
| （五）<br>任务驱动<br>合作探究 | 1.引导学生根据汇报任务，开展小组合作学习，人人参与。<br><br><table><tr><td>阅读目的</td><td>汇报任务</td></tr><tr><td>写玩具制作指南，教别人玩竹节人。</td><td>1.完成竹节人制作指南。<br>2.一位同学叙述制作指南，另一位同学现场操作。<br>3.一位同学讲，另一位同学演示，教别人玩这种玩具。</td></tr><tr><td>体会传统玩具给人们带来的乐趣。</td><td>1.朗读展现画面，读成当时的心情与感受。<br>2.一边读一边操作，展现传统玩具带给我们的快乐。</td></tr><tr><td>讲一个有关老师的故事。</td><td>通过合作表演或讲故事的方式，介绍这位老师的故事，突出老师的特点。</td></tr></table><br>2.分享交流　引导评价。 | 教、学、评一体化整体构建。教学中引导学生根据阅读目的开展阅读实践。检验评价学生阅读任务完成情况的评价点同样取决于阅读目的。 |
| （六）<br>作业布置 | 基础性作业：尝试运用这样的阅读策略自主完成另外两个阅读任务，记录阅读收获，课后分享。<br><br>单元长链条作业：运用有目的地阅读的策略，阅读自己喜欢的文章，在课后服务课程中跟同学交流自己的阅读收获。 | 课后习题体现编者的意图，是落实单元语文要素的重要抓手，紧紧抓住课后习题进行单元教学整体设计，课上与课后一体化构建是落实"双减"要求的重要方式及途径。 |
| （七）<br>板书设计 | 竹节人<br>清楚　　　　　　　　内容<br>乐趣　　有目的地阅读<br>特点　　提高效率　　　方法 | |

# 白鹅

吕秋影

| 教学基本信息 | | | |
|---|---|---|---|
| 课题 | 《白鹅》 | | |
| 学科 | 语文 | 年级 | 四年级 |
| 教师姓名 | 吕秋影 | | |

## 戏剧元素融于学科教学有效性的思考

《白鹅》是四年级上册第四单元的首篇例文，教学本单元要引导学生品读语言文字，感受作家笔下栩栩如生的动物形象，学习表达方法，比较课文在表达上的不同特点。

《白鹅》作为本单元的首篇例文，对于指导学生阅读与写作有着十分重要的地位。本文所刻画的白鹅形象特点鲜明，文章语言风格独特，主要表现在两个方面：一是作者善于运用对比的方法来突出白鹅高傲的特点。二是作者还善于运用反语来表达自己的情感，语言幽默风趣。教学本科引入戏剧元素，在朗读、想象、模仿、表演中感受白鹅的高傲，体会文章的表达方法以及独特的语言风格。

## 教学目标及重难点

1.学习生字词。

2.品读重点词句，感受白鹅高傲的特点，了解作者是怎样具体描写这一特点的，从而学习作者的表达方法。（这是本节课要落实的重点，同时也是要突破的难点。）

3.体会作者对白鹅的喜爱之情，积累课文中写得生动有趣的句子。

## 教学过程

（一）自由读课文，分组学习词语

分别出示三组词语，指名学生带读，请学生边读边想，这三组词语分别是描写白鹅哪一方面特点的。

出示第一组词语：

| 严肃郑重 | 厉声呵斥 | 厉声叫嚣 |
| 引吭大叫 | 厉声叫骂 | 昂首大叫 |

复习这组词语的同时，引导学生感受作者的用词丰富、准确精妙。

出示第二组词语：

| 步调从容 | 大模大样 |

"大模大样"中的"模"是个多音字，学生特别容易读错，此处我引导学生借助字典据义定音，读准以下这几个词。

| 模范 | 模型 | 模样 | 模仿 | 模具 | 模糊 |

出示第三组词语：

| 三眼一板 | 一丝不苟 |

【设计意图：《小学语文新课程标准》中指出，中年段学生有初步的独立识字能力。能借助字典、词典及生活积累，理解生词的意思。老师需针对那些文中写得好，但学生不容易关注到的内容，进行引导点拨，感悟作者用词之巧妙。还要针对学生容易混淆、不易理解的内容进行有针对性地指导，反复练习巩固。】

（二）指名读文，整体感知

教师引导：透过这几组词语我们仿佛看到了那只白鹅，大家还记得这是一只怎样的白鹅吗？指名读文，找出那个统领全文的句子——"好一个高傲的动物！"白鹅的高傲又表现在哪些方面呢？找到第二自然段，体会这一过渡段在文中起的承上启下的作用。

【设计意图：一是整体回顾课文内容；二是感悟文章的篇章布局，学习作者抓住特点描写的方法。】

（三）默读思考，标画批注

抓住本文的中心句"好一个高傲的动物！"进行深入探究。首先，请学生充分自读自悟。

自学提示：

默读3—7自然段，边读边想从哪些语句中能感受到白鹅的高傲，用波浪线画出来，再想一想作者是怎样具体描写的。

【设计意图：此环节抓住牵一发而动全身的句子，引导学生根据自学提示充分自读自悟，培养学生在读中思考，标画批注的良好阅读习惯，以及独立阅读的能力。】

（四）交流分享，感悟写法，指导朗读（重、难点环节）

1.依文本顺序，顺学而导，感受鹅叫声之高傲，引导学生发现文章的表达方法。

> 鹅的叫声，音调严肃郑重，似厉声呵斥。它的旧主人告诉我：养鹅等于养狗，它也能看守门户。后来我看到果然如此：凡有生客进来，鹅必然厉声叫嚣；甚至篱笆外有人走路，它也要引吭大叫，不亚于狗的狂吠。

（1）学习这一段时，在学生充分交流的基础上，教师适时点拨，引导学生通过联系上下文以及生活实际，理解 "厉声呵斥""厉声叫嚣"等词语，从而体会白鹅高高在上教训人的口气以及它嚣张的气焰，体会作者用词的准确精妙，指导学生读出自己的感受。

（2）当学生谈到养鹅等于养狗，它也能看守门户时。教师适时点拨，你是从哪体会到的？引导学生发现本段先概括再具体的段式结构。接着引导学生思考，写鹅就写鹅吧，为什么又写狗呢？引领学生发现作者正是把它与我们非常熟悉的、能看家护院的狗做比较，来突出鹅的叫声厉害、霸道、嚣张。鼓励学生在接下来的学习中自己发现文章的表达方法。最后，请学生通过朗读展示白鹅叫声的高傲。

2.发现、感受步态之傲慢，通过比读展示鹅的高傲。

> 鹅的步态更是傲慢了。大体上与鸭相似，但鸭的步调急速，有局促不安之相；鹅的步调从容，大模大样的，颇像京剧里的净角出场。

在前面学习的基础上，学生能够独立发现作者正是用鸭的"步调急速，有局促不安之相"，显出鹅"步调从容""大模大样"的大家风范，在学生感悟出作者的表达方法后，引导学生通过比读，读出这种对比与反差，突出鹅的傲慢。首先，同桌合作练读，然后指名展示，通过评读的方式，引导学生读出自己的理解与感悟。最后，师生合作展示读。

3.想象画面，透过鹅老爷的吃相，感受鹅老爷的派头，体会作者语言的幽默风趣。

（1）抓住"三眼一板""一丝不苟"，感受鹅老爷吃饭有条理、有规矩，不肯改变，特别讲究，从这讲究中感受鹅老爷的高傲。

（2）此处学生会再一次发现作者描写狗"躲在篱边窥伺""敏捷地跑过来，努力地吃它的饭"等如小偷般的猥琐相，彰显鹅老爷的派头。这一系列对比，非常形象生动，使人如闻其声，如见其形，也引导学生聚焦这段文字边读边想象画面，读出鹅的高傲，以及画面中的趣味。

1.摘抄、背诵写得生动有趣的部分，积累语言。

【设计意图：此环节是在学生充分自读自悟的基础上，引导交流，过程中老师顺学而导，点拨提升，引导学生品读重点词句感受白鹅的高傲，引导学生感悟作者是怎样具体描写白鹅高傲的特点的，从而落实重点学习内容。】

（五）开发阅读资源，加强方法指导，突破教学难点

1.比较阅读，发现表达的不同

教师引出：今天我们一起认识了丰子恺笔下这只高傲的白鹅，之前我们还学习了很多描写小动物的文章。出示上学期学过的《燕子》《翠鸟》两篇文章片段，引导学生进行比较阅读，发现这两篇文章与《白鹅》在表达方法上的不同。

> 一身乌黑光亮的羽毛，一对俊俏轻快的翅膀，加上剪刀似的尾巴，凑成了活泼机灵的小燕子。
> ——《燕子》
>
> 翠鸟鸣声清脆，爱贴着水面疾飞，一眨眼，又轻轻地停在苇秆上了。它一动不动地注视着泛着微波的水面，等待游到水面上来的小鱼。
> ——《翠鸟》

学生经过比较发现，这两篇文章作者都在夸赞小动物，感受到的是作者浓浓的喜爱之情。可是《白鹅》这篇文章，作者一直在写白鹅高傲、架子十足，多数同学认为作者喜欢白鹅，也有些同学感觉模糊，并不确定。

2.基于学生的发现与困惑，通过拓展阅读，发现表达之妙

基于学生的思考与困惑，引导学生走进《白鹅》原文，学生发现，当作者要和白鹅分别时是如此的恋恋不舍，甚至还要为他立传，从而真真切切地感受到这份浓浓的爱意。那为什么有的同学开始会觉得不确定呢？因为作者用了跟别人不太一样的表达方法。表面上似乎不是在夸赞白鹅，但细细品味言语间却流露出作者对白鹅掩饰不住的亲昵。也正因为这样，我们既认识了这只高傲的白鹅，又感受到作者语言的幽默风趣。这就是用反语表达自己的情感。

3.拓展阅读视野，课后探究阅读，关注不同表达

布置探究学习综合作业：丰子恺笔下的白鹅真是"架子十足"，那其他作家笔下的小动物又是怎样的呢？作者又是怎样写的呢？你可以读一读书中的几篇文章，也可以从课外找来文章好好读一读、品一品，然后，把学习所得跟小伙伴交流。学生带着浓浓的阅读兴趣、强烈的探究欲望，结束本节课的学习。

| 板书设计 |
|---|

白鹅

高傲　　　引吭大叫　厉声叫骂
　　　　　步调从容　大模大样
　　　　　三板一眼　一丝不苟

教学反思

**一、体现年段特点，落实年段目标**

本教学设计学段特点非常鲜明。本节课在词语教学和语段教学这两个方面，体现了中学段阅读教学中两个最基本的落实点。在词语教学方面，中学段阅读教学中强调学生需能联系上下文，理解词句的意思，体会课文中关键词句表情达意方面的作用。能借助字典、词典和生活积累，理解生词的意义。本节课无论是在复习词语环节还是在阅读理解环节，都在引导学生运用多种方法理解词语含义。特别是抓住关键词语引导学生联系生活实际展开联想，透过词语理解白鹅的高傲。比如，学习描写白鹅叫声这一段时，在引导学生充分交流的基础上，教师适时点拨，引导学生通过联系上下文以及生活实际理解"厉声呵斥""厉声叫嚣"等词语，从以往的教学经验看，学生经常会谈到，"厉声呵斥"会联想到自己犯错误时，长辈特别严厉地批评教训，从而体会白鹅高高在上教训人的口气以及它如此嚣张的气焰。

**二、关注教材特点，确定教学重点**

本文所刻画的白鹅形象特点鲜明，文章语言风格独特，主要表现在两个方面：一是作者善于运用对比的方法来突出白鹅"高傲"的特点。二是作者还善于运用反语来表达自己的情感，语言幽默风趣。基于教材特点，本节课教学紧紧抓住文章的中心句"好一个高傲的动物！"，引导学生品读文本，感受白鹅的高傲，同时，注重在交流中引导学生感悟作者是怎样具体描写白鹅的高傲的，学习文章独特的表达方法。

**三、基于学情特点，突破教学难点**

多数学生特别喜欢小动物，所以会对这类文章产生浓厚的兴趣。四年级的学生已经初步具备品读重点词句，感受形象特点的能力。所以，引导学生抓住重点词句感受鹅的高傲并不难。但是从中学会文章的表达方法以及独特的语言风格，对学生来说是有一定难度的，特别是"反语"这一表达方式，学生首次接触，理解起来会很困难，需要老师着力引导。基于这样的学情，在教学中，我首先采用顺学而导的方式，引导学生发现在描写白鹅叫声时，作者运用了比较的表达方法，通过与狗的狂吠比较，突出鹅的叫声大且厉害，并体会这样写的好处。在此基础上，鼓励学生独立发现后面几段中作者又用了怎样的表达方法来描写白鹅的高傲。学生能够独立发现作者正是用鸭的"步调急速，有局促不安之相"，显出鹅的"步调从容""大模大样"的大家风范。又通过描写狗"躲在篱边窥伺""敏捷地跑过来，努力地吃它的饭"等如小偷般的猥琐相，彰显鹅老爷的派头，感悟如此表达的精妙之处。最后，通过引导学生走进原文，真真切切地感受作者对白鹅的爱意，再回课文看作者独特的表达方式，感受反语的妙用。

# 我的暑假我做主

## ——语文实践课程教学设计

吕秋影

## 第一课时 规划暑假生活

### 一、指导思想

新课程观强调，学生的真实生活情境就是语文课程设计的来源。教师要善于调动学生不同的学习需求，把语文教育融入生活，引导学生在有意义的言语实践中发展语文核心素养。

《小学语文新课程标准》强调以学生发展为本，而培育学生的思维品质是核心。本课程设计聚焦真实生活，对标真实自己，对话内心诉求，引导学生自我觉察：用适合自己的方式规划属于自己的暑假生活。培养学生做事前周密思考、合理规划、积极思考的习惯，形成良好的逻辑思维及创造思维。

### 二、教学背景

学情分析：学期末，学生对暑假生活充满憧憬与期待。课间小伙伴之间谈论最多的话题是"暑假去哪玩？""暑假做什么？"学生说起这些来滔滔不绝，但是缺乏对整个暑假生活的规划，交流表达也比较混乱，没有逻辑性。

家庭情况：让学生愉快的假期却让很多家长犯了难，如何安排孩子的假期生活成为很多双职工家庭最焦虑的话题。家校社协同育人，绝不是学校需要家长配合做什么，而是更多考虑学生的家庭背景、实际情况，在相互了解、理解的基础上，共同帮助孩子找到一条最适合其发展的成长路径。

### 三、课程设计构思

联系学生生活实际，考虑学生真实的学习需求，以"我的暑假我做主"为主题，设计语文实践课程，课程分四课时完成，贯穿暑假前、暑假中、暑假后。第一课时"学习制定暑假计划"引导学生规划假期生活，用适合自己的方式规划属于自己的假期生活，并把自己的规划跟老师、同学交流。第二课时"我的暑假我做主"引导学生结合自身实际情况思考：如何通过自我管理与评价帮助自己完成暑期规划。根据暑期规划，选择适合自己的，能够督促自己完成暑期规划的评价方式。引导学生相互交流，在分享交流中相互促进。第三课时"记录暑假生活"引导学生用三年级学习的记录生活的方式——日记以及图表等多种形式记录自己丰富、快乐且有意义的假期生活。第四课时"快乐分享台",是暑假归来的开学第一课,为学生搭设分享暑假快乐生活平台,引导学生用自己喜欢的方式与大家分享自己的暑假生活。

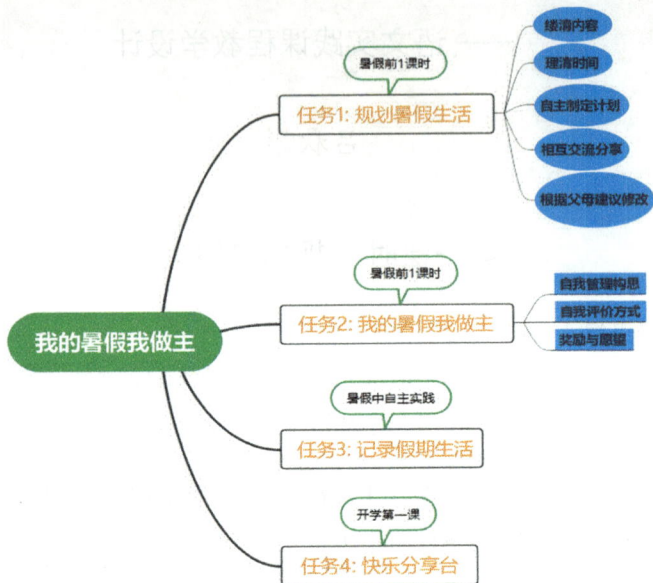

**图2.8 课程设计结构图**

# 第一课时 教学设计

### 一、教学目标

1.根据生活实际用适合自己的方式规划假期生活。

2.培养学生做事前周密思考、合理规划、积极思考的习惯,形成良好的逻辑思维及创造思维。

3.清楚、完整地表述自己的暑假规划,乐于与大家分享。

### 二、教学重、难点

教学重点:根据生活实际用适合自己的方式规划假期生活。清楚、完整地表述自己的暑假规划,乐于与大家分享。

教学难点:培养学生做事前周密思考、合理规划、积极思考的习惯,形成良好的逻辑思维及创造思维。

### 三、教学过程

(一)聚焦生活实际 发现真实问题

1.暑假通常是用来做什么的?

师生共同归纳,暑假应具有放松身心、查漏补缺、增长本领、开阔眼界、发展兴趣爱好等基本功能。

2.“我”的暑假打算做什么?

引导学生聚焦自己,结合自己的实际情况说一说自己想在这个暑假做些什么?把自己的想法跟小伙伴交流。

3.家长希望“我”在暑假中做什么?

引导学生关注家长的建议,谈一谈家长的建议给自己哪些帮助和启发。

【设计意图:把学生带入生活情境,聚焦“暑假”这一话题,从关注暑假的基本功能,到聚焦自己的发展需求,再到考虑身边人的建议,引导学生在思考与探讨中逐步明确,在这个暑假自己打算做些什么。】

(二)基于发展需求 提出真实问题

在开课阶段的师生交流中,学生意识到要想完成自己预期的暑假任务,获得自己期待的愉悦体验,就要好好规划暑假生活。规划前首先要解决两个问题:

1.暑假有多长时间?

引导学生链接数学,计算暑假共有多少天,再算一算一共有几周。

2.怎样规划暑假生活?

暑假里有这么多事想做,应该怎样安排和规划呢?学生可以结合自己以往的经验谈谈自己的想法。

3.师生交流,拓展思路,寻求方法。

【设计意图:在真实任务的驱动下,学生通过跨学科学习准确把握假期时长,并在师生交流探讨中拓展思路,了解规划假期生活的途径与方法,为学生科学、合理、有效地规划假期生活奠定基础。】

(三)自主实践探究 寻求个性化途径

1.学生自主实践,尝试用适合自己的方式规划暑假生活。

学生可以通过作息时间表、思维导图、鱼骨图、日历清单等适合自己的方式规划暑期生活,帮助学生找到解决问题的有效途径。

2.教师巡视指导,了解学生完成情况。

【设计意图:引导学生借助实践手册,充分自主实践,根据自己的需求,选择最适合自己的方式规划暑假生活,通过图表等多种形式呈现自己的思维过程,为学生搭设了综合运用语文并结合其他学科知识、能力解决问题的平台。】

(四)引导交流分享 相互启发激励

1.学习伙伴间相互交流。

2.指名交流。每种方式选择一人交流。实物投影展示作品,学生清楚、完整地介绍暑期规划。其他同学认真倾听,思考这份规划的优势,提出自己的建议。

3.交流中引导生生互动,进一步体会每种方式各自的优势,选择最适合的方式。

(1)作息时间表   时间观念

(2)思维导图     任务明确

（3）用鱼骨图规　　　目标清晰

（4）星期列表　　　　提高效率

......

【设计意图：交流分享中，培养学生的交际素养，促进学生相互启发，互相学习，根据同学的建议和自身实际情况完善暑期规划。体会不同的规划方式和各自的优势，最适合自己的。】

（四）深度思考　感受规划的意义

1.引导学生观察板书并思考：老师为什么要这样设计板书？把"我的假期规划"写在树干的位置，把"我假期中想做的事"写在枝叶上，把"我的期待与憧憬"写在大树生长的方向。

2.引导学生自由表达、发散思维，展开联想与想象

【设计意图：此环节结合板书，引导学生观察与思考，展开联想和想象。在交流探讨中感受做好暑期规划的价值与意义。】

课后作业：

1.把自己的暑假规划讲给家长听，根据同学和家长的建议修改完善。

2.根据自身实际情况思考：如何通过自我管理与评价帮助自己完成暑期规划。

后续课程介绍：后面的课程我们会围绕这个话题继续探讨，假期中请你记录美好记忆，开学第一课我们将召开"快乐分享台"，请同学们用自己喜欢的方式介绍属于你自己的暑假生活。

**板书设计：**

图2.9　本节课板书示意图

# 我的暑假我做主

## ——语文实践课程 教学反思

吕秋影

### 一、立足学生生活实际，发现真实问题

语文学习无处不在，无时不有，生活处处皆语文。语文课程的设计要紧密联系学生的生活实际，生活就是最真实、最广阔、最有意思的学习情境。即将到来的暑假生活，可以说是让人欢喜让人愁。欢喜的是学生，可以利用这个时间痛痛快快地玩，充分放松身心。可是，让学生愉快的假期却让很多家长犯了难，如何安排孩子的假期生活成为很多双职工家庭最焦虑的话题。还有一些家长在自媒体平台呼吁取消寒暑假，成为社会关注的问题。

作为老师要能敏锐地捕捉到这些问题并做积极引导。于是我想，造成这些问题的原因是什么呢？首先，对于小学生来说，他们不能自主地、合理地安排自己的暑假生活。很多孩子把这么长的假期全部用来玩，甚至沉迷于电子产品，作息时间也变得不规律，不利于身心健康。家长面对这样的现状非常着急，但又没有时间和恰当的方法干预、管理，非常焦虑。

面对学生生活中的真实问题，老师能够做些什么呢？老师是课程的研发者、设计者，基于学生生活中的真实问题研发课程，引导学生通过积极且有意义的实践活动发现问题、积极思考、解决问题，是课程育人的价值所在。于是，在期末考试前，我研发了语文实践课程"我的暑假我做主"。课程分四课时完成，贯穿暑假前、暑假中、暑假后。第一课时"规划暑假生活"，引导学生规划假期生活，能用适合自己的方式规划属于自己的假期生活，并把自己的规划跟老师、同学交流。第二课时"我的暑假我做主"，引导学生结合自身实际情况思考，如何通过自我管理与评价帮助自己完成暑期规划。根据暑期规划，选择适合自己的，能够督促自己完成暑期规划的评价方式。引导学生之间相互交流，相互促进。第三课时"记录暑假生活"，引导学生用三年级学习的记录生活的方式——日记以及图标等多种形式记录自己丰富、快乐且有意义的假期生活。第四课时"快乐分享台"，暑假归来的开学第一课，为学生搭设分享暑假快乐生活的分享平台，引导学生用自己喜欢的方式与大家分享自己的暑假生活。

### 二、基于学生发展需求，提出真实问题

期末阶段，学生对暑假生活充满憧憬与期待。课间小伙伴之间谈论最多的话题是

"暑假去哪玩？""暑假做什么？"学生说起这些来滔滔不绝，但是对整个暑假生活却没有一个规划，交流时表达也比较混乱，没有逻辑性。如何系统思考，科学、合理地规划暑假生活，准确清晰地表达自己的想法是这个阶段学生的发展需求。基于此，本课程第一课时，我引导学生思考暑假是用来做什么的？这个简单的问题，却很少有学生好好地思考过。在师生交流中达成共识，寒暑假有自己的功能，在这段时间学生发展社会认知、自然认知和自我认知。学生要利用暑假充分放松、复习巩固、开阔眼界、增长本领、发展兴趣爱好等。这是暑假应该具备的基本功能，它在学生成长过程中发挥着重要的作用。促使学生发现，科学、合理地规划暑假生活是非常必要的。在此基础上，请学生结合自身实际情况及家长建议思考应如何安排自己的暑假生活。带着这样的思考，基于真实需求，继续开展后面的学习实践活动。

### 三、针对学生个体差异，寻求个性化途径

"新课标"在梳理与探究板块中提出组织有趣的语文实践活动，在活动中结合语文学习，观察大自然，观察社会，积极思考，运用书面或口头方式，并可尝试用表格、图像、音频等多种媒介，呈现自己的思考与探究所得。在表达与交流板块提出学生应乐于以口头、书面的方式与人交流沟通，愿意与他人分享，增强表达的自信心。

教学过程中，教师首先引导学生思考暑假生活应该是用来做什么的，接着结合自身的实际情况思考自己的暑假打算做什么，最后引导学生选择合适的方式规划暑假生活。比如，通过思维导图的方式规划暑假中主要安排哪些活动，期待有怎样的体验和收获。用制作作息时间表的方式，把自己想做的事情，合理安排到每一天的不同时段中。再或者用鱼骨图的方式聚焦一个目标，安排好每个阶段要完成的任务，帮助学生找到解决问题的有效途径。

### 四、挖掘学生内在潜能，解决真实问题

孩子在整个儿童和青少年时期，大脑和身体都处于迅猛发育的阶段，从一个懵懂的孩子成长为一个可以独立生存的成年人，需要学习和锻炼的东西太多，而仅仅靠学校教育和课本知识远远不够。孩子还需要学会怎么和人打交道，需要去认识世间万物，需要去探索和认知自我，这些在平时的学校生活中很难实现，所以孩子们需要假期，需要一个能够从狭小的课堂里抽离出来，去学习更为丰富和实用的社会自然知识的时间。学校要做的是引导孩子科学、合理地运用这段时间，让暑假成为孩子成长过程中不可或缺的重要阶段，我们在尝试并努力实践。在这个过程中，还有需要再提炼和改进的地方，今后，我们会针对不同年段的学生，进一步丰富、完善这个课程。希望通过实践的验证，填补教育教学中这一领域的空白。

# 语文戏剧实践课《请你支持我》

吕秋影

| 教学基本信息 | | | |
|---|---|---|---|
| 课题 | 语文戏剧实践课《请你支持我》 | | |
| 学科 | 语文 | 年级 | 六年级 |
| 教师姓名 | 吕秋影 | | |
| 戏剧元素融于学科教学有效性的思考 | | | |

戏剧元素融入语文教学为学生创设了贴近学生生活实际、能够调动学生积极参与的学习情境，搭设了学科实践与跨学科实践的平台，促进学生在主动的、积极的语文实践活动中积累、运用语言，促进学生语文核心素养的发展。

| 教学目标及重、难点 |
|---|

1.能根据任务情境，把说服别人支持自己的具体理由讲清楚。（教学重点）
2.能设想对方可能的反应，恰当应对。（教学难点）

| 教学过程 |
|---|

（一）联系生活　回顾经历

1.生活中你是否有过说服别人支持自己做某件事的经历？跟我们分享一下。

如，说服家长支持自己坚持某个爱好，说服家长给自己买个礼物，说服家长支持自己参加某个活动。

2.拓展思路，是否有走出家庭说服别人支持自己的经历，如说服老师、同学。

（二）创设情境　尝试说服他人

1.播放视频，进入情境。

2.对话交流：同学们认为他的话语可以说服我吗？

（1）说话要有礼貌，态度要诚恳。

养成良好的交际习惯，这样能够赢得对方的好感，对方才会愿意倾听我们诉说。这是成功的基础。

（2）理由、设想一定要充分说清楚。

3.假如我是你的家长,你会如何说服我呢?先自己练练。

4.指名同学尝试,其他同学评价,哪位同学更有可能得到我的支持?为什么?

5.点评交流。

随学生回答,教师板书出"诚恳有礼""理由充分""为什么做""怎么做""好处"。

6.现场采访:为什么说服别人应该态度诚恳有礼,尽量把理由表达充分呢?

教师板书出"已有经验""书中提示"。

小结:同学们都既有经历又有经验,为大家点赞,书中也给了我们这样的提示,请你打开书,标画出重点提示内容,看看哪些跟我们的已有经验是吻合的,哪些给了我们新的启发。

【设计意图:本次口语交际属于实用性表达,应紧扣实用性特点,语言情境以及言语经验都要源于生活,尊重学生在生活中的体验与经验。充分调动学生的交际需求以及原有认知。】

(三)情景演练 实践提升

过渡:在生活中,我们还会遇到各种各样的问题,需要得到不同人的支持与帮助,这时我们又该怎样表达呢?

1.播放视频:同学们,你们看这些生物角是不是既能美化环境,又能丰富我们的校园生活,我提议在班中设立生物角,你们同意吗?

2.接下来请同意设立生物角的同学,运用已有经验和书中的提示,说服你身边不同意的同学,争取他的支持。

3.请两组同学来展示你们交流的过程,其他同学互动点评,说说你是否支持,为什么?

4.引导学生在评价中提炼方法,得出寻求支持的关键点。

5.采访:你为什么能应对自如呢?

答:设想对方的担心,打消对方的疑虑。

随学生回答教师板书出"设想周全"。

(四)运用方法 实景演练

1.播放义卖会视频。

教师引导:同学们是不是也有一些闲置的文具或玩具,放在家里既占地,又造成浪费,如果卖给有需要的同学,再把卖来的钱捐给山村希望小学,帮助他们购置一些书籍和文具,那该多好呀!你们是不是也有同样的想法呀?可是,要在学校组织这样大型的活动,需要校长的支持,你们打算怎样说服校长呢?结合在实践中总结的经验,小组讨论讨论,每个小组选派一名代表发言。

2.实景演练。

3.探讨:成功的经验有哪些?没成功的原因是什么?总结经验,讨论解决问题。

4.再次演练。

【设计意图：加入三种不同情境作为补充练习，既是对课堂所学说话技巧的巩固，也开启了学生新的思考领域：对象不同，说话的表达不同，应对策略也不同。让学生在实践中，感受这种不同之处，从而有所感悟和收获。】

（五）归纳总结 形成经验

1.提炼锦囊妙计，引导学生在实践中总结说服别人支持自己的经验。

2.这个小锦囊告诉我们怎样做能表现得更加诚恳有礼，你又提炼了怎样的经验呢？写在课前发给你的锦囊妙计卡上，每个组写一张。

3.锦囊妙计分享台，请几位同学来分享他们的锦囊妙计。

【设计意图：通过"锦囊妙计"和"互动评价"，学生有话可说、有理可讲、有据可依。口语交际有内容、有方法、有评价标准。】

## 板书设计

学会沟通

态度诚恳　　为什么做
理由充分　{ 怎么做
设想周全　　好处
因人而异

## 教学反思

戏剧元素融入本节课教学主要想达到三个目标：

一是激发学生的学习兴趣，调动学生参与的热情。

开课伊始，老师播放视频，展示在生活中遇到的问题和烦恼，请学生帮助老师解决。帮助老师解决问题这个任务，极大地激发了学生的兴趣，促进他们快速回顾生活经历，从经历中提炼经验，帮助老师解决问题，促进学生有获得感有成就感，也为继续参与后面的实践活动奠定基础。

二是将戏剧元素融入，为学生创设的学习情境，搭设了语文实践的平台。引导学生在积极主动的言语实践中积累语言、建构语言。并在这个过程中不断引导学生提炼、总结方法策略，在学生乐学、爱学的基础上，促进学生学会学习。

三是戏剧元素融入促使学生不断应对挑战，在这一过程中，巩固运用方法，形成关键能力。如在本节课中，教师不断变化角色，成为学生说服的对象，就是把学生带入更为真实的学习情境，提出一个个真实又具有挑战的问题，帮助学生迈台阶、爬梯子，不断提升表达能力。

# 习作指导与讲评《童年趣事》

## 吕秋影

| 教学基本信息 | | | |
|---|---|---|---|
| 课题 | 习作指导与讲评《童年趣事》 | | |
| 学科 | 语文 | 年级 | 六年级 |
| 教师姓名 | 吕秋影 | | |

| 戏剧元素融于学科教学有效性的思考 |
|---|
| 　　戏剧元素融入为学生搭设交流分享的平台，学生快乐地讲童年趣事、演童年趣事、写童年趣事，以达到学会分享、快乐加分的目的。学生绘声绘色地讲解、表演，自然融入表情、动作、语气，观察周围人的反映及自己的感受，为学生习作奠定基础，让写作成为快乐的事情。 |

| 教学目标及重难点 |
|---|
| 　　1.关注生活，心中有故事。<br>　　2.交流分享，学会讲故事，懂得分享能为快乐加分。（重点）<br>　　3.尝试表达，能写故事。把事情经过写清楚，把"趣"点写具体。（难点） |

| 教学过程 |
|---|
| 　　（一）激"趣"——导入新课<br>　　1.教师给学生讲一个有趣的故事，与孩子互动，交流听故事的感受，体会童年生活的乐趣。<br>　　教师导入：播放歌曲《童年》，伴随着这首轻松的音乐，开始本节课的学习。同学们陶醉在这歌声中，也把吕老师带回到了童年生活，小时候发生的一些事还历历在目，你们想听吕老师小时候的事吗？ |

故事内容：有一年夏天，我和几个小朋友一起玩跳皮筋，回到家感觉又累又热，妈妈正在院子里洗衣服，我对妈妈说："热死了！"妈妈说："你爸爸新买来一台电扇，快进屋，吹吹电扇就凉快了。"我以前从来没吹过电扇，听了妈妈说的话，特别兴奋，马上跑进屋，看见桌子上放着一个圆圆的东西，里面还有风叶，我想，这个肯定就是电扇了，你们猜我是怎么做的？我凑近电扇使劲地吹，可是，电扇的风叶就是不动，我不知是怎么回事，是不是我的力气太小了，于是，我噘起小嘴，鼓着腮帮子，使出全身的力气吹呀吹，吹了半天，不但一点没凉快，反而热得满头大汗了。这时，妈妈进来，睁大眼睛对我说："你这是在干什么？"我说："吹电扇呀！可是，怎么一点也不凉快呀？"这时，妈妈哈哈大笑，跑过来，搂着我说："我的傻宝贝，是让电扇吹你，不是你吹电扇。"我忽闪着大眼睛说："您不是说，让我吹电扇吗？"此时，妈妈哭笑不得，按下按钮，一股凉风出来，我和妈妈哈哈大笑。

同学们都笑了，为什么笑呀？（答：因为故事有趣、好玩，这就是我童年的趣事。）板书出"童年趣事"。

2.审清题目要求。你认为什么是"趣事"？（答：想起来就觉得好玩、好笑的、有意思的事。）

童年又指什么时候呢？（同学们现在就处于美好的童年时期，从记事起到现在发生的好玩好笑的，有意思的事都可以。）

其实，不光老师有童年的趣事，同学们每个人都有。那今天咱们就聊一聊童年的趣事，然后把它写下来好吗？

（二）说"趣"

1.到底写什么事呢？同学们课前都做了准备，有的同学带来了照片，还有的同学像老师一样把童年的趣事画下来了。请同桌互相讲讲自己的童年趣事。

2.指名交流，在口语交际的过程中引导学生学会表达。在交流的过程中，老师要注音倾听，指出问题，引导学生把过程说清楚，突出故事的趣点。

(1) 请一名同学讲自己的童年趣事，其他同学认真听，想想你认为这件事哪里最有趣？有没理解的地方，也可以用提问的方式跟他进行交流。在相互交流的过程中，引导学生把事情的经过讲清楚，找到这件事情哪部分最有趣。板书出"经过""清楚"。

①引导学生提问互动，首先要把故事讲清楚，让大家听明白。

②你们认为哪部分最有趣？明确趣点。

③教师采访：跟同学交流的过程，对你有什么帮助吗？（答：解答同学问题的过程，是把故事讲清楚的过程。在相互交流的过程中，我找到了这件事哪部分最有趣。）

④找到哪部分最有趣的好处是？（答：明确趣点，努力把趣点讲得出彩。我们写的这件趣事才能想起来好玩，讲起来好笑。）

3.明确要求,再次练习。请同学们自己再练习讲一讲,一定要把事情的经过讲清楚,而且让听者觉得好玩、好笑。

4.再次交流,过程中师生共同提炼,怎样才能讲得让大家觉得生动、有趣。

①你认为他讲得哪部分最有趣。

②你认为他讲得好玩、有趣的妙招是什么?

(答:事中有声,事中有动,事中有思,这样讲出来的趣事,听起来才会觉得有意思。)

(四)写"趣"——动笔习作

1.下面请同学把讲的这件事写下来。

2.写完之后,同桌可以互相品读。

(五)读"趣"

1.推荐同学读一读,说一说自己的推荐理由,提一提改进意见。

2.选择一位没被推荐的同学,了解原因。

3.齐改一篇病文,达到事中有声、有动、有思。

4.再读自己的作文,找到要修改的地方,进行修改。

5.朗读展示。

| 板书设计 |
| --- |

| 童年趣事 | 想着好玩<br>说着好笑<br>听着有意思 | 趣点 | 有声<br>有画<br>有思 |
| --- | --- | --- | --- |

| 第二课时 习作评改课 |
| --- |

**一、教学目标**

针对学生在习作中的问题,写出有趣的方法进行评改,引导学生使用合适的方法修改自己的习作。

**二、教学重点难点**

能够通过具体的动作描写、语言描写把事情的经过写清楚,写出趣味,写出真情实感,并且能够找到自己习作中的问题,进行修改。

**三、教学过程**

(一)欣赏学生作品

1.教师导入:同学们,上一节课是童年趣事的习作指导课,同学们都写了自己的童年趣事,老师认真看了每个同学的作文,一边看一边笑,同学们写得都非常有意思。这节课是作文评改课,在评改之前,同学们还要来回忆习作的要求。

　　2.赏选材。上节课通过聊天、交流，同学们都选择了童年生活中最有趣的事来写，做到了选好趣事。下面来欣赏几位同学的选材。老师在这一过程中点拨、提升。

　　故事中有玩耍的乐趣、劳动的乐趣、探索的乐趣，还有蠢事、傻事真是丰富多彩。

　　3.赏题目。有同学作文材料选得好，作文题目也起得特别吸引人，下面再来欣赏几个优秀作文的题目。

　　教师点拨过渡：这些题目就像磁铁一样，吸引着我们迅速走进故事中去。同学们回忆自己的童年生活，从中选择了有趣的事情，而且起了吸引人的题目，这些都做得非常好。再来回看作文的要求，一篇作文要想写好，还要在哪下功夫呢？（指名回答：要把事情的经过写清楚。）那事情的经过指的是什么呢？（答：指明是要把最有趣的地方写具体。）这节课我们评改同学们作文中的重点，也就是要抓住趣点，把最有趣的地方描写出来。板书出"抓趣点""描趣味"。

　　（二）齐改文

　　1.教师简述病文内容。有一位同学，写的是洗手绢，小的时候她看见妈妈洗衣服，会把洗衣粉撒在衣服上使劲搓，于是，衣服上就出了好多泡泡，她觉得特别好玩。于是，她也学着妈妈的样子洗自己的小手绢，可是误把面粉当成洗衣粉，搓了半天没有出泡泡，还越洗越黏，妈妈一看，哈哈大笑。

　　她认为作文中的这段话最有趣，你们读一读，认为她写出有趣的部分了吗？

　　2.出示病文片段。

> 　　没过几天，我的小手绢脏了，我决定像妈妈给我洗衣服一样，自己用洗衣粉洗手绢。我误把面粉当洗衣粉放到手绢上，可是越洗越黏，一点儿泡沫也没有。我很着急，跑去问妈妈，妈妈说你用的是面粉，不是洗衣粉。我们俩都笑了。

　　3.请学生说说片段中哪个地方很有趣，却没能明确趣点。

　　教师引导：你们觉得他把有趣的地方写出来了吗？他具体怎样做的？怎样找到面粉的，又是怎么把面粉当成洗衣粉的？怎么搓，怎么洗的？跑去问妈妈，她和妈妈又是怎样说的呢？这一连串的问题，这位同学都没有描绘出来。

　　4.那怎样写具体呢？本单元学的课文都跟童年生活有关系，作者是怎样把有趣的地方写出来的？我们来读读课文《祖父的园子》中的这段话（答：可以通过人物的语言。）板书出"语言"。

　　指名读下一段话，引导同学思考这段话又是通过什么方式把有趣的地方写出来的？（答：作者把自己在祖父的园子中想干什么就干什么的动作写具体，把自己在祖父园子中高兴、快乐的生活都写出来了。）板书出"我的……动作"。

所以，要想把有趣的地方写出来，就得想想当时都说了什么，怎么说的。干了什么，怎么干的。还可以写写心理的想法。这样就能把有趣的地方写具体了。下面一起帮助那位小作者修改他写的洗手绢的片段。

5.改之前，我们来看看当时的情景，播放小作者家长提供的录像资料，引导同学指出应重点留意的内容。观察人物最有趣的动作和最有趣的语言，可选择一处试着修改。

6.指名交流，注意要把最有趣的地方说具体，增添动作和心里的想法。

小结：写作时要通过描写语言、动作、心里的想法，把有趣表现出来。

（三）改习作

引导学生用同样的方法修改自己的作文。

1.分层批改。

2.请学生根据自己的习作，说说自己作文的问题，选择方法进行修改，如修改人物语言部分、人物动作方面。

3.学生改文，教师巡视指导。

改好后，可以读给同伴听听，说说为什么这么改。

4.反馈修改情况。

5.总结：上节课，同学们都选择了自己最有意思的事来写，写出了自己童年的快乐。这节课通过学习，同学们知道了要通过描写人物的语言、动作以及内心的想法，把最有趣的地方描绘出来，才能把这篇作文写得更有意思。

# 语文戏剧实践课《人之初》第二课时

## 王　娜

| 教学基本信息 | | | |
|---|---|---|---|
| 课题 | 语文戏剧实践课《人之初》第二课时 | | |
| 学科 | 语文 | 年级 | 一年级（下册） |
| 教师姓名 | 王娜 | | |

| 戏剧元素融于学科教学有效性的思考 |
|---|
| 　　戏剧是一种有效的学习工具，因为它涉及学生的智力、身体、社交和情感。戏剧课堂为教师提供了另一种评估学生的方法，通过戏剧性的活动，学生们能够显示出他们组织思路、解决问题的方式，发挥他们的想象力。爱因斯坦曾说过："想象力比知识更重要。因为知识是有限的，而想象力拥抱整个世界，刺激进步，催生进化。"观察学生如何将课堂活动戏剧化，可以深入了解他们是如何感知、理解和分析课程核心材料的。 |

| 教学目标及重、难点 |
|---|
| 教学目标：<br>1.流利地朗读课文、背诵课文。<br>2.复习"初始""初夏""性格""个性"等词语，认识"幼""器""知""义""玉"5个生字，会写"近""远""义"3个字。<br>3.联系生活了解第二个片段的大致内容。<br>教学重点：<br>1.认识"幼""器""知""义""玉"5个生字，会写"近""远""义"3个字。<br>2.联系生活了解第二个片段的大致内容。<br>教学难点：联系生活了解第二个片段的大致内容。 |

| 教学过程 |
|---|
| **一、谈话导入，创设情境**<br>1.播放《三字经》视频。 |

教师导入：听着这熟悉的乐曲，我们开启了勇闯汉字城堡之旅，在之前的学习中我们获取了相应的拼图，要想获得汉字城堡"畅游卡"，还需要我们在这节课进行最后的努力，让我们一起加油吧！

2.学生拍手，一起读全文。

3.复习词语。指名学生当小老师，全班跟读。

4.通过上节课的学习，我们已经知道了课文第一个片段的意思，它在告诉我们什么呢？（指名回答）（朗读）

【设计意图：用视频这样直观的呈现方式，可以在上课伊始把学生带入课堂学习情境。学生们伴随着优美的旋律，配合着自己喜欢的动作，边唱边做，增强了学生对语文学习的兴趣。】

**二、再读韵文，多样识字**

1.学习第二个片段中的生字。

（1）出示第二个片段。学生自读。

（2）出示这部分要认识的生字。

联系生活实际识字："幼"可组词"幼儿园"。

笔画加一加识字"义"。

字理识字"器"。

定位联想识字"知"并组词。

熟字加笔画或熟字去偏旁识字"玉"。

2.学生完整朗读第二个片段。

【设计意图：学生运用学过的识字方法和已有的生活经验识记汉字，教师创设了让学生积极主动地学习的机会和平台。把学习的自主性真正归还给学生，使学生成为学习的主人。】

**三、精读韵文，理解感悟**

1.出示第二个片段，让学生回答自己的理解。

教师讲解：

"非所宜"指这是不应该的。"老何"指长大了还能有什么作为呢？"琢"指精心打磨。"器"指物品、器物。"义"指知识和道理。

教师讲解：小孩子不努力学习，这是不应该的，如果小的时候不好好读书，没有学习做人做事的道理，长大了以后还能有什么作为呢？玉石不经过工匠的精心打磨，就不能成为精美的物件，同样的道理，人如果不努力学习，就不会懂得知识和道理。

2.教师指导：（1）出示补充诗句帮助学生理解句意。

（2）出示玉石的图片帮助学生理解句意。

教师在学生理解的基础上指导朗读。

3.教师小结：这段话告诉我们，学习是一件非常重要的事。你是怎样努力学习的呢？选一件你印象深刻的事，给大家讲一讲吧。

4.学生自由表达。

5.学生朗读第二个片段。

师生对读，读出节奏和韵味。

【设计意图：学生在理解语句意思之后，能够运用多种形式进行诵读，不仅可以调动学生的积极性、主动性，而且让学生在多种形式的诵读练习中感受语言的韵律美。】

课中操：《人之初》手势舞。

【设计意图：中国的优秀传统文化可以以符合学生年龄特点的形式继续传承。学生在优美的旋律中学习优秀传统文化内容，边唱边跳。】

**四、熟读成诵，适度拓展**

1.学生自主练习背诵课文。

2.指名学生分句背诵，分小节背诵，全文背诵。

【设计意图：学生充分发挥自己的想法，用不同形式的诵读展现学习的成果。】

**五、关注结构，指导书写**

1.出示："远""近"。

学生识别：这是一组形声字，且是一组反义词，并区分"近""进"。（教师用动作演示区分）

【设计意图：教师利用肢体语言，形象准确地展示两个形近字的意思。学生通过直观地展示，理解了两个形近字所表达的不同意思。不仅印象深刻，而且理解独特。对于低年级的学生而言，有时候肢体语言比话语表达效果更佳。】

2.回忆书写笔顺。

3.指导书写"近"，注意横折折撇是一笔写成。

4.学生行书书写"远""近"。

5.展示学生书写。

教师小结：同学们真了不起，我们获得了畅游卡，可以在汉字城堡里读更多的书、认识更多的字了。

6.适度拓展。

教师过渡：这两个小故事出自《三字经》，感兴趣的同学课下找来读一读吧。

**六、课堂小结**

《三字经》不仅读起来朗朗上口，易于背诵，而且还藏着很多有趣的故事、丰富的知识，希望同学们课后能多读一读，相信你从中一定会得到很多的收获。

| 第二课时 习作评改课 |
| --- |
|     1.创设长链条教学情境。<br>    本节课从始至终让学生处于勇闯汉字城堡,获取"畅游卡"的情境中。学生通过整节课的学习,完成挑战,最终获得畅游卡,为本单元的整体设计画上圆满句号,也为学生继续识字做好新的开端。<br>    2.巩固多种识字方法。<br>    本节课在识字环节,教师应鼓励学生运用之前学习的多种方法识字,识字的过程不仅是要学习需要认识的字,在书写汉字的环节,教师也要有意识地引导学生复习形声字,逐步获得识字方法和能力。<br>    3.激趣指导诵读方法。<br>    本节课,教师创设不同的教学环节,运用不同的方法指导学生有节奏地朗读课文。为了让学生在朗读中加深识字成果,安排学生拍手读,节奏感很强,学生们的学习热情很高。学生能在一遍一遍感兴趣的诵读中感受韵文的语言特点,对学生起到了潜移默化的中华优秀传统文化的熏陶。 |

# 语文戏剧实践课《小壁虎借尾巴》

## 杨朝霞

| 教学基本信息 | | | |
|---|---|---|---|
| 课题 | 语文戏剧实践课《小壁虎借尾巴》 | | |
| 学科 | 语文 | 年级 | 一年级 |
| 教师姓名 | 杨朝霞 | | |

### 戏剧元素融于学科教学有效性的思考

借助戏剧元素创设情境，让学生在情境表演中体会到小壁虎借尾巴过程中的心情变化。注重语文与生活的联系，在情感态度价值观上渗透礼貌待人、友善相处的思想。在跨学科实践中，切实关注学生的实际获得，从而促进学生语文素养的形成与发展。

### 教学目标及重、难点

教学重点：

1.复习巩固生字词语，会写"条""您"2个生字，做到规范、端正、整洁。

2.借助连环画课文特点读懂故事内容，说说故事的主要情节，分角色朗读课文。

教学重点：

了解壁虎、鱼、牛、燕子的尾巴的不同作用。

教学难点：

在了解课文的基础上，懂得人与人之间要礼貌待人、友善相处，从小渗透社会主义核心价值观中的友善思想。

### 教学过程

**一、复习词语 回顾内容**

1.出示课题。

教师导入：同学们，今天我们继续学习《小壁虎借尾巴》这篇课文。

2.复习词语。

（1）借助课文插图，读读词语。

| | | | |
|---|---|---|---|
| 墙角 | 蚊子 | 咬断 | 房檐 |
| 挣断 | 转身 | | |

3.朗读课文。

读一读课文，思考小壁虎都来到了哪里？和谁借了尾巴？

4.看课文插图，回顾课文的主要内容。

结合课文的六幅插图，我们可以知道小壁虎为什么借尾巴？向谁去借了尾巴？结果怎么样？

现在谁来说一说，小壁虎都来到了哪里？和谁借了尾巴？

| | |
|---|---|
| 小河边 | 小鱼 |
| 大树上 | 老牛 |
| 房檐下 | 燕子 |

5.小壁虎是怎么借的尾巴？结果怎么样呢？

【设计意图：通过复习三组词语，巩固上节课所学生字词语及猜字的方法，借助插图回顾课文主要内容，激发学生对所提问题进行深入探究的兴趣。】

**二、图文结合 读懂故事**

1.教师范读第一、二自然段，以读代讲。

（1）教师范读。

> 小壁虎在墙角捉蚊子，一条蛇咬住了他的尾巴。小壁虎一挣，挣断尾巴逃走了。没有尾巴多难看哪！小壁虎想：向谁去借一条尾巴呢？

（2）看插图，这惊险的一幕过后，小壁虎回头看到了什么？心情怎么样呢？

（3）带着伤心的心情，再来读一读第一二自然段吧。

2.借助插图，读懂第三自然段。

（1）小壁虎是怎么向小鱼借尾巴的？结果怎样？请你自己读读第三自然段，想一想小鱼为什么没把尾巴借给小壁虎呢？

认读词语"拨水"，可以加上动作理解。

（2）同桌读一读小壁虎和小鱼的对话。

请一组同学展示，说说自己的收获。

（3）师生合作读。

3.借助插图，小组合作学习第四、五自然段。

师：小壁虎又是怎么和牛伯伯、燕子阿姨借尾巴的呢？请同学们三人一组分角色读一读吧！

小组汇报，随机采访。

从他们的读中你听出了什么？

预设：

小壁虎，你为什么没有借到尾巴？

牛伯伯，你不是不想借尾巴，你也需要尾巴，对吧？

燕子阿姨，你看小壁虎借不到尾巴多着急呀，你就把尾巴借给小壁虎吧！

4.看插图，回顾小壁虎借尾巴的过程。

如：小壁虎爬呀爬，爬到了（　　），向（　　）借了尾巴，（　　）要用尾巴（　　）。

小壁虎爬了这么久，爬了这么远，向小动物们借了这么多次尾巴，都没有借到，为什么呢？

5.结合插图5、6，读懂第六、七自然段。

（1）看图，这时的小壁虎会是什么心情呢？

请你读一读第六自然段，读出小壁虎难过的心情。

（2）当他见到了妈妈，听了妈妈的话，又是什么心情呢？

请你读一读妈妈和小壁虎的对话。

随机采访：

你现在心情怎么样？

你为什么这么高兴啊？

自由读，全班读，体会小壁虎高兴的心情。

6.借助连环画，小组分角色朗读。

同学们，课文中配有的这六幅插图，就像是连环画，按照课文中故事的情节发展顺序展开。现在就让我们来仔细观察图画，看看小壁虎的尾巴有什么变化？

小壁虎在爬了这么久、爬了这么远借尾巴的过程中，长出了一条新尾巴！你们知道这是为什么吗？

教师随机渗透：壁虎的尾巴有再生功能。

插图可以帮助我们更好地学习语文，很多同学在朗读时加上了动作表演，下节课就和老师一起来表演课本剧吧。

【设计意图：在小组合作学习中，有效借助插图帮助学生了解小壁虎借尾巴的过程，并通过不同形式的朗读，让学生多次感受小壁虎借尾巴时态度诚恳、待人有礼貌。再让学生戴上头饰分角色朗读课文，深化对课文内容的理解。】

### 三、观察生字 指导书写

学习书写"条""您"。

1.引导观察,规范书写。

(1)观察一下两个字的结构,有什么发现?

相同之处是两字都是上下结构的字。不同之处是"条"的折文的撇画和捺画要舒展。"您"是上长下短,心字底要写得扁一些。

(2)仔细观察重点笔画和位置,说说书写时要注意什么?

"条"的上部是折文,折文的横撇和捺有交叉。下部的"竖钩"要穿插到上面的折文下方。

"您"上面的"你"左右要靠近一些,写紧凑。下面心字底的卧钩要弯一点儿。

(3)观察笔顺,先上后下。

2.教师范写,说重点书写要领,学生练习书写。

3.结合学生书写进行反馈、修改。

【设计意图:鼓励学生有步骤地观察生字,发现相同结构生字的书写规律和各自特点,培养学生仔细观察、善于发现、善于总结的学习品质和识字能力。】

(四)总结全文 思想升华

这节课,我们再一次走进《小壁虎借尾巴》的故事,说说你有什么收获?

随机引导:小壁虎借尾巴时特别有礼貌,小壁虎和小鱼、老牛、燕互相尊重、礼貌待人、友善相处。

【设计意图:回顾学习时,在情感态度价值观上引导学生思考,渗透礼貌待人、友善相处的思想。】

(五)布置作业 强化记忆

1.给家人讲一讲这个故事。

2.和同学演一演这个故事。

【设计意图:延续课上学习,鼓励学生把故事讲一讲或者演一演,再次强化记忆小壁虎借尾巴的过程。】

| 板书设计 |
| --- |

小壁虎借尾巴

| 条 | 您 |
| --- | --- |

小河边　　小鱼　　拨水

大树上　　老牛　　赶蝇子

房檐下　　燕子　　掌握方向

| 教学反思 |
| --- |

戏剧元素融入本节课教学主要想达到以下目标：

**一、渗透育人思想　读中明理**

语文课程具有工具性和人文性统一的基本特点。借助分角色朗读的方式创设情境，让学生在情境中品味语言和小壁虎说话时的语气，体会到小壁虎的态度诚恳，待人有礼貌，小鱼、老牛、燕子回答时的友善，并联系生活实际，在情感态度价值观上渗透礼貌待人、友善相处的思想。

**二、多种形式朗读　读中感悟**

针对课文语言相似、情节反复的特点，在教学中，通过小组读、师生合作、分角色朗读等开放式阅读将小壁虎借尾巴的过程、心情的变化表现得淋漓尽致，对课文内容也有了全面深入地了解。同时，使学生积累语言，内化语言，再用自己喜欢的形式朗读表演出来。这样，不但培养了孩子们的语感和想象能力，也起到了积累语言的目的，为说话、写话打下了坚实的基础。

**三、借助文中插图　突出重点**

本文配有六幅插图，教学中，我充分利用课文连环画的特点，让学生在图中寻找信息，发展语言。如，学完第三、四、五自然段后，我先后出示了三幅插图，由学生回顾小壁虎借尾巴的过程。小壁虎爬呀爬，爬到了（　），向（　）借了尾巴，（　）要用尾巴（　）。学生的表达细致完整，借助图画，说出了故事的主要情节。再追问，小壁虎为什么没有借到尾巴，因为小动物们的尾巴各有各的作用，落实了课堂的重点目标。

# 语文戏剧实践课《我来编童话》

翟 燕

| 教学基本信息 | | | |
|---|---|---|---|
| 课题 | 语文戏剧实践课《我来编童话》 | | |
| 学科 | 语文 | 年级 | 三年级 |
| 教师姓名 | 翟燕 | | |

| 戏剧元素融于学科教学有效性的思考 |
|---|

　　戏剧教育是我校的特色教育，我校拥有自己的金帆艺术团，学生们都很喜欢表演，戏剧表演也为学生搭设了丰富多彩的语文实践平台。三年级作文是小学作文的起始阶段，激发学生的写作兴趣，使学生爱写、乐写，有内容可写，是最为重要的。于是，我以教室里小剧场的形式，为学生创设真实情境，引导学生在情境中创编童话、表演童话剧目，相信孩子们一定会学得不亦乐乎。

| 教学目标及重、难点 |
|---|

教学目标：

1.通过创设情境，激发学生创编童话的兴趣。

2.在交流评议中，引导学生大胆想象，清楚表达。

3.在故事创编中渗透传统美德。

教学重、难点：

在交流评议中，引导学生大胆想象，清楚表达。

| 教学过程 |
|---|

（一）情景导入——动物总动员

1.教师介绍，示范引领。

教师导入：同学们都特别喜欢小动物，今天，每位同学都扮演成自己最喜欢的小动物，咱们班简直变成了一个动物王国啦！我也有喜欢的小动物，你们看，现在我就是你们的——燕子姐姐啦！

继续导入：既然我是燕子姐姐，下面，我们就以新的身份重新认识一下吧！我先来做自我介绍，我有一身乌黑光亮的羽毛，一对俊俏轻快的翅膀，加上剪刀似的尾巴，凑成了一只活泼机灵的小燕子。我的飞行速度很快，还是捕虫能手呢！大家对我这么了解，看来都很喜欢我呀！我可真高兴！

接下来，你们能不能也像我这样，介绍你自己，先说说你有什么特点，再说说你有哪些优势？自己先练练！

【设计意图：教师首先做介绍，起到了示范引领的作用，能够让学生自己领悟出如何清楚完整地介绍自己的特点和优势。】

2.学生介绍。

（1）指名介绍，说特点和优势。

（2）组内介绍，相互认识。

【设计意图：学生尝试做自我介绍，进一步了解小动物的特点和优势，为后面编演童话打好基础。】

（二）发挥想象——创编故事

1.经过自我介绍，小动物们都相互认识了解了各自的特点，接下来就请同学们以组为单位想一想，你们几个小动物之间会发生什么有意思的故事呢？一起说一说，演一演。

2.学生以组为单位，创编故事。教师巡视，随机指导。

【设计意图：一开课，同学们都变成自己喜爱的小动物，教室也成为充满欢声笑语的动物王国，一下子就把大家带入了童话世界中，很容易吸引孩子们的注意力，激发他们的创编兴趣，充满新意，更贴近儿童的内心世界，同时也为学生插上了想象的翅膀。】

（三）分享评议——适时引导

1.请一组同学把刚刚排演的童话故事上台展示。其他学生对照评价标准表格进行评价。

| 评价项目 | 评价方式 |
|---|---|
| 想象合理 | ☆ ☆ ☆ ☆ ☆ |
| 表达清楚 | ☆ ☆ ☆ ☆ ☆ |
| 声音洪亮 | ☆ ☆ ☆ ☆ ☆ |
| 表演到位 | ☆ ☆ ☆ ☆ ☆ |

2.伙伴分享后，根据评价标准相互点评，提出修改意见。

【设计意图：评价标准让学生做到心中有数，逐步帮助学生养成乐于分享、自主评改的好习惯。】

3.教师引导学生在交流评议中，感悟到创编童话要展开大胆想象，要把故事情节表述清楚。

【设计意图：请故事编得比较好的小组展示分享，可起到示范引领的作用，然后通过师生互动、生生互动，总结创编要求和方法。】

（四）根据提示——再次排演

1.请学生根据刚刚感悟到的方法，继续编演童话故事，特别注意要展开大胆地想象，故事中要有情节，在表演的过程中要努力把情节演清楚。

2.教师巡视指导。

（五）展示交流——伙伴评奖

1.请学生分组上台展示并与小观众进行互动，在互动中，教师适时引导，在交流评议中完善作品。

2.召开颁奖礼，请颁奖嘉宾上台给小演员和小编剧颁发"最佳编剧奖"和"最佳表演奖"并发表颁奖词。

【设计意图：评奖、颁奖环节首先是调动学生参与的热情，激发小编剧的创作热情，调动小演员的表演激情，更促使小观众、小评委们认真观看，参与评价。在评议中进一步完善作品，在评议中培养学生的交际能力。】

（六）拓展延伸

课后，同学们可以用自己喜欢的表达方式，如绘本、表演、小剧本等形式把自己创编的童话和大家分享。

| 板书设计 |
| --- |

我来编童话

正能量　　　有情节　　　想象丰富

教学反思

　　语文老师应能敏锐挖掘语文剧场与习作教学的契合点，在教学本节课后，我有以下三点感悟。

　　1.课中，教师为孩子搭建了一个可想象、交流，适宜本年龄段言语互动的平台。

　　三年级的学生正处在一个刚开始学写文章的关键期，学生在这个阶段面临的最主要的问题就是怎么从一句话、一个片段变成一个完整的篇章。这是她们面临的巨大挑战，这节课恰恰为孩子搭设了一个想象、创编童话的平台，给了他们一个空间，让他们在这个空间里自然而然地完成整篇文章的构思。这个平台也是三年级的学生，在这样一个发展阶段，急需重要的言语互动的平台。

　　2.教师在课堂上为学生创设了一个言语互动的需求，关注孩子的表达、交流、构思和想象。

　　整节课老师并不是以一种原有的任务似的方式来呈现这节课，而是以一种表演、创编童话的方式，这就变成了学生学习的内需，符合学生主动交流和表达的需要。

　　3.课堂有孩子主动、深度的参与。

　　课堂上注重学生的每一次汇报、每一个提升，将学生的汇报变成一个示范，示范之后再给学生一次修改、调整的机会，再去小组交流、评价、表演。这节课中，学生是全身心投入的，而且他们对自己的学习有一个反思和修正的过程，这对学生切身获得帮助非常大。

# 语文戏剧实践课《小小新闻人 助力冬奥会》

张 蓓

| 教学基本信息 | | | |
|---|---|---|---|
| 课题 | 语文戏剧实践课《小小新闻人 助力冬奥会》 | | |
| 学科 | 语文 | 年级 | 四年级 |
| 教师姓名 | 张蓓 | | |

## 戏剧元素融于学科教学有效性的思考

戏剧元素融入语文课堂，为学生创设了真实的情境体验，学生在转化角色身份中得以体验不同的人生经历，探究问题解决的多种可能性，帮助学生开展有效的表达和交流，提高语言表达的真实性，丰富语文学习的途径，促进学生在主动的、积极的语文实践活动中积累、运用语言，促进学生语文核心素养的发展。

## 教学目标及重、难点

1. 指导学生大方自然地发布新闻，并学会认真倾听。（教学重点）
2. 引导学生概括好新闻的主要内容。（教学难点）

## 教学过程

**一、创设情境 练说新闻**

1. 同学们，冬奥赛事正在如火如荼地进行中，咱们学校也在招募"小小新闻人"，为全校师生来播报赛事新闻，同学们积极参与吧！

2. 简单回顾：最近同学们通过各种途径关注冬奥赛事，看新闻、读新闻，收集了不少自己感兴趣的赛事新闻，并将收集到的新闻记录下来。课件出示其中一位同学收集的新闻。

3. 引导：当我们听到或者看到一条新闻，打算和别人说说、交流这个新闻，这就叫——说新闻。

【设计意图：引导学生从生活实际中了解播新闻和说新闻的区别，为本节课练习说新闻做好准备。】

**二、说中有法 助力表达**

1. 布置任务：再来读读课件中这位同学收集的新闻，然后给大家说说这则新闻。

> 2月8日上午，谷爱凌在北京冬奥会自由式滑雪女子大跳台决赛中夺得金牌！

2.请两名学生试讲新闻。

（1）内容方面：说新闻的前提是记住新闻，先记住要点，说了几层意思，然后记住重要信息（时间、地点、人物、事件等）。

（2）讲述方面：要说明来源，准确传达信息；清楚连贯地讲述。

3.课件出示另外一位同学收集的新闻，快速浏览，看看这个新闻有几个要点，有哪些重要信息，邀请一位同学来给大家讲讲这则新闻。

> 作为全球性的体育盛事，北京2022年冬奥会吸引了全世界的目光，而绿色能源、绿色交通、低碳场馆等无处不在的"绿意"，成为北京冬奥会的最大亮点，描绘出中国绿色可持续发展的优美画卷。

4.采访同学：如何说好新闻，你有秘诀跟大家分享吗？

5.同桌互相说新闻。

（1）布置任务：自己喜欢的新闻，记住要点，记住重要信息，然后按照要求说给同桌听。

（2）同桌互相说新闻，教师巡视个别指导，注意提醒讲述者声音要略低，不影响他人；倾听者要看着对方的眼睛，作出评价或回应。

【设计意图：有意识地指导，能让学生更清楚本次口语交际训练的重点，明确说新闻时要准确传达信息，讲述时要清楚、连贯，要把握语速、语调，巩固口语交际的常规要求，如声音响亮，眼睛看着大家。】

**三、连贯表达 说出看法**

1.教师引导：这位中央电视台主持人是怎样说新闻的？（播放一段谷爱凌获得冠军的新闻报道视频。）

2.讨论：主持人说了什么？除了说新闻事件外，还说了什么？（课件中用文字显示主持人的看法，"自豪""骄傲"。）

3.教师小结：我们说新闻时也可以这样说，让别人知道你对新闻的看法。

4.学生针对自己的新闻尝试说出自己的看法。

【设计意图：学生交流，教师点拨，帮助学生提炼。可以从多个角度发表自己的看法，可以表示赞同，还可以联系社会现象提出要求、发出倡议等。】

**四、情境演绎 说出情感**

1.教师引导：我们即将展开校园播报站的活动，在小组中先来模拟主持人，练习自信说新闻吧。

2.小组轮流说新闻，课件出示教材中的插图作背景。引导学生认真倾听，听完后，可以对他播报的新闻给予回应，对他的看法给出自己的意见。

3.教师巡视进行个别提醒和指导。

4.交流结束后，由组长带领组员对所有成员进行评价。

【设计意图：创设了贴近学生生活实际的，能够调动学生积极参与的学习情境，戏剧元素融入交际体验，交际的互动性和实践性有利于提高学生的思维敏捷性。】

五、多元评价 激趣表达

1.选取两位组长汇报组内成员说新闻的情况和评价结果。

2.组内成员推荐一位组员在班里进行说新闻展示，并说明推荐的理由。

3.根据同学的推荐，全班说新闻。

4.师生共同评价。现场颁发"我是说新闻达人"证书。

5.总结收获。

引导学生从内容层面如何记新闻，从表达层面如何说新闻、传递正能量两个角度来谈自己本次交际的收获。

【设计意图：语文学习的外延是生活。让学生从课堂走出来，走向社会，在广阔的生活中进行口语交际表达，拓宽了口语交际的实践途径。】

| 板书设计 |
|---|

|  | 说明来源 |
|---|---|
| 小小新闻人 助力冬奥会 | 说准确 说连贯 |
|  | 说出看法 说出情感 |

| 教学反思 |
|---|

纵观本节课的设计，戏剧元素融入本节课体现了三点优势。

1.戏剧元素融入，为学生创设了表达交际的情境，肢解了交际内容离学生生活实际较远的难题，拉近了交际内容与学生表达的距离，为学生搭设了语文实践的平台。将戏剧教育的技巧和戏剧教育的综合性、创造性等特点融入口语交际教学中，提高了学生表达的兴趣和实践的主动性，培养了学生的综合素质，实现全员育人、全程育人、全方位育人的教育目标。

2.戏剧元素融入，激发了学生积累语言、运用语言、外化表达的兴趣。打破课堂壁垒、学科边界，引导学生从多个角度和维度来理解和融合学科知识，使学生想表达、能表达、会表达，不断提升学生的综合素质和核心素养。

3.戏剧元素融入，有利于将枯燥的新闻素材转化为真实情境，学生在轻松的戏剧场域中，无痕悟法、保持对互动交际的好奇心，引导学生体会语言表达的无穷魅力。有利于提高学生的人际交往能力，体会成功与挫折，学会体谅与包容，有利于提升学生观察、思考、分析和不断攀升、接受挑战的思维品质。

# 语文戏剧实践课《坐井观天》

## 张 玉

| 教学基本信息 | | | |
|---|---|---|---|
| 课题 | 语文戏剧实践课《坐井观天》 | | |
| 学科 | 语文 | 年级 | 二年级 |
| 教师姓名 | 张玉 | | |

**戏剧元素融于学科教学有效性的思考**

  戏剧元素融入语文教学为学生创设了贴近学生生活实际的，能够调动学生积极参与的学习情境，搭设了学科实践与跨学科实践的平台，促进学生在主动的、积极的语文实践活动中积累、运用语言，促进学生语文核心素养的发展。

**教学目标及重、难点**

教学重点：

1.巩固"沿""答"等9个生字，会写"渴""喝"2个生字。

2.分角色朗读，读好青蛙和小鸟的对话。

教学难点：

明确小鸟和青蛙争论的问题，知道它们说法不一致的原因，体会故事讲述的道理。

**教学过程**

（一）复习导入

  今天，我们继续乘坐"启智号"列车，从故事中获得道理。上节课，我们走进了成语故事《坐井观天》。

> 小鸟组词语：落在 井沿 口渴 喝水 一百多里 无边无际
> 青蛙组词语：坐在 井里 天天 一抬头 弄错

（二）整体感知

1.自由读课文，回忆主要内容。

回忆：青蛙和小鸟发生了几次对话。说一说你还有哪些疑问？

2.第一次分角色朗读。

"小鸟"和"青蛙"共同争论：天到底有多大？请一组学生读一读课文，其他同学思考：小鸟和青蛙各自的观点是什么？

小结：为什么青蛙和小鸟的观点不同呢？让我们继续读课文找答案。

（三）理解课文

1.借助插图，明确位置。

请一位学生读第一自然段，其他同学边听边看，老师贴青蛙和小鸟的位置对不对？

请你对照语文书中的插图检查答案。

齐读第一自然段。

小结：看来，青蛙和小鸟站在了不同的位置上。

2.第一次对话：行间询问，指导朗读，体会想法。

此时，落在井沿的小鸟问坐在井底的青蛙从哪儿来的？找一只"小鸟"回答。全班"青蛙"问，指名1—2只"小鸟"回答。

指导朗读，语调上扬，读好问句。小鸟的这句话很长，有三个逗号，稍微停顿一下再接着读。

联系实际，借助图片，理解重点词语。

教师引导：从小鸟的回答中，你听懂了什么？

预设1：小鸟从天上来。（说明小鸟见过真正的天空。）

预设2：一百多里，有多大？一圈操场有400米，如果小鸟飞一百多里，就相当于飞125圈。

预设3：发挥想象，小鸟飞过哪些地方？理解天空无边无际。

指名读对话，读出你的理解。

3.第二次对话：分角色朗读，体会想法。

同学们，天到底有多大？"青蛙"也是这样认为的吗？分角色读读这一部分。

（1）指导朗读："朋友，别说大话了！天不过井口那么大，还用飞那么远吗？"

小叹号在后面，说明青蛙的语气变得强烈了——朋友，别说大话了！

什么是"大话"——青蛙非常怀疑小鸟说的话。

（2）指导朗读："朋友，别说大话了！天不过井口那么大，还用飞那么远吗？"

对话用了"不过"一词，东西就变小了。

（3）联系上文，朗读理解"朋友，别说大话了！天不过井口那么大，还用飞那么远吗？"

看来，青蛙很肯定天空只有井口那么大，它不相信小鸟说的话。

这句话虽然是问句，但其实没有表达疑问的语气，而是青蛙很肯定天只有井口那么大。

青蛙非常怀疑小鸟说的话，因此需读出自以为是的语气。

同学们，天到底有多大？我们来听听小鸟是怎么说的。

（4）联系上下文，联系生活，理解"你弄错了。天无边无际，大得很哪！"

无边无际的麦田　　无边无际的大海　　无边无际的天空

（5）指导朗读。

"你弄错了。天无边无际，大得很哪！"

这有一个多音字，需读轻声。

请一组同学，分角色读读这一部分。注意读好语气。

4.第三次对话。

青蛙和小鸟都坚持自己的观点，谁也不相信对方的话。

请一组读一读，其他同学思考：为什么青蛙和小鸟都笑了？

（1）谈理解，读出感悟。

谁来说说，青蛙为什么笑了？

预设：因为青蛙认为自己看到的天只有井口那么大。他觉得小鸟说的不对。青蛙很自大，一点儿也听不进去小鸟的话。

做做手势：用手比成圆圈，看一看这和直接看天空有什么不同。

"朋友，我天天坐在井里，一抬头就能看见天。我不会弄错的。"因为青蛙被井沿挡住了视线，所以对"天"的认识不够全面。

小鸟在笑什么呢？

预设：小鸟见过真正的天空，所以笑青蛙的自以为是。明明是青蛙弄错了，却还是坚持错误的观点，固执己见。

（2）分角色朗读。

5.感悟角色。

此时，你觉得这是一只什么样的青蛙？预设：固执己见，不听劝告，自以为是。

（四）续编故事

思考：青蛙怎样能看到无边无际的天空？如果青蛙真的跳出井口，它会看到什么，说些什么？

小结：我们知道青蛙错的原因在于范围小，见识就少，又不相信别人，自以为是，连天有多大这样简单的问题都弄错了。这真是一只见识短浅的井底之蛙。希望同学们多走出去，多读书，拓宽视野，并且善于听取别人的意见，成为见多识广的人。

（五）指导书写

1.观察"渴""喝"相同的部分。

2.说说应该注意的地方。

3.教师范写。

4.互评修改。

## 板书设计

坐井观天

小鸟：天无边无际

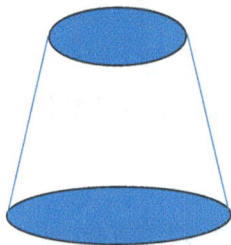

青蛙：天不过井口那么大

## 教学反思

**一、以戏剧为核心，填补课程空隙，连接课程断点**

寓言故事短小精悍，富含深刻的寓言道理。低学段更适合用戏剧的形式，学生在交流和朗读中，处于第一视角，以第一人称沉浸到故事中。在真实、真情的互动中，对学生进行教育，做到教学相长。

**二、搭设语文实践平台 尊重学生个性化体验**

教师放手让学生在课上读，分角色朗读、扮演。在反复阅读的过程中，学生会充分享受阅读的乐趣，从读中感悟哲理。在表演中，教师激发起学生的生活经验和情感体验，让学生在潜移默化中受到文本人文思想的熏陶。在交流过程中，进一步引导学生抓住重点词、句，指导朗读，深入体会文字背后的情感和道理。这既丰富了学生个性化的朗读体验，又培养了学生的阅读能力。

# 科学戏剧实践课《影中戏》

舍　梅

| 教学基本信息 | | | |
| --- | --- | --- | --- |
| 课题 | 科学戏剧实践课《影中戏》 | | |
| 学科 | 科学 | 年级 | 四年级 |
| 教师姓名 | 舍梅 | | |

**戏剧元素融于学科教学有效性的思考**

　　将科学课程知识的严谨性与戏剧教育的趣味性相互结合，把科学知识融入到戏剧教育的活动中，并策划好相应的情景。让戏剧元素为学生提供探究话题，从而培养学生的科学素养，并运用科学知识解决实际问题。

　　科学课程要培养学生的核心素养，主要是指学生在学习科学课程的过程中，逐步形成适应个人终身发展和社会发展所需要的正确价值观和关键能力。基于戏剧教育理念的小学科学课堂的教学实践研究，使科学课更加富有生机，学生更加喜欢科学课，为今后初高中的学习打下基础。

**教学目标及重难点**

　　(一) 教学目标

　　1.科学知识目标。

　　了解光被阻挡时，就形成了阻挡物的阴影。

　　2.科学探究目标。

　　观察影子，了解影子是如何形成的，设法改变影子的形状、大小和方向，认识形成影子的条件。

　　3.科学态度目标。

　　在科学探究活动中主动与他人合作，积极参与交流和讨论，尊重他人的情感和态度。

　　4.科学、技术、社会与环境。

　　初步了解所学科学知识在日常生活中的应用。

　　(二) 教学重点

　　认识形成影子的条件。探究影子的变化和光源、返挡物之间的关系。

　　(三) 教学难点

　　设法改变影子的形状、大小和方向。

| 教学过程 |
| --- |

**一、观看表演、激发兴趣**

1.教师导入：同学们，今天我们共同欣赏一段影片《影中戏》。

2.问题：谁知道这是什么形式的表演？

预设：用人体和物体的影子进行的表演。

3.问题：这种形式的表演与我们平时看到的表演有什么不同？

预设：这是影子戏的表演。

【设计意图：观看影片的方式极大程度地吸引学生的注意力。注重激发学生的学习欲望，使学生新奇于科学课的趣味性，引发学生思考和思维情感的表达，为影子的产生需要什么条件做好铺垫。】

**二、探究活动、解决问题**

（一）影子形成的条件

1.影子是怎样形成的？

预设1：光照在物体上，光透不过物体，在物体的后面就形成了影子。

预设2：行进中的光被阻挡时，就形成了阻挡物的阴影。

这种影子表演需要什么条件？

预设：物、光（光源）。

2.请同学们用自己带的小物品、手电筒，制造出一个影子。

学生活动，发现影子的形成必须有屏。

学生汇报：影子的形成需有光（光源）、遮挡物、屏

3.问题：有光源、遮挡物、屏，这三个物体，谁在中间，谁在两边？为什么这样摆放它们的位置？

预设：物体在中间，屏和光源在两边。只有这样摆放才能看到屏上的影子。

【设计意图：通过这样的实践，学生在活动中由感性认识逐步上升为理性认识，了解影子的产生需要光源、遮挡物和屏，并且遮挡物必须在光源和屏之间。】

（二）设计影中戏，观察影子的变化

1.设计一场影中戏。

道具有同学们自己准备的小物品、手电筒、纸屏。

以小组为单位进行设计活动。

2.在设计这场影中戏时，同学们有什么发现？把你的发现画出来，影子有什么变化，在记录单中记录。

记录单：设计影中戏。

发现：影子的变化图。

学生设计活动，画影子图。

3.展示学生的设计图。

4.同学们在画影子图时，有什么新的发现?

预设：影子的形状、大小、方向都不一样。

【设计意图：这个活动吸引了学生的注意力，训练了学生的观察力，有利于学生探究影子的各种变化关系，激发了学生探究知识的欲望。】

（三）探究改变影子的形状、大小和方向

1.怎样改变影子的形状、大小和方向?请同学们用长方体、手电筒、纸屏进行实验，来研究影子的变化。

预设1：影子的形状与光源照射物体的不同面有关系。

预设2：影子的大小与光源照射物体的距离有关系。

预设3：影子的方向与光源照射物体的方向有关系。

2.各小组可以选择本组要研究的内容：是要探究改变影子的形状、大小，还是方向?

要求学生在屏中描拓影子。

提示：屏可以平放在桌面，也可以垂直竖立在桌面。屏放置的位置根据本组要研究的内容自定。

3.学生自行研究。

学生在研究的过程中发现了光影的变化规律。

小组研究活动，各组画影子的变化图，教师巡视。

| PPT演示 |
| --- |

改变影子的形状

影子的形状和光源照射物体的不同面有关系

改变影子的大小

影子的大小和光源与物体的不同距离有关系

改变影子的方向

影子的方向和光源与照射物体的不同方向有关系

4.将各组记录单展示在黑板上,学生交流。

研究影子的形状、大小、方向分别与什么有关系?

预设1:影子的形状与光源照射物体的不同面有关系。

预设2:影子的大小与光源照射物体的距离有关系。

预设3:影子的方向与光源照射物体的方向有关系。

5.小结:我们研究了影子的形状,它与光源照射物体的不同面有关系,影子的大小与光源照射物体的距离有关系,影子的方向与光源照射物体的方向有关系。

【设计意图:学生在研究的过程中发现了光影的变化规律,这个环节的设计体现了综合能力的培养,培养学生多角度考虑问题的能力。】

**三、创造拓展、完善活动**

1.今天我们研究了影子的形状、大小、方向,下面请同学们用我们今天研究的内容,完善刚才设计的影中戏活动。

2.各组完善设计影中戏。

3.请一组展示设计。

【设计意图:请小组同学表演影中戏,又一次强化了学生对影子形成的条件变化规律的认识。】

这样驱使学生综合本课运用所学,驾驭科学知识进行活动,体现了戏剧教育在本课中的运用,使学生知道科学学习有所用并能够学以致用。

| 板书设计 |
|---|
| 影子<br><br>形状　　　　大小　　　　方向<br>﹈<br>屏<br><br>遮挡物<br><br>光源<br>﹈<br>不同面　　　不同距离　　　不同方向 |

## 教学反思

**一、戏剧元素与科学课堂教学融合的研究**

创设戏剧元素的情景，学生在接受科学知识的同时，能够对科学知识有更深刻的了解，从而实现真正掌握科学知识的目的。

这种教学的运用能够有效地将科学知识与实际生活结合起来，打破书本知识的束缚，让学生从现实生活中汲取科学知识，极大地提高了学生学习科学知识的兴趣。戏剧教育遵循的是生活教育理念，让学生树立起在玩中学的理念。

用一幕简单的情景传达枯燥的科学知识，借助科学道具、教具助力戏剧情景，让学生发现原来空洞的科学知识就在我们身边。课堂上教师在抓住科学的核心素养的同时，把适合的科学内容带入到教育戏剧的具体情境中，以戏剧的方式进行课程架构，带动每一个学生。在科学课上学生们以教材知识内容为依托，选择合适的主题，将科学知识用戏剧的形式展示在大家面前。整个过程培养了学生的想象能力和创新能力，锻炼了学生的动手、动脑能力，更重要的是让学生了解科学，探究科学。

**二、戏剧元素在科学课堂中创编情景剧**

结合科学课的教学内容，教师引导学生创编情景剧，将学生要研究解决的问题在情景剧中呈现出来，在创编情景剧时，教师要充分考虑小学阶段的学生对现实生活的认知经验，进行巧妙设计，以吸引学生的学习兴趣。学生在自己创编的情景剧中能迸发出思维的火花。

本课的开始用中秋晚会的《影中戏》导入，激发学生兴趣，吸引学生注意力，使学生产生对影子研究的兴趣。课后引导学生继续完善本组设计的影中戏，知道影子在生活中的应用，用一部剧贯穿课的始终。

戏剧教学以其独特的教学形式在小学科学课中运用，使教学课堂更加丰富多彩。将课程知识传授的严谨性和快乐学习的趣味性相互结合，使课堂更具有多样性和互动性。寓教于乐的教学形式将科学化与生活化的科学知识传递开，学生能够结合实际生活经验理解并掌握理论的科学知识。

# 英语戏剧实践课 *A good habit, a happy life*

李佳樾

| 教学基本信息 | | | |
|---|---|---|---|
| 课题 | 英语戏剧实践课 *A good habit, a happy life* | | |
| 学科 | 英语 | 年级 | 四年级 |
| 教师姓名 | 李佳樾 | | |

### 戏剧元素融于学科教学有效性的思考

　　戏剧元素融入英语教学为学生创设了贴近学生生活实际的学习情境，提高学生学习英语的兴趣，巧妙地搭设了学科实践与跨学科实践的平台。学生在丰富多彩且有趣的戏剧游戏中习得语言、积累语言，运用所学语言，戏剧元素在潜移默化地促进学生英语课程核心素养的提升。

### 教学目标及重难点

　　1.教学重点：能在实际情景中运用本课重点句式询问某人做错了什么事情并做出应答。

　　2.教学难点：在教师的帮助下，分角色表演对话。引导学生尝试表达自己做错事的原因及改正的办法。

### 教学过程

　　（一）Warming-up

复习上一课的重点词汇。

T：What happened?

Ss：Answer the question.学生根据图片说出词汇并做出相应的动作。

戏剧活动：Splash.

游戏规则：

Teacher will say "Splash" to a student.

The student should say a word about action we learnt last class.The other two next to her should do the action as quickly as you can.

　　【设计意图：通过英语戏剧游戏"Splash"复习上一课的broke the cup, kicked the ball into the lake 等词组，为后面的学习做铺垫。】

（二）Learning

1.Listen and say.

观看视频，学习本课主题故事。

（1）T:How does Baobao feel ?

T:What do you know from the picture? What do you want to know from the picture?

T:Why is Baobao sad?

S1:He lost the key to the house.

S2:He left the schoolbag on the playground.

教师对着PPT上的词汇带着学生说一说上面的词组：lost the key to the house, lost the key to the car,lost the key to the bike.

（2）问题引领，帮助学生深入学习故事。

T:Is Baobao sad? What does Mum want to know about Baobao ?

T:Can you help her ask to Baobao?

通过学习第一幅图片帮助学生了解主人公Baobao由于粗心弄丢了钥匙。教师指导学生根据自己的描述表演不同情境中的Baobao。

（出示第二幅图，妈妈的表情）What's the matter now?Why is Mum angry? 看第二遍视频。

T：Is it the first time he left the schoolbag?

S：No.

T：What should Baobao do?

通过学习第二幅图片帮助学生了解主人公Baobao由于粗心弄丢了书包。教师指导学生分角色朗读，并引导学生表达We all should be careful.

【设计意图：渗透戏剧元素，引导学生模拟在丢钥匙、把书包落在操场上的情境，表演人物的状态、表情并说出相关台词，为后面的课文表演作铺垫。】

（三）Practice

1.Read the dialogue.

通过跟读、自读、分角色表演的形式，进一步巩固语言。

（1）Listen and repeat.

（2）Read by yourselves.

（3）Reader theater.

【设计意图：教师为学生创设情境，并通过师生分角色朗读，帮助学生习得新知，尤其是通过"读者剧场"的形式帮助学生在轻松、有趣的氛围中提升学生英语课程核心素养。】

2.Practice.

板书，带领学生复述本课的重点内容。

Will Baobao be careful next time?

Let's listen.

（出示Baobao和妈妈的对话。）

T：What's the matter? What do you think of Baobao? What do you want to say to him?

Let' retell.（用板书复述。）

【设计意图：在板书的支撑下与教师情境的创设下，教师带领学生复述本节课所学内容。融入戏剧元素，鼓励学生大胆表演。】

（四）Production

Tell the story.（讲故事）

1.Describe Peter's day.注意描述Peter一天发生的事情的关键词汇。

Look.Baobao's friend Peter is coming.How about his day? Can you describe his day with one word?（只出示Peter图片）

happy, sad, excited, bad……

T：Is it a happy day?

2.Try to Talk.尝试说一说Peter一天发生的各种倒霉的事情。

T：Let's look at the picture.What's the matter with Peter?

Can you talk about something about Peter ?

T：Let's talk about Peter's bad day two in pairs.

在学生回答的同时，把每一段的句子播放出来。

3.戏剧游戏：故事棒。

教师先引出故事，指名学生根据图片接着讲解，直到故事结束为止。

Help the students tell the story in a group.

【设计意图：教师先帮助学生复习词汇、复习句子，再在情境的创设下，带领学生讲故事。尤其通过"故事棒"的方式，让学生在轻松愉快的方式中巩固所学知识。重视情境的创设，培养学生在情境中运用英语表达的意识，逐渐提升学生的英语课程核心素养。】

板书设计

Unit 7 Lesson 24   A good habit，a happy life

What's the matter?

I $\left\{\begin{array}{l}\text{lost the key} \\ \text{lost my new cap} \\ \text{spilled the milk} \\ \text{hit somebody on my way home}\end{array}\right.$

What a bad day!

教学反思

戏剧元素融入本节课教学主要想达到以下几个目标。

1.戏剧元素融入课堂，激发了学生学习英语的兴趣，调动了学生学习英语的积极性。

本节课，教师通过Splash、Reader theater、Role play及故事棒等活动帮助学生在轻松愉悦的氛围下习得语言，体验人物的情绪、状态并进行表演，在表演过程中逐渐巩固所学语言，学生争先恐后地参与各种活动，情绪高涨，戏剧元素很好地激发学生的学习兴趣，并提升了学生学习英语的积极性。

2.戏剧元素融入课堂，为学生创设情境，提高了学生的口语表达能力。

本节课，教师通过多种不同的活动，为学生创设情境，帮助学生体验本课中Baobao和Peter的不同情绪，并对学生的台词进行指导。戏剧元素使学生的口语表达更情境化，更加生动，也帮助学生敢于表达，喜爱表达，逐渐提升了学生们的口语表达能力，更好地提升了学生的英语课程核心素养。

3.戏剧元素融入课堂，促进学生间的相互配合，提升了学生间的合作意识。

在本节课分角色表演的过程中，学生进行角色分配和相互配合，完成对话内容。在小组合作讲故事的过程中，也需要小组成员相互配合，为了呈现更好的作品，小组成员互相帮助，学习词汇表达等。在这一过程中，学生们逐渐学会了合作。戏剧元素使学生能够体验团队合作的过程，提高个人合作的能力，同时获得成就感。

# 英语戏剧实践课 *Happy Chinese New Year*

## 原媛

| 教学基本信息 | | | |
|---|---|---|---|
| 课题 | 英语戏剧实践课 *Happy Chinese New Year* | | |
| 学科 | 英语 | 年级 | 三年级 |
| 教师姓名 | 原媛 | | |

### 戏剧元素融于学科教学有效性的思考

　　戏剧元素融入课堂有利于真实情境的搭建,基于不同节日的大情境搭建有助于学生更好体验、了解不同国家的节日习俗,在情境中学习、理解、应用语言。通过对比中西方节日文化的异同,突出我国传统节日——春节的习俗所带来的乐趣,激发学生对传统文化的热爱,突显学科育人价值。

### 教学目标及重难点

　　1.能够在交流中了解中国的传统节日——春节,喜欢中国的传统节日和与之相关的文化习俗,并能体会礼貌待客的语言和行为。(教学重点)
　　2.能够借助框架描述春节有关内容,强化语言的综合运用能力。(教学难点)

### 教学过程

**I.Warming up**

(一)激活旧知,感知主题,构建大情境

Activity1:Free-talk.

T:Last class we learned some holidays.What holidays do you know?

S:I know Thanksgiving/Christmas/...

T:When is Thanksgiving/Christmas/...? What can we do on this day? What do we eat/say?

S:It's in November/December/....We can ....

　　T:Today we will continue to learn holidays.Guess, what holiday we are going to learn today?

S:Chinese New Year.

T:Yes, we are going to learn Chinese New Year,and we also call it Spring Festival.

T:When is Chinese New Year?

S:It's in January or February.

(二)观看视频,引起共鸣,引发思考

Activity2:Watch and answer.

T:Do you do these things to celebrate Chinese New Year like me? What do you do?

S:I can watch the fireworks/...

T:We can...to celebrate Chinese New Year.We all like this happy holiday.

T:Our friends Mike and Sara also like Chinese New Year.This is their first Chinese New Year in China.So their Chinese friends, Lingling invite them to her house to celebrate Chinese New Year together.Look, they're coming.

【设计意图:教师与学生就节日话题展开交流,根据框架提出节日时间、节日元素、节日活动等问题。此过程帮助学生根据框架有意识地复习梳理关于节日不同方面的旧知。教师再根据学生的表达给予积极反馈,同时使学生明确本节课继续学习有关节日的话题。学生通过教师穿着猜测出今天学习的节日——Chinese New Year,初步感知本课主题,并为学生构建春节大情境。】

II.Presentation

(一)观察主题图,搭设情景一 ( Lingling invites friends to her house.)

Activity1:Lead in.

T:What do you see from the picture?

S:I see the red lanterns/couplets/character Fu...

T:Well, there are many decorations.Look, here are some beautiful red lanterns.Let's hang them up.

(二)整体感知,聚焦节日问候语

Activity2:Watch and learn.

T:How do they greet to each other?

S:Happy Chinese New Year! The same to you.

T:Lingling wants to invite her foreign friends to celebrate the Chinese New Year.How does Lingling invite her friends?

S:Let's celebrate Chinese New year together.

(三)聚焦节日活动,体会文化习俗,搭设情景二 (Mum welcomes Lingling's friends.)

Activity3 Watch and say.

T:How do they celebrate the Chinese New Year?

S:They eat candy/ visit friends/...

T：They visit friends、eat yummy food and play games together.

T：If you were Mum or Lingling, what would you say?

S：Welcome to our house.Have some candy please....

T：Mum welcomes Lingling's friends.And Lingling treats her friends with some candy.They are very kind.And Chinese are very happy to treat our visiting friends.It's our traditional Chinese culture.

【设计意图：渗透到朋友家做客礼仪文化，学习玲玲和玲玲的妈妈作为主人怎样接待客人，从而学习正确运用礼貌用语。同时让学生在潜移默化中进入到情景中，体会中国人热情好客的文化习俗。教师引导学生积极思考，将学生的生活经验运用到课堂和学习活动中，既有效地利用学生资源，又使习得知识的过程更贴近学生的生活。】

Ⅲ.Practice

(一) 巩固操练，内化语言

Activity1 Let's read.

Listen and repeat.

Read by oneself.

Read in pairs.

Read in roles.

(二) 延续课文情境，拓展课文内容，补充庆祝活动，搭设情景三（Let's have dinner together.）、情景四（Let's watch the fireworks.）

Activity2：Let's watch.

T：What else do they do to celebrate the Chinese New Year?

Activity3：Let's listen and circle.

have a big dinner/watch the Chunwan/watch the fireworks/go to the temple fair

T：What do you do to celebrate the Chinese New Year ?

S：We eat dumplings wear new clothes/get lucky money...

【设计意图：延续课文的主题语境，以视听输入的形式帮助学生进一步了解春节，并借助板书帮助学生梳理出更多的春节庆祝活动，有机渗入中国传统文化，学生能够在潜移默化中获得文化知识，理解文化内涵，并借玲玲之口向外国朋友传播了我们的传统节日文化。】

Activity4：Reader's theater（读者剧场）

T：Do you like this story? Now, let's come to our Reader's theater. Choose your favorite character and read with your group members.Please remember these following rules.

Read aloud.

Read with your emotion.

Read and act.

【设计意图:"读者剧场"是同学们熟知的台词训练活动,学生选择自己喜欢的角色,以小组合作的方式,通过表情和肢体动作,运用相应的情境语言分角色朗读,感受和主人公们一起过春节的快乐心情,帮助孩子树立自信心,培养学生合作分享的品格。】

IV.Production

Let's act. 戏剧表演,应用实践。

T:During the Chinese New Year, we can see many celebrations.Let's celebrate the Chinese New Year together!

【设计意图:在戏剧表演活动中,每个小组化身为一个家庭,任意选择一个情景来展示自己家的春节庆祝活动。戏剧活动帮助学生在体验中感受节日文化带来的无限欢乐,逐步实现对语言知识和文化知识的内化,助力学生将知识转化为能力。】

| 板书设计 |
| --- |

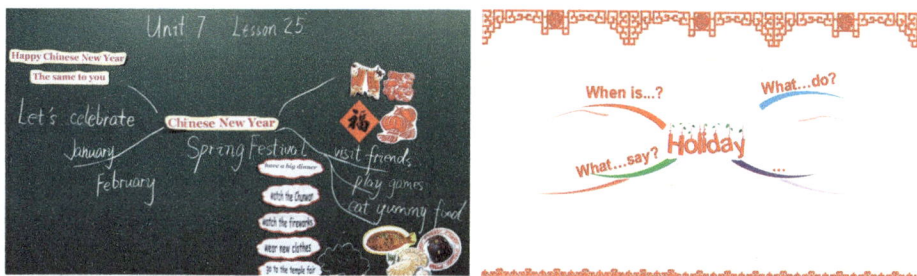

| 教学反思 |
| --- |

本节课的教学注重传统文化在英语学科中的传承,通过节日大情境的搭建,借助戏剧元素的融入,和学生一起在情境中学习、体验、理解语言,将操练的环节以戏剧游戏的形式呈现,突出学生课堂在学习中的主体地位,有效落实核心语言。

1.依托大情境创设,融入戏剧元素活动,培养创新能力。

学生在特定的情境中就节日的时间、装饰元素、特色活动等话题展开交流,有助于学生将所学语言与自己的实际生活情境相关联,内化语言并进行二次输出,突出语言学习的实效性。学生以小组为单位,自主选择角色,组织语言,完成场景搭建,随着故事棒的传递进行展示。这些活动都是在学生能够理解和应用语言的基础上展开的,学生在完成场景搭建的过程中充分发挥其想象力,用肢体动作展示出生动的画面,在组织语言、创编对话的过程中发展学生的英语思维能力。

2.挖掘传统文化的意义,突显学科育人价值。

教师在授课的过程中,同样注重育人价值。教师在渗透春节习俗的同时,让学生受到中国传统文化的熏陶。学生在英语语言学习的过程中,用英语来表达传统文化,充实了语言实践活动,从而使学生们从"被动学"到"主动学",满足了学生的需求,以达到提高学生对语言的综合运用能力的目标。

# 英语戏剧实践课 *Spring is here*

孙辰一

| 教学基本信息 | | | |
|---|---|---|---|
| 课题 | 英语戏剧实践课 *Spring is here* | | |
| 学科 | 英语 | 年级 | 三年级 |
| 教师姓名 | 孙辰一 | | |
| 戏剧元素融于学科教学有效性的思考 | | | |
| 戏剧元素融入英语学科教学中，可极大地提高英语课堂的趣味性和互动性，增强学生的参与度与专注度。通过戏剧表现、角色扮演和情境模拟等方式，学生能更好地理解抽象概念、增强记忆力和情感投入，促进学生的创造力和表达能力。这样的方法能够激发学生的学习兴趣，提升他们对知识的理解和应用，使学科教学更加生动有趣。 | | | |
| 教学目标及重、难点 | | | |
| 1.教学重点：能够询问、表达初春看到的自然现象。<br>2.教学难点：能够描述大自然从冬天到春天的变化及春天是万物复苏的季节。 | | | |
| 教学过程 | | | |
| （一）联系生活，回顾经历<br>从学生生活实际出发，交流气候变化对自己的影响。<br>（1）谈论简单的天气状况、服装信息，帮助学生认识春天到来的表现。<br>（2）呈现含有春天节日、活动的大量图文匹配的信息，帮助学生建立春日的时间概念。<br>（二）创设情境，学习重点<br>1.设置情境。<br>呈现图片，交代背景。主人公们寒假期间去了野生动物园，他们看到了什么？与之后春天看到的内容做对比铺垫。<br>2.播放视频。<br>天气转暖了，主人公们去野生动物园植树。 | | | |

3.深入学习。

（1）观看倍速视频，直观理解turn, come out的含义。

呈现两段视频帮助学生直观理解"The trees turn green.""The grass comes out."学生边看边说"turn green"；并用手指模拟小草钻出来的样子，说"comes out"。

（2）以爱心个数体现favourite的含义。

以心形增长数量帮助学生理解favourite一词，学生将在第三单元继续学习该词的表达方法，在此不作过多处理。

（3）发散思维，重点理解plant一词的含义。

注重引导学生回答开放性问题"What things can you plant in spring?"提示学生应为plant seeds，而不是种植蔬果本身，帮助学生丰富生活经历。

（三）情景表演，真实感悟

1.听、熟读文本。

2.组内角色扮演。

学生模仿树、草、鸟、蝴蝶等角色，体会春天万物复苏的样子，感受春之美。

3.班级内展示。

（四）联系生活，迁移创新

1.绘本拓展阅读。

学生阅读拓展内容，丰富其语言积累。

2.小组合作学习。

在小组内容完成"信息差"表格，梳理春天信息的思维导图。

Form 1

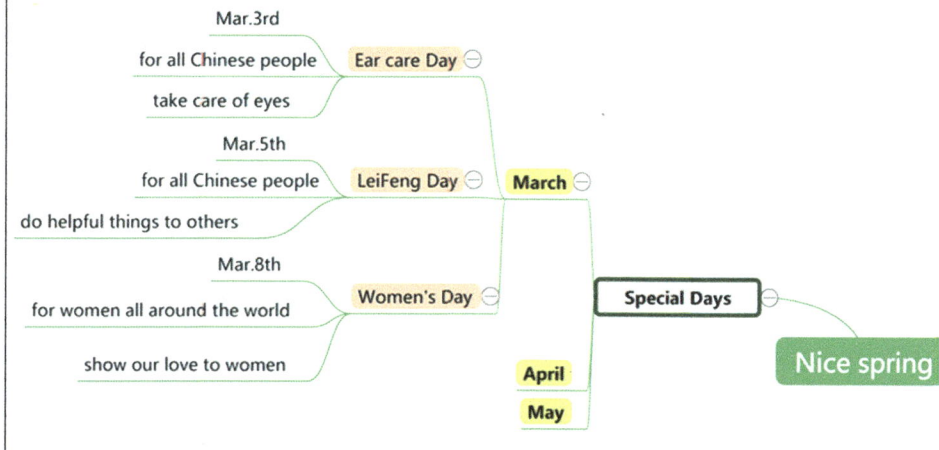

Form 2

Form 3

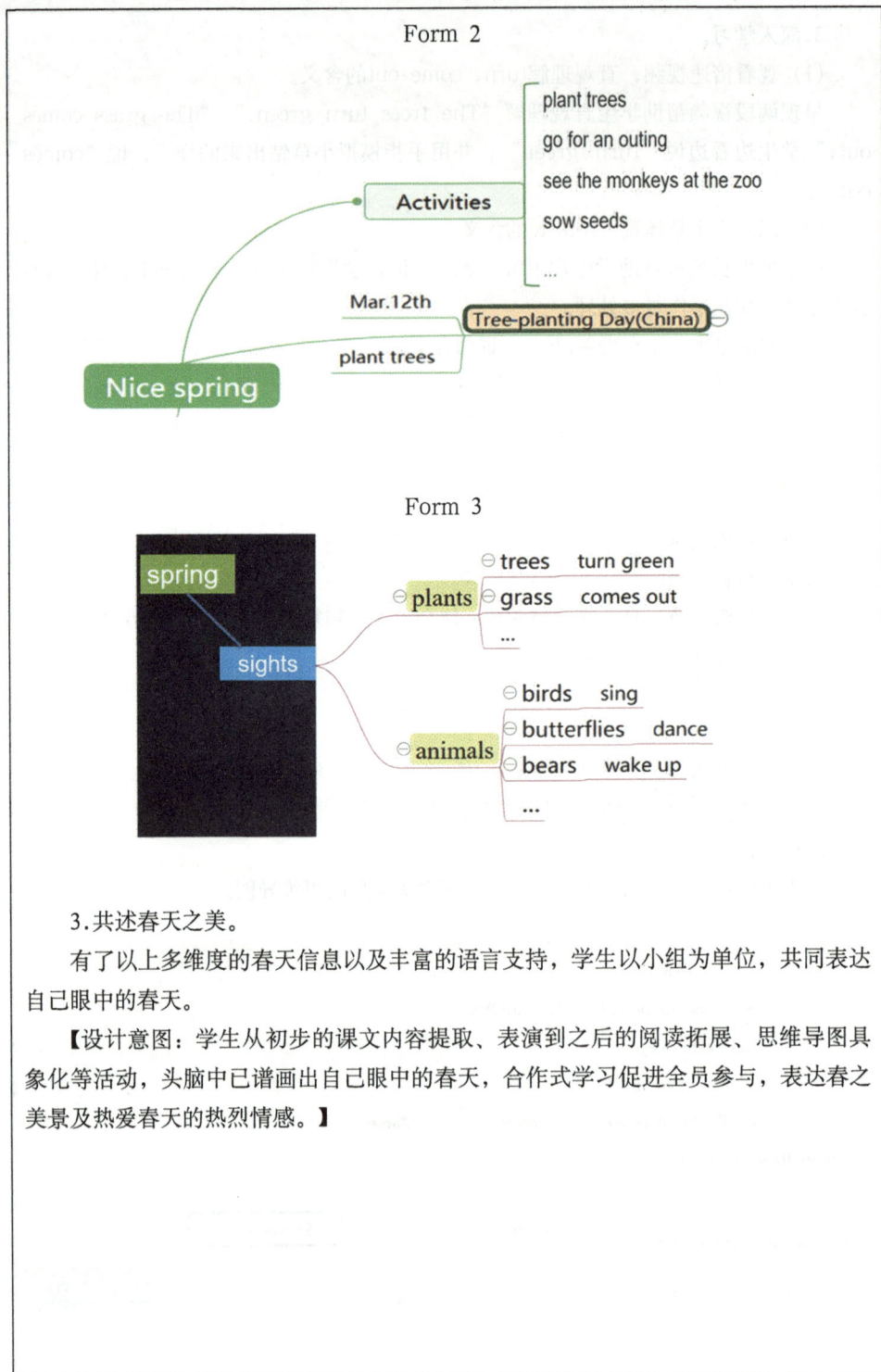

3.共述春天之美。

有了以上多维度的春天信息以及丰富的语言支持,学生以小组为单位,共同表达自己眼中的春天。

【设计意图:学生从初步的课文内容提取、表演到之后的阅读拓展、思维导图具象化等活动,头脑中已谱画出自己眼中的春天,合作式学习促进全员参与,表达春之美景及热爱春天的热烈情感。】

板书设计

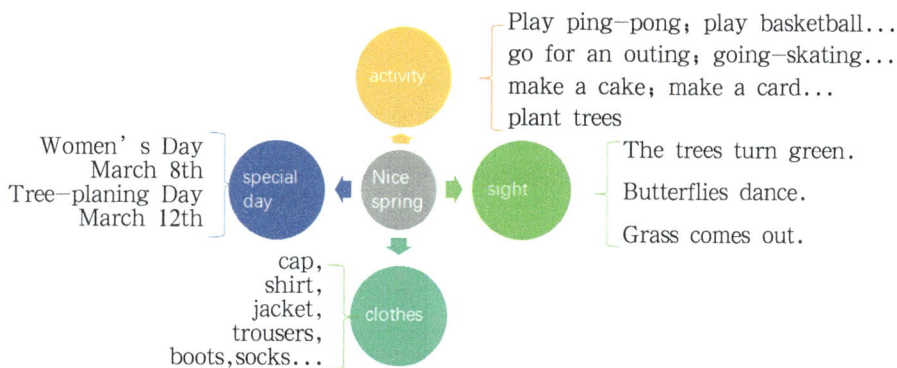

教学反思

　　1.改掉即时评价的习惯。

　　传统的课堂，教师总是习惯于即时评价，在戏剧课堂中，没有绝对的对与错，学生是自由的，学生的表达也是自由的、大胆的，对于第二语言学习的课堂，轻松才可以克服畏难情绪。

　　2.不要局限于学生书面知识的获得。

　　在一堂教育戏剧课中，学生习得的内容是多方面的，不能像传统课堂中只专注于让学生学会语言、语法，而是要学生放下畏难情绪，真正体验、参与、投入其中。

# 英语戏剧实践课 A Calm and Resourceful Boy

## 赵晓丹

| 教学基本信息 | | | |
|---|---|---|---|
| 课题 | 英语戏剧实践课 A Calm and Resourceful Boy | | |
| 学科 | 英语 | 年级 | 五年级 |
| 教师姓名 | 赵晓丹 | | |

### 戏剧元素融于学科教学有效性的思考

戏剧元素融入英语阅读教学使教材和课堂变得更加立体化,戏剧的场景还原了学生的真实生活,促进了学生对语言的学习和理解,学生在互动体验中学习语言能力、文化艺术表现力、创造力等综合素质均有所提高。戏剧模式下的英语课堂有助于发展学生的语言运用能力,促进学生英语学科核心素养的发展。

### 教学目标及重难点

教学目标:

1.能借助戏剧表演的形式理解故事内容并在教师的帮助下将文本改编为剧本。

2.能与同伴合作,通过表情和肢体动作搭建舞台情境,并进行角色扮演。

3.能在阅读中体会人物情感,学习主人公在危急中随机应变、机智勇敢的优秀品质。

4.能主动思考,恰当续编或改编故事结尾。

教学重点:

1.能根据任务情境,把说服别人支持自己的具体理由讲清楚。

2.能借助戏剧表演活动Emotion Square(情感方块)、Sculpture(雕塑)、Whoosh(故事棒)、Reader's Theatre(读者剧场)、理解故事内容,流利朗读。

教学难点:

1.能设想对方可能的反应,恰当应对。

2.能够根据改编的剧本,借助表情、肢体动作,运用故事语言和同伴合作进行情境表演。

### 教学过程

(一)Preparation(课前准备)

1.Review the story.(复习回顾第一课时的故事内容。)

T:Do you remember the story we learned last lesson?What is the name of the story?

Listen and read the story in groups.（听录音，再与同伴合作朗读故事。）

2.Spacewalk & Emotion Square.

（1）在热身导入环节中，借助Spacewalk（学生自由行走，听教师口令停止，并按人数要求迅速组合）将学生带入戏剧活动课的，帮助学生与同伴形成一定的默契度。

（2）借助Emotion Square（情感方块）训练学生表现不同情绪，鼓励学生发挥想象力，将《司马光》中的情绪体验融入其中，为后续的情境表演奠定基础。

（二）Presentation（情境呈现）

借助图片，通过问题引领学生回顾故事内容。

1.What are they doing? Some boys were playing ball on the playground.

2.What happened then?

3.What's wrong with the little boy? A boy fell into a very large vat.

4.What do they feel ? How about SimaGuang?

All the children had no ideas.SimaGuang stayed calm.

【设计意图：鼓励学生结合前一课对短文的理解，发挥其创造力和想象力为文本绘制插图，教师借助学生自制的绘本，以问题为引领鼓励学生思考图片背后的故事，补充人物语言，将学生带入到故事情境中。】

（三）Proceeding（学习过程）

1.肢体训练：Whoosh（故事棒）。

Let's try to retell the story in your groups.

When you tell the story, others can come over there to act it out.

What are you ?（Sculpture雕塑师）

What will you say?

What are you doing?

How do you feel?

【设计意图：以师生合作传递故事棒的形式完成故事复述，提升课堂学习效率，为学生在困难时提供帮助，缓解其紧张心理，sculpture的活动激发了学生的想象力，更有助于达成同伴间的默契合作。】

2.台词训练：Readers' Theatre（读者剧场）。

结合阅读文本内容进行剧本的改编，根据图片提示，完善剧本内容，补充故事情节，创编情境语言。在此基础上以小组合作的形式尝试分角色进行台词训练。

【设计意图：读者剧场帮助学生有感情地进行台词训练，体会人物情感，增强语言的流利度，加深对绘本的理解，使其表演和展示更具表现力。】

（四）Performance（情境表演）

1.小组合作，根据真实故事情境表演。

2.添加新情节，续写结尾，引发学生思考。

3.What do you think of SimaGuang?

给出提示词，学生根据自己的理解自主表达。

【设计意图：以小组合作的方式进行小剧场展示，为学生提供了个性化展示的空间，有的学生能言善辩但不爱表现，有的学生模仿力强、擅长表演但语言表达稍弱，无论是哪一类的学生都能在舞台上找到适合自己的角色，展现出最棒的自己。】

## 板书设计

Stayed calm
Resourceful

| took a deep breath | pushed the vat | shouted for help |

| looked for a big stone | broke the vat with the stone |

## 教学反思

戏剧元素融入本节课教学主要想达到三个目标：

第一，多样化的戏剧活动为原本枯燥的阅读理解式教学增添了活力，使学生爱上阅读。

当阅读文本改编成绘本时，抽象的文字就变成有画面感的情境，为学生更好地学习理解语言提供了有力的支持。

第二，戏剧融入有助于激发学生的学习兴趣，调动学生参与的热情。

戏剧元素的融入激发了学生的学习积极性，学生参与课堂活动的积极性远高于常规的课堂教学，课堂氛围更为活跃，孩子们在戏剧活动中释放自我，他们在语调的抑扬顿挫中表达出人物情感的变化，举手投足的每一个细节表演都恰到好处，体现出学生对语言的理解、内化和迁移的过程。

第三，戏剧融入有助于激发学生的创造性思维，培养学生的合作意识，凸显育人价值。

戏剧元素融入促使学生要不断思考，发挥其创造力和想象力去应对挑战，在解决问题的过程中，还需要同伴间的默契合作。在本节课中，学生不但需要合作完成表演，还需要和同伴一起用肢体动作搭建场景，面对这一个个真实又具挑战性的问题，学生的合作意识和同伴间的信任感逐渐增强，凸显了戏剧元素在英语教学中的育人价值。

# 英语戏剧阅演课 *Mulan*

## 韩雅楠

| 教学基本信息 | | |
|---|---|---|
| 课题 | 英语戏剧阅演课 *Mulan* | |
| 学科 | 英语 | 年级 | 六年级 |
| 教师姓名 | 韩雅楠 | |

| 戏剧元素融于学科教学有效性的思考 |
|---|
| 　　以戏剧方式开展语言学习不仅为学生习得语言提供了丰富的语境，也为学生提供了整体习得语言的良好机会。学生在丰富的语境中，围绕语言意义，整体感知语音语调，理解语言意义，获得语言知识，体会语言魅力，思考语言所传递的含义，并通过反复练习台词和内化实践，形成整体运用语言进行思维和表达的能力。<br><br>　　用教育戏剧的方式学英语，既能与周围环境密切互动，感知空间、感知环境，又能通过编剧，锻炼学生的逻辑思考能力；既能在合作中锻炼学生的人际交往能力，又能让学生在对角色的思考中加强个人反思力；既能在表演中得到身体的锻炼，又能得到语言学习的提升，是全方位挖掘学生潜能的优质教学方式。 |

| 教学目标及重、难点 |
|---|
| 教学目标：<br>语言能力目标：<br>（1）通过对剧本的阅读，学生能理解故事中重点词汇的意思。<br>（2）能根据故事发展，用自己的语言演绎剧本、创编剧本。<br>学习能力目标：<br>（1）通过故事的阅读，学生能掌握一定的阅读技巧，能速读、获取细节信息等。<br>（2）通过读与演活动相结合，学生能生动地朗读和表演剧本。<br>思维品质目标：<br>以拓展性问题和续编故事的形式，鼓励学生大胆想象，培养学生的发散性思维和创新思维。<br>教学重、难点：<br>能借助戏剧表演活动理解故事内容，流利朗读。<br>根据故事内容，借助剧本进行表演。 |

教学过程

一.Pro-reading

T：Hello，everyone! Have you ever watched the TV program Reader? So is it interesting? Reading is very important for people.If you have a chance to share your favorite story with us, what would you like to share with us? Today，I want to share my favorite story with you.

教师播放有关Mulan的动画视频，并提出以下问题和学生讨论："Who is the girl? Do you know her name? What do you know about the story?"视频和提问有效激发了学生的学习兴趣。

【设计意图：真实的情境设计是培养学生核心素养的必然选择。该情境的设计贴近时代、贴近学生生活，有助于学生体验式学习，同时能激活学生的背景知识，激发学生学习兴趣，有助于后续听力活动的高效开展。】

二、While-reading

（1）观看故事视频，了解故事大意。

在此环节，学生通过观看视频和课堂讨论，将木兰的经历划分为"从军前""从军中""从军后"三个时期，并将教师黑板上的相关故事图片进行排序，了解故事大意。

【设计意图：结合背景知识和图片，通过视听活动了解故事的情节发展，有助于培养学生思维的逻辑性，提升其思维品质。】

（2）梳理文本内容，明晰语言知识。

教师设计了聚焦木兰"从军前"的学习单1。学生需阅读文段，按照事件发生的顺序完成学习任务，挖掘文本信息，深入理解文本内容。

| Task 1 Choose the correct answer. |
| --- |
| 1.What abilities did Mulan have? <br> A.She could use a sword. <br> B.She could ride a horse. <br> C.Both A and B. |
| What did her father do before he was retired? <br> A.He was a farmer.B.He was a general.C.He was a soldier. |
| Why did Mulan have to fight in the war? <br> A.Because her father wanted her to fight. <br> B.Because her father was too old and her baby brother too young to go to the war. <br> C.Because she liked it. |

（3）讨论人物言行，挖掘性格特征。

学生观看有关花木兰骁勇善战的视频，教师引导学生进一步思考："What kind of hardships did Mulan go through?"推测木兰在从军过程中的困难。

学生阅读短文"从军中"部分，回答问题：

"What difficulties did Mulan have?

What did she think when she faced these difficulties?

How did she do during the war? What happened to Mulan at last?"

【设计意图：引导学生挖掘、梳理文本信息，进一步了解花木兰人物性格特点，为后续表演做铺垫。】

（4）深入理解故事内涵，搭建语言和结构支架。

T：When did the War ended，Mulan came back home.Mulan's friends in the army came to visit her，what's their feelings?（如果你是木兰的朋友，知道她是女孩后，你会怎么说？怎么做？教师鼓励学生进行思考并且表演出来。）

接着，教师在学习单中呈现了一些中文名言及其英译，例如，To give one's life for one's country.To think of death as coming home.（捐躯赴国难，视死忽如归。）帮助学生通过阅读和学习，进一步理解木兰从军的爱国精神。）

最后，教师组织学生小组讨论问题："If you were Mulan, to go back home or to continue to serve our country, which one would you choose?"并把学生的观点及理由记录在黑板上。

【设计意图：在此环节中，教师为学生提供学习文本框架，为学生后续表达做支撑，同时也能培养学生的批判思维，教师还引入了中国古典文学中的名句，渗透中华优秀传统文化，提高语言能力和思维品质。】

三、After-reading

（1）梳理文本信息，引发回读文本。

学生基于思维导图，以"What did Mulan do?"为思考的起点，使用句式"She was a...solider.Because she..."讨论木兰是什么样的士兵，促进学生进一步思考问题："Why could she endure such hardships?"以上活动促使学生回读文本，思考木兰行为背后的深层原因。

（2）小组合作，复述故事。

学生根据教师黑板上思维导图，以小组为单位，复述故事，鼓励学生全员参加。

【设计意图：复述故事要求学生在整合故事情节的基础上进行口语输出，旨在帮助学生对所学信息和语言进行重组、加工和内化，有助于提高学生的语言组织能力；对思维导图的利用能提高学生的理解能力、记忆能力、逻辑思维能力和创造性思维能力，有效提升学生的思维品质。】

## 四、Performance

(1) 续写结尾，引发学生思考。

If you were Mulan, to go back home or to continue to serve our country, which one would you choose?学生可以根据自己的想法，续写故事结尾。

(2) 小组合作，情境表演。

学生从木兰"从军前""从军中""从军后"三个片段中，选择自己喜欢的片段，补充语言，分小组进行排演。

【设计意图：融情入境，全身心地感受语篇，将文本的意境和语言的意义通过学生的表演生动地表现出来。在此环节，教师最大程度地调动学生的参与和互动，通过学生的表演引发学生在角色扮演的过程中理解和运用所学的语言知识，让学生在语言的运用中不断提升语言运用能力。】

### 板书设计

Why did Mulan have to fight in the war ?

What difficulties did Mulan have?

How did she do during the war?

What do you think of Mulan?

If you were Mulan, to go back home or to continue to serve our country?

### 教学反思

本节课在设计过程中，结合学生实际，对教材内容做了灵活的处理。在课堂活动中，处处体现了给学生思维的"留白"，给学生尽可能多的充分表达语言的机会，让学生在个人活动、小组活动中畅所欲言。

同时，本节课是基于阅读的戏剧阅演课，是一节阅读课教学的新的探索与尝试，将戏剧阅演的五个教学要点"Read-Think-Talk-Create-Act"，与阅读、思维、语言、创造以及演绎相结合的教学模式，重在激发和培养学生的英语阅读兴趣，发展学生的思维能力和语言能力，让学生的听、说、读、演等方面的能力均得到发展和提高。

# 科学戏剧实践课《南橘北枳》

高楠楠

| 教学基本信息 | | | |
|---|---|---|---|
| 课题 | 科学戏剧实践课《南橘北枳》 | | |
| 学科 | 科学 | 年级 | 五年级 |
| 教师姓名 | 高楠楠 | | |

## 戏剧元素融于学科教学有效性的思考

戏剧元素融入科学教学拓展了"教育空间",唤醒学生的自我意识;为学生提供了"展示舞台",激发了学生的参与热情;生成"未知领域",培育学生的创新意识;为学生提供"互动平台",锻炼了学生的合作能力。戏剧与科学教学相融合,推动了科学课堂教学朝着更加综合多元的方向发展,更好地提升了学生的科学素养。

## 教学目标及重难点

科学观念:

认识到南方的橘树移植到北方并不能变成枳树,"南橘北枳"这一成语在现实中使用更着重于它引申意义的使用。

科学思维(教学难点):

通过资料调查了解橘和枳的历史起源和全国分布情况,推测论证南橘北枳说法的产生并延续至今仍在使用的原因。在创编剧本过程中,提升学生的创作能力。

探究实践(教学重点):

通过对比观察找出橘和枳的区别,认识到橘和枳是两种不同的植物。

态度责任:

学会大胆质疑,有精心论证的科学态度,意识到科学是一个不断进步的过程。在戏剧表演中能通过相互合作提高团队意识与合作能力。

## 教学过程

(一)课前阅读,产生质疑

在此环节,教师引领学生阅读了《用实验证明成语》一书,学生在阅读南橘北枳一章后产生质疑:橘和枳从图片中看起来很像,为什么说它们不是同一种植物?

教师布置调查任务：多角度寻找样本，对比观察橘和枳。

【设计意图： 通过阅读产生问题，布置课前调查内容。】

（二）对比观察橘和枳的不同

在此环节，学生通过实地调查进行对比，观察了解橘和枳。

橘子的叶子为单身复叶，翼叶不明显，叶子较厚，为革质，有蜡状质感。而枳的叶子为塔状三出复叶，具有翼叶，叶小而薄，偶见叶上有三到五片小叶。橘的茎上很少具刺，而枳的茎上具刺，刺尖为红褐色干枯状。基部扁平，长度可达四厘米。橘花瓣革质较厚，顶部是圆形微凸状。枳的花瓣较薄，触感如绢布一般，且顶部有不规则的褶皱。橘果实较大，不被毛。枳果实较小，被毛，其表面有一层细短绒毛。

学生绘制橘和枳的观察报告如下。

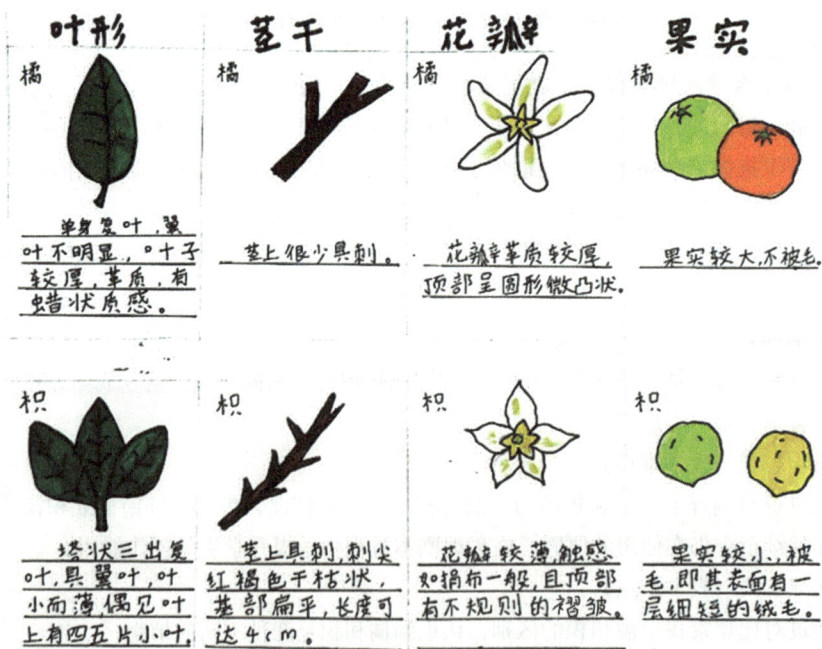

通过以上对比观察，得出结论：橘和枳是不同的。

（三）网上调查橘和枳的全国分布

在此环节，教师引领通过网络调查了解橘和枳的全国分布，并通过表格进行整理。

| 淮河以南 | | | | 淮河以北 | |
|---|---|---|---|---|---|
| 地区 | 分布情况 | 地区 | 分布情况 | 地区 | 分布情况 |
| 安徽省 | ●● | 江苏省 | ●● | 甘肃省 | ●● |
| 云南省 | ● | 江西省 | ●● | 陕西省 | ●● |
| 福建省 | ●● | 上海市 | ● | 湖北省 | ●● |
| 贵州省 | ●● | 湖南省 | ●● | 山西省 | ● |
| 广西壮族自治区 | ●● | 浙江省 | ● | 山东省 | ●● |
| 广东省 | ●● | 台湾省 | ● | 河南省 | ● |
| 海南省 | ● | 四川省 | ● | | |
| 重庆市 | ● | | | | |

南橘北枳的南和北是以淮河为分界线的，橘树大部分分布在淮河以南，但在淮河以北的甘肃省、陕西省、湖北省也有大量产出，而枳在淮河的南北均有分布。从科学的角度说，"南橘北枳"的地理性分布是不准确的。

（四）网上调查橘和枳的历史起源

在此环节，教师引领学生上网去调查橘和枳的历史起源，并通过图形整理。

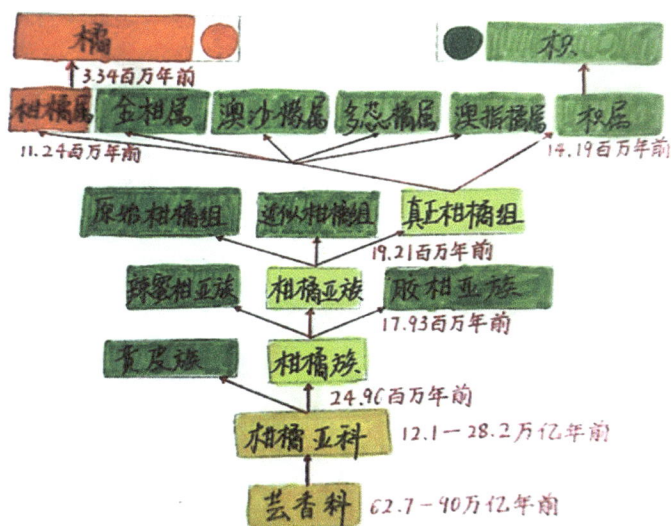

从芸香科的进化历史可以看出，橘和枳有着共同的祖先，两者在几百万年前出现了分化。从共同祖先继承来的表型，显示出了形态的相似性，物种分化形成了各自独立的种群，为了适应各自的环境，演化成了具有一定差异的两个物种。

（五）大胆猜想南橘北枳产生并延续至今的原因

在此环节，学生再次提出质疑，既然南方的橘子移植到北方不能变成枳，那么南橘北枳的说法是如何产生并延续至今的呢？

教师补充：枳树作为砧木可嫁接到橘树上的资料。

学生大胆猜想：橘当作穗嫁接繁殖培育橘苗的情况下，从淮南移植到淮北，由于橘树难以承受淮北冬季零下9摄氏度以下的低温，橘树在地上的部分通常被冻死，地下部分的枳砧木能够正常生长。因此，次年春季气温回升时，砧木树有不定芽萌发，长成了枳树，经过几年的生长发育就能够开花结果了。因此，出现"橘生淮南则为橘，生于淮北则为枳"的说法。

教师补充资料，在古代，"枳"通"橙"。

学生大胆猜想：橙的树形和叶形与橘较为相似，但果实风味比橘差，果皮也比橘粗糙。祖先可能认为，生长在淮北一带的香橙就是生长在南方的橘，但是由于水土和环境的不同，才使得果实口感和形状存在一定差异。因此，就形成了"橘生淮南则为橘，生于淮北则为枳"的说法。

对两种猜想，教师都给予了肯定。

（六）以剧目表演的形式回顾此次探究的过程，引导学生反思

在此环节，教师引导学生一起回顾整个探究过程，并鼓励学生自编自演，反思提升自己的收获。

教师引领学生意识到南橘北枳这个成语能够被传承下来，说明在当时这一现象是被人们普遍认同的，而随着科技的发展，现在被我们认可的科学概念在将来也有可能被推翻，所以说科学是一个不断进步的过程。而现在"南橘北枳"我们更倾向于使用它在文学上的引申意义。

让学生体会到，科学是一个不断探究的过程，是一个不断发现问题并解决问题的过程，遇到问题要学会质疑，要有探究下去的勇气。

| 板书设计 |
| --- |

南橘北枳

观察：叶 茎 花 果实
调查：分布 起源

| 教学反思 |
| --- |

戏剧元素融入本节课教学可达到以下目标：

第一，能够极大地拓展师生的想象空间，拓展学生的思维，丰富学生的想象。在宽松自由的氛围中，师生的自我意识被激活，自我的思想与情感被充分唤醒，师生能够收获更直观丰富的情感体验，教学效果将得到极大的提升。

第二，可以为学生提供展示自我以及沟通互动的平台。借助这一展示舞台，学生可以尽情地展示自我、释放自我，即便是性格相对内向的学生，也可以在教育戏剧中找到适合的角色，这对全体学生的发展是大有裨益的。

第三，在创编剧本过程中，学生需要将戏剧与科学知识进行巧妙地融合，需要将科学知识融入设定的角色、情节以及场景中。学生能够在这些设定的戏剧元素中感受别样的情感、心境以及境遇等，这种假定为学生的课堂学习生成了未知领域，极大地放松他们的身心，而在这种宽松自由的环境下，学生的创造性会得到有效提升。

第四，可以为学生提供一个广阔的互动平台，学生可以通过相互合作提高团队意识与合作能力，这些能力与素养对学生以后的发展有着深远的影响。

# 美术戏剧实践课课本剧

胡艺鸣

| 教学基本信息 | | | |
| --- | --- | --- | --- |
| 课题 | 美术戏剧实践课课本剧 | | |
| 学科 | 美术 | 年级 | 四年级 |
| 教师姓名 | 胡艺鸣 | | |

| 戏剧元素融于学科教学有效性的思考 |
| --- |
|   了解课本剧的相关知识，掌握用多种材料设计制作简单道具的方法，能合作设计制作道具并进行表演。在设计、改编、排练、表演及观看等艺术实践活动中，领会课本剧所反映的主题思想，提高学生在文学、美术、音乐、戏剧等各方面的综合修养。 |

| 教学目标及重难点 |
| --- |
| 教学重点：<br>学习课本剧的相关知识，学习创造性地使用材料设计制作道具的方法。根据角色，选用材料设计制作道具，为表演课本剧服务。<br>教学难点：<br>根据角色创造性地使用各种材料，运用多种方法设计制作道具。 |

| 教学过程 |
| --- |
| 课前准备：卡纸、胶棒、绑带等。<br>（一）课前导入<br>1.视频欣赏（课本剧情景展示《小蝌蚪找妈妈》）。<br>教师导入：同学们，你们了解课本剧吗？这是语文书上的课文，经过同学们的改编，以课本剧的形式将其表演出来了。<br>【设计意图：初步感知课本剧的魅力，调动学生情绪，激发学生的学习欲望。】<br>（二）讲授新课<br>1.明确课本剧概念。<br>课本剧是把课文中叙事性的文章改编为戏剧的形式，再以戏剧语言表达文章，是将音乐、戏剧、美术、文学融合在一起的艺术。通过表演课本剧，我们将亲身体验到这种艺术创作形式带给我们的快乐，同时又能锻炼我们多方面的才干。 |

2.教师提问：通过观看课本剧，请同学们想一想、说一说，我们应如何来编排课本剧，演出前要做哪些准备工作呢？

教师总结：先要找一篇故事性强的课文改编成剧本，再根据剧本分配角色，进行排练。根据剧中的人物特点准备服装，制作道具，为剧情服务。同时设计舞台，配上音乐，让表演丰富。

3.以《狐假虎威》为例进行课本剧探究。

教师提问：看书中《狐假虎威》的剧照，说一说，他们都准备了哪些道具？

教师总结：头饰、面具、服饰等道具。

4.以小组为单位，挑选适合排演课本剧的课文。

《乌鸦喝水》《守株待兔》《狐假虎威》《鹬蚌相争》。

5.提出设想：你认为在制作中会遇到什么问题？

【设计意图：初步了解课本剧的概念和相关知识，思考应用何种材料设计制作简单的道具。】

（三）艺术实践

以小组为单位确定课本剧内容，并进行头饰、面具、道具、服饰的制作。

【设计意图：给予学生充分的创作空间。】

（四）展示评价

展示：学生表演、展示，分享自己的创作理念。

评价：以学生自评、互评与教师评相结合，以鼓励为主。

【设计意图：在交流和评价中获得美术素养和综合素养的提升。】

| 板书设计 |
|---|

课本剧

头饰：立体、局部、平面。

面具：全脸、一半。

服饰

| 教学反思 |
|---|

课本剧创演一课借助实景表演的形式，启发引导学生了解课本剧的含义，帮助他们更好地投身于艺术创作和表现中去。本课与语文学科进行跨学科融合，帮助学生打破学科间的界限。通过综合学习不同学科的内容，学生可以培养出较为全面的知识结构和思维方式，提高解决问题的能力和综合素养。在解决课本剧所需头饰、面具、服饰等的制作问题时，学生通过小组合作交流讨论，相互借鉴不同方法和理念，促使学生形成创新思维，并找到更加有效的解决问题的方法。

# 发光发热的太阳

## 马佳旺

| 教学基本信息 | | | |
|---|---|---|---|
| 课题 | 发光发热的太阳 | | |
| 学科 | 科学 | 年级 | 二年级 |
| 教师姓名 | 马佳旺 | | |

### 戏剧元素融于学科教学有效性的思考

　　科学课程知识的严谨性与戏剧教育的趣味性相互结合，把太阳发光发热的知识融入到语文和戏剧教育——后羿射日的活动中，并设计相应的情景，使戏剧元素为学生提供探究话题，从而培养学生的科学素养，提高学生运用科学知识解决实际生活中的问题的能力。

### 教学目标及重难点

　　教学目标：

　　1.知道太阳能够发光发热，描述太阳对动植物和人类生活有哪些重要影响。

　　2.用观察、比较的方法，获取太阳发光发热的证据；用归纳、总结的方法，梳理关于太阳发光发热影响的认识。

　　3.初步培养学生用事实和证据说话的思维习惯。

　　4.让学生明白太阳的发光发热对动植物和人类的意义重大。

　　教学重、难点：

　　教学重点：知道太阳能够发光发热。太阳对动植物的影响，对人类生活有哪些作用。

　　教学难点：用观察、比较的方法，获取太阳发光发热的证据。

### 教学过程

　　**一、导入新课**

　　1.请同学们观看《后羿射日》戏剧视频。

　　2.请同学们说一说，通过观看戏剧视频，你从中知道了太阳有什么特性？

　　【设计意图：直观的戏剧视频为学生提供探究话题，从而培养学生的科学素养，并运用科学知识解决实际生活中的问题。】

**二、新课学习**

（一）寻找太阳带给我们光和热的证据

1.教师提问：如何证明太阳带给我们光和热？

2.以生活经验举例，太阳可见时，空中光线充足明亮；太阳不可见时，天空是阴暗的乃至是黑暗的。用手去摸阳光下与阴影中的同一个物体，冷热是不一样的。例如，墙的光照面和阴暗面，用手触摸，感受到光面比较暖和，阴面比较冰冷。需要注意的是，不同物体在同一光照下，用手感受到的温度也是不同的。

3.讨论：列举上述证据时，需要注意什么？（注意渗透对比实验应控制变量，即阳光的有无）。

4.实验的证据：拿出两块同样大小的冰块，分别放在阳光下和阴影下，观察冰块的变化。

5.记录实验情况。发现：阳光下的冰块比阴影下同样大小的冰块融化得更快。

此处实验需要注意，两块冰块体积大小必须完全相同，阳光下和阴影下两处地方不要距离太远，以免不同的自然风会影响冰块的融化。

6.小结：太阳给我们带来了光和热。

【设计意图：设计实验，进而引出问题，设计实验方案，用观察、比较的方法分析实验结果，获取太阳发光发热的证据；用归纳总结的方法，梳理关于太阳发光发热的影响。培养学生们的观察能力和科学推理能力，激发学生学习科学的积极性和主动性。】

（二）了解太阳对动植物的影响

1.说一说：太阳发光发热对动植物的生存和生活产生了哪些影响？

2.举例。例如，晒太阳的蜥蜴、一直向阳的向日葵、晨起唱歌的小鸟、夜晚狩猎的猫头鹰。

3.请同学们将课前收集的资料和大家分享。

例如，向日葵的花面朝着太阳的方向移动着，这是植物对阳光作出的反应。夜晚狩猎的猫头鹰也是在夜间捕食还在活动的小动物。经过长期的进化，昼伏夜出是很多动物的习性等。

4.小结：动植物的生存和生活离不开太阳。

另外，随着人类城市化的发展，我们在夜间也点亮了许多灯，导致一些动植物无

（三）太阳和我们的生活

1.说一说：太阳发光发热，对我们人类的生产生活产生了哪些影响？

2.举例。例如，日出而耕的农夫和耕牛、太阳能热水器、海滩边晒太阳的人、盐田中收获的食盐。

太阳能热水器将太阳光能转化为电能供人类使用；农夫和牛晨起劳作是依靠太阳能发光；海滩边的人是为获取太阳的紫外线；盐田晒盐是通过太阳将盐田中的水分蒸发，留下结晶颗粒。

3.小结：太阳的光和热，对人类的生产和生活也有重要影响。

【设计意图：让学生掌握和运用科学知识和技能解决实际问题。】

**三、课堂延伸**

请同学们结合我校戏剧教育特色，设计戏剧科普剧《后羿射日以后的生活》。

板书设计

一、太阳 { 光

热

二、太阳对动植物的影响和对人类的作用

| 教学反思 |
| --- |

戏剧元素融入本节课教学主要想达到以下目标：

第一，戏剧元素与科学教学融合。

老师播放戏剧后羿射日视频，创设戏剧元素情境，学生在接受科学知识的同时，能够对科学知识有更深刻的了解，从而真正掌握科学知识。这种教学能够有效地将科学知识与实际生活结合起来，打破书本的束缚，让学生从现实生活中汲取科学知识，极大地提高了学生学习科学知识的兴趣。戏剧教育遵循的是生活教育理念，让学生树立起在玩中学、学中玩的理念。

第二，在科学课堂中创编科普戏剧。

结合科学课的教学内容，教师引导学生编排小小科普剧，将学生要研究解决的问题在科普剧中呈现出来，在创编科普剧时，教师要充分考虑小学阶段学生对现实生活的认知经验，进行巧妙设计，以提高学生的学习兴趣。学生在自己创编的科普剧中更能迸发出思维的火花。

# "设计美丽照片架"教学设计

## 唐 平

### 一、指导思想

劳技课教学以设计学习、操作学习为主要特征，应充分发挥学生的创作欲望，培养学生的创新精神。

### 二、理论依据

建构主义理论认为，学生学习过程是在教师创设的情境下，借助已有的知识和经验，主动探索，积极交流，从而建立新的认知结构的过程，它强调学习的主动性、实践性、创造性。

### 三、教学背景分析

教学内容分析：设计照片架是四年级第一学期第一单元纸工单元技术实践课。这一课主要是在引导学生搜集生活中的照片架资料，通过观察、分类，找到设计照片架的规律，结合照片的特点设计适合的、有自己风格的照片架。

学生情况分析：在教学中，注重让学生在具体的实践活动中进行学习、体验和创新。学生在参与实践活动的过程中，形成积极主动的学习态度，获得积极的劳动体验。鼓励学生以课前调查、课后实践、小组研究等多途径学习，提高学生的学习能力。

### 四、教学方法

主要采用启发式教学、体验实践式的学习方法。

### 五、教学目标

1.了解相框的基本组成部分，包括面框（内框和外框）、底框和支架。

2.合理设计相框，掌握镂空面框的方法，能根据相框的造型制作简易支架。

3.培养学生的创新意识和认真仔细的操作精神，养成讲卫生、重安全的好习惯。

### 六、教学重难点

教学重点：掌握"镂空"的基本技法制作相框，利用剪、贴技巧装饰相框。

教学难点：发挥想象，设计并制作与众不同的相框。

## 七、教学用具

剪刀、固体胶、彩色卡纸、照片、水彩笔。

## 八、教学流程示意图

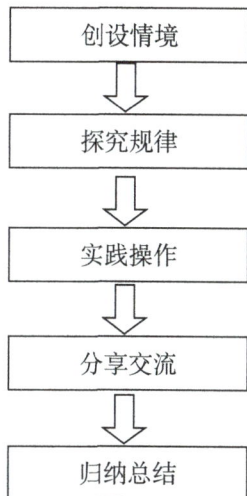

创设情境

↓

探究规律

↓

实践操作

↓

分享交流

↓

归纳总结

图2.10 教学流程示意图

## 九、教学过程

（一）欣赏对比

1.请同学们欣赏两张照片，说说自己更喜欢哪一张？

2.给照片配上相框的确让人感觉更温馨、更美观。出示老师制作的一个漂亮相框。

3.揭题：我们一起来学习制作一个漂亮的相框。（板书：漂亮的相框）

（二）探究制作过程

1.了解相框结构。

（1）学生猜，老师拆。

相框由哪几部分组成？老师拆开相框拿出照片，发现它由面框、底框和支架组成。

（2）认识内框、外框。

提问：请同学们仔细观察面框和底框，它们最大的区别在哪里？回答：面框中间是镂空。（板书：镂空）中间镂空的框，我们称之为内框（板贴：内框）。

2.学习镂空方法，突破技术难点。

（1）看书自学镂空方法。

制作相框，关键要把内框镂空。请同学们观察书本第5页中的步骤图，看看怎样做出镂空效果？你有什么办法可以方便安全地钻出小孔呢？

（2）视频欣赏镂空制作。

教师导入：我们一起来看看小助手是如何在一张纸片中间剪出一个长方形的？学

生观看视频示范步骤，教师讲解注意点：用剪刀的刀尖部位在要镂空的形状中心戳个小孔，为了安全方便，我们可以在镂空形状的中间稍微对折一下，用剪刀开个口，从开口处起刀，用刀口按逆时针方向沿弧线剪至形状的边沿，剪时要尽量保持线条光滑。

（3）学习重合剪。

仔细对比观察面框和底框的外形。它们的外形一模一样，因此可以两张纸重合在一起剪（板书：重合剪）。为了防止两张纸移位，剪时可以在一端用夹子固定，教师稍作示范。

3.设计内外形状。

（1）说创意。

制作一个美观的相框，不仅应掌握基本的操作技术，还要有合理的设计方案。同桌间可以交流一下想法。

设计灵感可以源于我们身边的事物，像电视机、小脚丫、动植物等都是可以仿照的事物。

（2）发现内外框与照片大小的关系。

比较两位小朋友设计的相框，请同学互相点评，并总结设计相框的内框和外框的方法。

4.粘贴相框。先把照片放在面框下的合适位置，不粘贴，拿掉面框，沿着照片边沿在底框上画出长方形，在长方形外的左、后、下三方分别贴上双面胶，再把面框重合到底框上，进行粘贴，相框基本完成（视频演示）

注意：（1）面框、底框要重合。

（2）三边固定是为留出一边插入相片。

5.支架的制作。

（1）学生演示。

照着书本的样子做一个简单的支架。请一位学生边做边说，调整支架各部分的长度和站立的角度，直到相框能站稳为止。

（2）展示多款支架。

支架还有很多种做法（展示图片），引导学生在制作过程中尝试。

（三）学生制作，教师巡视指导

1.实践内容：用彩色卡纸设计制作一个有创意的相框，并进行美化。

2.操作要求：裁剪平整，外形美观，粘贴牢固、整洁，内框大小合适。

使用工具需注意安全，清洁卫生，把握制作时间。

（四）展示评价

1.自评。学生上台展示作品，说说自己对作品最得意的地方。

2.互评。可设"最佳作品奖""最佳创意奖""最佳搭配奖""最佳色彩奖"。

3.互提建议。

（五）延伸拓展

漂亮的相框给我们留住了美好的时刻，给我们的生活带来无限温馨。今天我们学了

# 舞蹈课《洗衣机》

张婧媛

| 教学基本信息 | | | |
|---|---|---|---|
| 课题 | 舞蹈课《洗衣机》 | | |
| 学科 | 舞蹈 | 年级 | 二年级 |
| 教师姓名 | 张婧媛 | | |

| 戏剧元素融于学科教学有效性的思考 |
|---|
| 　　将戏剧元素融入舞蹈教学能够有效地帮助学生从不同角度、以多种形式感受肢体表现的乐趣，使学生更好地完成舞蹈教学目标，提高学生塑造形象、扮演角色的能力，促进学生利用肢体语言表达内心情感的能力，帮助学生感受舞蹈的快乐，提升艺术素养。 |

| 教学目标及重难点 |
|---|
| 教学重点：<br>捕捉衣服的不同状态，感受肢体表达的乐趣，养成热爱劳动的传统美德。<br>教学难点：<br>能够充分利用肢体进行表达与创造，尝试4人小组合作创编动作。 |

| 教学过程 |
|---|
| （一）观察感知　捕捉形象<br>1.童谣导入，形象捕捉。<br>（1）以童谣《在工厂》引入。<br>　　教师引导：在工厂劳动了一天，衣服被弄脏了，我们要把衣服洗干净，请你观察图片中的这些脏衣服都是怎样摆放的？<br>　　①叠整齐。<br>　　②团成一团。<br>　　③躺在椅背上。<br>　　④挂在衣架上。<br>（2）学生观察衣服摆放的不同形态。<br>2.引导学生利用肢体语言进行模仿和表现。<br>　　【设计意图：以童谣导入创设情境，通过观察衣服摆放的不同形态，引导学生用肢体进行模仿，初步感知肢体表达。】 |

（二）深入思考 创造表现

1.观察并模仿"放"的过程。

把自己想象成一件衣服，模仿表现以下这几种状态。

（1）轻拿轻放。

（2）扔进去，提示学生观察衣服是轻轻落下去的，没有声音，要控制自己的身体。

（3）远距离扔进去，有位置的移动，提示学生注意安全和位置的选择。

（4）飘落进去。

2.随音乐进行表现。

3.模仿泡泡。

加入洗衣液后会有很多小泡泡，请大家把自己想象成小泡泡，尝试用身体表现泡泡的变化。

（1）第一次加洗衣液，产生小泡泡。

（2）第二次加洗衣液，泡泡变大。

（3）第三次加入洗衣液，泡泡变最大。

要充分利用身体的各个部位，表现出泡泡从小到大的变化过程。

【设计意图：用肢体表现出从小泡泡到大泡泡的变化，尝试用肢体、表情等多方面呈现，调动感官与肢体共同表达。】

（三）小组合作 共同创编

1.模仿洗衣机转动的过程。

教师引导：洗衣机开始转动了，洗衣机里的四件衣服会随着洗衣桶转动，请大家想一想你们这四件衣服是怎么转动在一起的？你们四个人可以怎样表现呢？可以用到身体哪些部分？或者你们四个人有没有更好的想法？小组配合将衣服随水波转动的情景表现出来。

（1）听节奏，根据节奏进行动作编排。

（2）速度随水流变化而变化，根据速度变化进行动作调整。

2.随音乐进行表现。

3.衣服洗好，创编结束造型。

教师提示：衣服洗好了，干干净净的衣服可以怎样表现出来呢？你的衣服洗好以后是什么样的状态呢？

4.随音乐表现后半阶段。

【设计意图：四人共同创编，提升小组合作能力，感受共同创编的快乐。】

（五）完整表现 课堂小结

1.完整表演舞蹈。

2.课堂小结。

| 教学反思 |
| --- |
| 　　戏剧元素融入本节课教学主要想达到以下三个目标：<br>　　第一，激发学生学习兴趣，调动学生参与的热情。一开课，老师就让学生观察四件衣服的状态，并进行想象模仿，极大地激发了学生的兴趣，促进她们从生活实际中寻找舞蹈表现灵感，为舞蹈表现和创编奠定基础。<br>　　第二，戏剧元素融入为学生创设了学习情境，引导学生积极主动探索和想象。模拟场景对学生进行引导，指导学生观察生活、创编舞蹈造型等，让学生在感受、创造、想象等多元思维的基础上进行创造性表现，提高舞蹈学习兴趣，增强舞蹈表现信心。 |

# 花儿草儿真美丽

## 尹 航

| 教学基本信息 | | | |
|---|---|---|---|
| 课题 | 花儿草儿真美丽 | | |
| 学科 | 道德与法治 | 年级 | 一年级 |
| 教师姓名 | 尹航 | | |

| 戏剧元素融于学科教学有效性的思考 |
|---|
|     从课堂教学实际出发，设定学习目标，创设贴近学生生活的教学情境，小组合作开展角色扮演活动，通过真发现、真体验，解决生活中的实际问题，帮助学生形成正确的世界观、人生观、价值观，努力发展学生的核心素养。 |

| 教学目标及重难点 |
|---|
| 教学重点： <br>     1.引导学生用自己的方式去记录植物生命形态的美丽，知道植物也是有生命的，懂得爱护花草树木。 <br>     2.能够在与大自然的相处时保护自己。 <br> 教学难点： <br>     懂得欣赏大自然的美，学会与自然中的美好生命共同生长。 |

| 教学过程 |
|---|
|     教师导入：回顾课前作业。 <br>     上节课，老师发给每位同学三颗蚕豆种子。学生和爸爸、妈妈一起用水培的方式种植蚕豆，种下去以后请同学们每天细致地观察蚕豆宝宝的生长情况。 <br>     填写蚕豆宝宝成长记录表，并记录自己的心情变化。 <br>     【设计意图：让学生回顾开学初布置的作业，课前延伸引出后面环节。】 <br>     **活动一：蚕豆宝宝成长记** <br>     1.观看学生录制的小视频，提问学生的观后感。 |

2.观看蚕豆变化照片，分享感受。

3.引导学生思考：同学们每天给蚕豆宝宝换水，辛不辛苦呀？植物的生长需要我们细心地照料，那些勤劳的园丁付出的更多，我们应该保护这些小生命，尊重园丁的劳动成果。

4.播放儿歌向学生介绍我国二十四节气知识，引出谚语"春分早，谷雨迟，清明播种正当时"，告诉学生种植需要依照节气，符合自然规律才能让植物长得更加苗壮。

【设计意图：学生用自己的方式记录植物生命的成长，通过动手种植培养学生观察事物、正确表达自己心情的能力。】

**活动二：花草面前要小心**

1.提问：你从视频中看到了什么？

答：花美丽且种类多。

2.出示带刺有毒的植物。

提问：（1）面对这些带刺或者有毒的植物我们应该怎么做呢？

（2）虽然这些花很漂亮，老师也想走近去欣赏它们，但每当这个时候老师都会花粉过敏。

3.追问：同学们有没有什么好办法来帮帮老师呢？

答：戴口罩，吃对症药物。

【设计意图：在与自然的相处中，学会保护自己的方法。】

**活动三：爱护花和草**

教师导入：同学们自己养了蚕豆宝宝，美丽的花草、植物让我们变得心情愉悦，但老师最近在去公园的时候听到了植物们的对话，它们好像遇到了些小烦恼。

学生进行情景剧表演。

教师提问：同学们看完表演后有什么感受呢？请同学们小组讨论后分享。

【设计意图：引导学生懂得爱护花草树木，欣赏大自然的美，学会与自然中的美好生命共同生长。】

| 板书设计 |
| --- |
| 花儿 草儿 真美丽<br><br>生命　爱护 |

| 教学反思 |
| --- |
|     1.注重家校结合。设计种植植物环节，提前发给学生蚕豆种子和成长记录表，让学生家长帮助孩子用水培方式来种植蚕豆宝宝，并观察记录下蚕豆宝宝的变化及自己的心情，在动手实践的过程中，学生直观感受到植物是有生命的，并且植物的生长离不开人的辛苦照料，很好地引发学生的共鸣。<br>    2.结合校本课程，融入戏剧元素。通过小演员们的演绎，学生真切感受到花花草草也是有生命的，爱护花草树木是我们每个人的责任，在这一学习过程中，逐渐形成自己的道德意识和道德观念，增强法治观念，无形中提升学生的核心素养。<br>    3.设计唱歌环节，教师和小演员代表们一起带着同学们边唱歌边做舞蹈动作，把课堂气氛推入高潮，激发学生热爱大自然之情。 |

# 数学"怎样通知最快"

## 屈嘉童

| 教学基本信息 | | | |
| --- | --- | --- | --- |
| 课题 | 数学教学"怎样通知最快" | | |
| 学科 | 数学 | 年级 | 五年级 |
| 教师姓名 | 屈嘉童 | | |

| 戏剧元素融于学科教学有效性的思考 |
| --- |
| 　　戏剧元素融入数学教学，为学生创设了贴近学生生活实际的，能够调动学生积极参与的学习情境，激发学生学习兴趣，更好地突破本节课的教学重难点。 |

| 教学目标及重难点 |
| --- |
| 教学目标：<br>　　1.从多种方案中寻找打电话的最优方案。<br>　　2.经历设计、探究打电话最优方案的过程，通过画图、列表等方式，数形结合，发现事物隐含的规律，渗透优化思想。<br>　　3.感受优化思想在生活中的应用，培养学生应用数学思维解决问题的能力。<br>　　教学重点：从多种方案中寻找到打电话的最优方案。<br>　　教学难点：通过画图、列表等方式，数形结合，发现事物隐含的规律。 |

| 教学过程 |
| --- |
| （一）从生活游戏中发现问题<br>　　教师导入：同学们看过《最强大脑》吗？屈老师是这个节目的忠实观众，因为很多的挑战项目都蕴含着数学奥秘，如拓扑方阵、星有灵犀、空间秘境、四色定理、纵横海岛……今天老师也带来了一个挑战，背后也蕴含着数学奥秘。<br>　　游戏挑战：口耳相传。<br>　　游戏设定：戏剧社团赵老师有个紧急的通知要用打电话的方式传递给15名学生，注意每次必须一对一进行传递，每次传递用时1分钟。方案用时最短者胜出！<br>　　提示：要想挑战成功，我们需要注意什么呢？ |

【设计意图：通过游戏引导，学生发现其背后蕴含的数学问题。】

（二）多种形式，探究问题

1.个人探究，独立思考，各显其能。

（1）初步设计，个人汇报。

预设1：仅由老师向学生们一个个依次传递，用时15分钟。

预设2：同时传递，传递给第1名学生后，老师和学生一同传递给第2、3、4名学生……

（老师和学生配合，一同演绎方案帮助理解。）

追问：为什么这样设计？

过渡：看来，同时通知能节省时间，大家可以调整一下自己的方案，继续探究。

【设计意图：提出探究问题，学生先独立思考，自主设计方案，发散学生思维。展示的同时通知节省时间的方案，引发学生交流，互相启发思考，进而调整方案，继续探究。】

（2）启发思考，调整方案

预设1：采用分组的方案。（5，5，5），7分钟；

（3，3，3，3，3），7分钟；

（4，4，4，3），6分钟；

（6，5，4），6分钟；

（5，4，3，2，1），5分钟。

预设2：想办法每分钟让多个人同时传递。

预设3：最优方案，4分钟。

2.小组讨论，相互启发。

3.集体交流，明晰思路。

（1）对比说明，节省时间就要每分钟同时多人传递。

进一步思考：你是通过怎样的方案调整节省时间的？

（2）进一步缩短时间。

预设1：分组的方式之所以节省时间，是因为有多个人同时往下传递信息。

预设2：如果没有设计分组，还能如何调整进一步缩短时间？

再一次调整：每一分钟老师和更多的学生一起传递能节省时间。

（3）完善得出最优方案。

预设：老师和已知道通知的学生不间断地同时往下传递。

（4）板演最优方案图。

方块代表老师，小圆片代表学生，数字表示第几分钟。

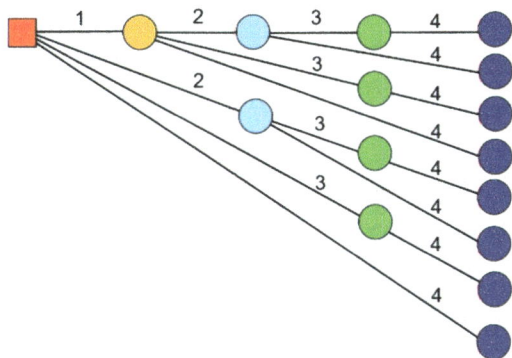

（三）深入发现，解决问题

升级挑战：口耳相传2.0——要通知给班级所有的学生呢？

引发思考：如何模拟？

利用表格梳理数据，解决通知全班的问题，同时引发学生对于范围的思考。

1.结合表格，发现规律。

|  | 第1分钟 | 第2分钟 | 第3分钟 | 第4分钟 | 第5分钟 | … |
|---|---|---|---|---|---|---|
| 知道的总人数 | 2 | 4 | 8 | 16 | 32 | … |
| 知道的学生总数 | 1 | 3 | 7 | 15 | 31 | … |

引发思考：仔细观察表中数据，有什么发现？

预设：知道通知的总人数变化为2、4、8、16，彼此存在着2倍的关系。所以第5分钟知道通知的一共有32人，第6分钟……

深入思考：第1分钟，得到通知总数2人；第2分钟，有4人；第3分钟，有8人……那第10分钟呢？第n分钟知道通知的总人数、知道通知的学生总数是？

小结：随着时间的推移，第n分钟得到通知的总人数是$2^n$人，第n分钟得到通知的学生人数是（$2^n-1$）人。

2.数形结合，深化理解。

观察如下点阵图和随着时间的推移知道通知的总人数的数据描点的分布情况，你有什么发现？

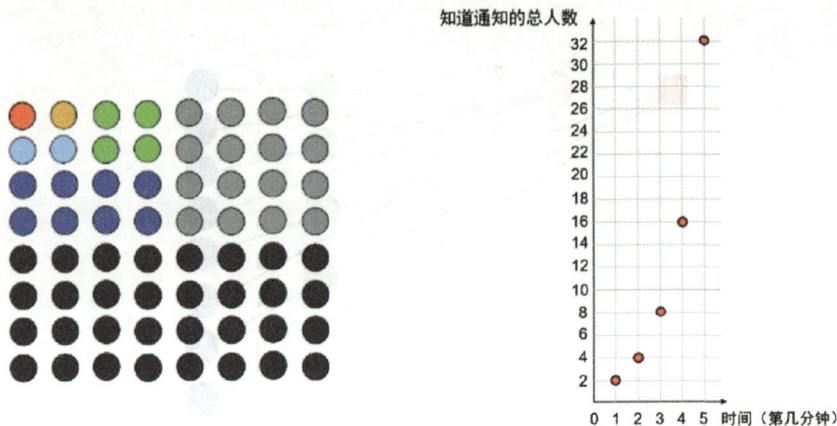

小结：随着时间的推移，知道通知的总人数急剧增加。

【设计意图：在实践活动中，给学生思考的时间、空间。从个人到小组再到集体，生生交流，实践探究，深入思考解决问题。"人人参与是优化。"同时通过数形结合的直观呈现，让学生在理解规律的同时，体会借助优化思想解决本节课问题的价值。】

（四）建立数学模型，梳理应用

1.应用经验，解决问题。

终极挑战：我们学校乐团前不久有个演出，但是集合前1小时乐团老师突然得到消息，集合地点有变，现在需要赶紧跟64名学生家长电话沟通具体位置和变更地点，每次打电话需1分钟，最快几分钟能通知完？

易错：6分钟打完，$2^6$=64（人）；

答案：需要7分钟打完。6分钟时学生知晓数为$2^6$=63（人），还得再需要1分钟。

2.引导学生，建立模型。

像这样的一类数学问题，我们称之为"打电话"问题。以后借助本节课的探究经验，学以致用，找到最省时方案解决。

3.回顾反思，系统梳理。

方法梳理：回顾这节课的探究过程，我们从生活的游戏中发现蕴藏的数学问题，在解决的过程中发现规律，进而借助规律解决更多的问题。

知识梳理：今天我们这节课研究的"打电话"问题，在大家的共同努力下，我们一步步缩短时间，找到最省时方案，正是借助数学上一个非常重要的思想——优化思想。想想我们之前还解决过的哪些问题借助到了优化思想？

【设计意图：知识梳理、方法梳理是对本节课知识和学习方法的反思和复习。】

4.拓展延伸，生活应用。

在我们生活的点点滴滴中，除了省时、省钱，还有很多借助优化思想服务于我们生活的设计。

比如，真空整理箱——节省空间；楼房、立体停车场——节省空间；立交桥——节省空间，缓解交通，优化行车路线……除了这些之外还有很多。

小结：希望同学们在今后的生活中善于发现生活中的数学问题，利用数学的眼光和知识帮助我们便利生活。

【设计意图：结合生活中的其他问题，帮助学生建立数学模型，同时易错题的出示，帮助学生更好地理解问题。感悟优化思想在生活中的作用，数学无处不在。】

## 板书设计

### 怎样通知最快

| 优化 | | 第1分钟 | 第2分钟 | 第3分钟 | 第4分钟 | 第5分钟 | … | 第n分钟 |
|---|---|---|---|---|---|---|---|---|
| | 知道的总人数 | 2 | 4 | 8 | 16 | 32 | … | $2^n$ |
| | 知道的学生总数 | 1 | 3 | 7 | 15 | 31 | … | $2^n-1$ |

同时

不空闲

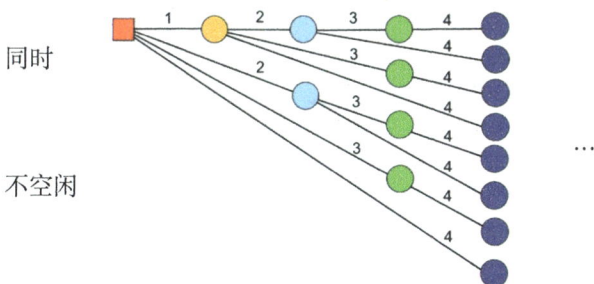

## 教学反思

"怎样通知最快"是一节综合实践活动课，本节课研究的是一个很有趣的数学问题，创设情境解决如何打电话才能尽快将通知传给15名学生。本节课的重点是让学生在解决问题中学习选择最优化的思想。

本节课将探究"怎样打电话最省时"的过程作了较大的铺陈，教学中有意让学生不断经历试误的过程，让每个学生基于自己的生活经验与认识设计不同的方案，于是，从方案一的"逐个通知"，到方案二的分组通知，最后逐步优化到"所有人不空闲"，让学生充分体会解决问题方法的多样性与优化的思想，教学中也加入了戏剧元素，让学生在亲身演绎的过程中更好地理解传递过程，激发学生的学习兴趣。

尽管在教学设计上花了很长时间，但是仍然需要改进，我应该更加大胆放手学生自己思考，只提出大问题，后续让学生自己总结。

# 数学戏剧实践课《加减混合》

## 刘 帆

| 教学基本信息 | | | |
|---|---|---|---|
| 课题 | 数学戏剧实践课《加减混合》 | | |
| 学科 | 数学 | 年级 | 一年级 |
| 教师姓名 | 北京光明小学　刘 帆 | | |

| 戏剧元素融于学科教学有效性的思考 |
|---|

　　《加减混合》一课教材例题和练习主要是通过连环画的形式呈现"在原来的基础上先增加后减少（或先减少后增加）"的变化过程，但很多学生容易出现如下图所示的错误。

　　由于图片是静止的，学生提取信息时很容易受其影响。为了突破这个难点，我将戏剧元素融入本节课的教学中，让学生按照不同场景进行表演，引导学生有顺序、完整地叙述问题，理解题意，在认真学、用心悟和真情演中实现思维的深加工。

| 教学目标及重难点 |
|---|

**教学重点：**
结合具体情境理解加减混合计算的意义，掌握加减混合的计算顺序并能够正确计算。

**教学难点：**
通过场景的设定和角色的扮演，帮助学生正确理解图意。观看表演后用画连环画和列算式的方式把题目的意思表示出来，在动作、图画、符号互译的过程中，实现思维的深加工。

通过学生自己创编类似的题目并表演，用加减混合算式解决生活中的一些简单实际问题，激发学生的应用意识和创新意识。

| 教学过程 |
| --- |

（一）游童话世界

1.这里有几只丑小鸭，如果你能够解决它们身上的算式，它们就会变成美丽的白天鹅。

4＋3＋3＝          5＋1＋3＝

9－5－2＝          10－3－7＝

引导学生用"先算…再算…"的语言说一说计算过程，再说出算式结果。

【设计意图：融入戏剧元素，引用学生熟知的"丑小鸭变天鹅"的童话故事，激发学生学习兴趣，巩固连加、连减算式的计算，夯实基础。】

（二）演天鹅短剧

1.池塘原有4只天鹅。

（1）先飞来3只天鹅。

（2）又飞走2只天鹅。

老师把刚才视频中动态的过程用一幅连续的图来表示，你能看懂这幅图的意思吗？请以小组为单位，分配好场景和人物，把这幅图的意思演给大家看。

（1）          （2）

2.学生现场表演。

场景1：原来有4只天鹅。　　场景2：先飞来3只天鹅。　　场景3：又飞走2只天鹅。

3.画图表示题目含义。

同学们的表演你看懂了吗？下面请你用自己的方式画一画，表示出这道题的意思，并把你的作品讲给同桌听。

学情预设：

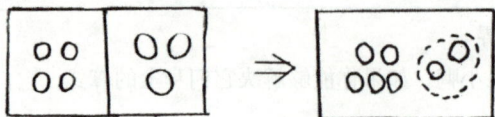

【设计意图：通过现场表演、画图、文字叙述等方式帮助学生正确理解图意。】

4.提出问题并解答。

（1）你能提出一个数学问题并解答吗？

预设学生提问：还剩几只天鹅？　　答案列式：4＋3－2＝

（2）怎样计算？

$4+3-2=5$　　先算4＋3＝7，再算7－2＝5

5.改编天鹅短剧。

出示算式：4－2＋3＝

（1）你能试着用这个算式再来编一个天鹅的故事表演给大家看吗？如果你觉得有困难，也可以自己先画一画。

湖面上有4只天鹅，先飞走了2只，又飞来了3只，还剩几只天鹅？

场景1：原来有4只天鹅。　场景2：先飞走2只天鹅。　场景3：又飞来3只天鹅。

学生画图：

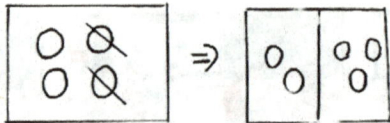

（2）怎样计算？

$4-2+3=5$　　先算4－2＝2，再算2＋3＝5

【设计意图：在动作、图画、符号互译的过程中，实现思维的深加工。】

（3）对比观察。

$4+3-2=5$

$4-2+3=5$

仔细观察这两个算式，和我们之前学习的连加、连减有什么不同？你有什么发现？

预设回答：第一个算式先加后减，第二个算式先减后加。但运算顺序都是从左往右依次计算。

（三）自创短剧展演

1. 以小组为单位，你们能编出用加减混合的算式解决的实际问题吗？其他同学列式解答。

（1）公交车原来有6人，下去3人，上来2人，现在车上有几人？

$6-3+2=5$（人）

（2）原来有4人在跳绳，来了2人，又走了3人，还剩几人？

$4+2-3=3$（人）

（3）荷叶上有5只青蛙，跳走了2只，跳来了1只，现在荷叶上有多少只青蛙？

$5-2+1=4$（只）

【设计意图：学生自己创编类似的题目并表演，用加减混合算式解决生活中的一些简单实际问题，激发学生的应用意识和创新意识。】

（四）反思与评价

观看了同学们的表演，你有什么感受？你认为他们的表演对你本节课的数学学习有什么帮助？

【设计意图：关注学生内心感受与情感体验，促进学生乐学善思、勇于探究、喜欢交流的品格养成。从学生角度对戏剧融入数学学科教学的效果进行评估，帮助教师及时调整教学。】

## 板书设计

加减混合

$$4 + 3 - 2 = 5 \qquad 4 - 2 + 3 = 5$$

$$\quad 7 \qquad\qquad\qquad 2$$

计算顺序：从左往右

## 教学反思

本节课通过"游童话世界""演天鹅短剧""自创短剧展演""反思与评价"四个环节，将戏剧元素融入到数学学科教学中，教学效果良好，主要体现在如下几个方面。

第一，将富有童趣的问题情境贯穿其中，激发学生的好奇心与求知欲。

学生答对一道口算题，丑小鸭就会变成美丽的白天鹅，让较为枯燥的口算练习变得生动有趣，激发了学生的兴趣和好奇心。接着学生扮演例题中的白天鹅，亲身体验天鹅飞来又飞走的动态过程，妙趣横生。随后增加难度，根据新的算式编一个天鹅的故事，探索加减混合算式的意义，激发了学生的求知欲和创造力。

第二，将戏剧表演融入提取信息环节，帮助学生突破难点。

戏剧元素渗透到数学教学中，不仅是为了激发学生的学习兴趣，更是为了帮助学生解决问题。本节课在例题的学习中设计了场景一（天鹅在水中嬉戏）、场景二（接着飞来了一些天鹅）、场景三（又飞走了一些天鹅），学生通过分角色表演，正确理解例题情境图中所表达的含义，突破了难点，提高了学习效率。

第三，将学习的主动权交给学生，通过创编短剧培养学生的迁移和创新能力。

创编短剧的环节，学生创作与表演热情高涨，创设了很多新的情境，例如，公交车上下车问题、跳绳游戏中人员变化问题、荷叶上青蛙跳走又跳来问题，激发了学生的创新意识。帮助同学迁移所学知识解决新情境下的数学问题，在利用加减混合算式解决这些实际问题的过程中，可逐步找到解决问题的策略和方法。

# 数学戏剧实践课《认识图形（一）》

高羽惠

| 教学基本信息 | | | |
|---|---|---|---|
| 课题 | 数学戏剧实践课《认识图形（一）》 | | |
| 学科 | 数学 | 年级 | 一年级 |
| 教师姓名 | 高羽惠 | | |
| 戏剧元素融于学科教学有效性的思考 | | | |
| 　　戏剧化的数学教学活动，不仅丰富了学生们的数学知识，更增进了他们之间的交流与互动。在这种新颖的教学方式下，学生和老师、学生与学生之间的关系更加紧密，同时也提高了他们对数学的兴趣和热爱。通过戏剧化的教学，学生们在轻松愉快的氛围中学习数学，不仅提升了他们的数学能力，还培养了他们的想象力和创造力。 | | | |
| 教学目标及重难点 | | | |
| 教学目标：<br>　　1.在分类、观察、动手操作等活动中，形成对长方体、正方体、圆柱体和球的直观认识，初步认识这些立体图形的特点，并知道它们的名称。<br>　　2.能正确识别生活中的长方体、正方体、圆柱体和球。<br>　　3.培养观察、表达和归纳能力，初步建立空间观念。<br>教学重点：<br>　　认识四种基本的立体图形，认识长方体、正方体、圆柱体、球，知道它们的名称。<br>教学难点：<br>　　认识这些立体图形的特点，在生活中逐步抽象、辨认出基本的立体图形，形成一定的感性认识。 | | | |
| 教学过程 | | | |
| **一、情境导入**<br>　　图形王国发生了一起面包丢失案，需要小侦探去找出小偷，同学们能不能帮助三角形爷爷抓住小偷?我们要通过侦探挑战才能成为一名合格的侦探，大家一起去看看吧! | | | |

二、探究新课

(一)分一分

师：第一关是宝物分类，老师把这些物品都带到了教室，你能把形状相同的物品放在一起吗？（先思考再举手，学生上台动手分一分，教师展示结果。）

你们同意他的分法吗？你为什么要这么分呢？

师：那我们一起来认识一下他们吧！和粉笔盒形状一样的物体在数学中叫做长方体，和魔方形状一样的物体在数学中叫做正方体，和芦荟胶盒形状一样的物体在数学中叫做圆柱体，和乒乓球形状一样的物体叫做球。（学生跟读：长方体、正方体、圆柱体、球。）

(二)认一认

(1)认识长方体。

师：请同学们从学具袋中拿出长方体，看一看，摸一摸，滚一滚，然后和同桌说一说它长什么样，摸起来有什么感觉？

生：长长方方的，有六个平平的面，相对面相同，有尖尖的角，放在桌子上不易滚动，它能够平稳地站在桌面上。

(2)认识正方体。

师：请同学们把长方体放回学具袋中，拿正方体出来，看一看，摸一摸，滚一滚。和你的同桌说一说吧！

生：方方正正，有六个平平的面，六个面都一样。有尖尖的角，不易滚动，它能够平稳地站在桌面上。

(3)比较长方体、正方体的相同点和不同点。

师：相同点有什么？

生：长方体和正方体长得很像，都有六面是方方的，有六个平平的面，有尖尖的角，它们能够平稳地站在桌面上。

师：不同点有什么？

生：长方体是长长方方的，正方体是正正方方的，长方体相对面相同，正方体所有面相同。

易错题判断：它究竟是长方体还是正方体呢？

(4)认识圆柱体。

师：请同学们从学具袋中拿出圆柱体，看一看，摸一摸，滚一滚，然后和同桌说一说它长什么样，摸起来有什么感觉。

生：上下一样粗，两头有平平的面，横放可以滚动，竖放不能滚动球。

(5)认识球体。

师：请同学们从学具袋中拿出球体，看一看，摸一摸，滚一滚，然后和同桌说一说它长什么样，摸起来有什么感觉。

生：圆鼓鼓，没有平平的面，能任意滚动。

(6) 小结。

长方体：长长方方的，有平平的面，尖尖的角，相对的面一个样。

正方体：四四方方的，有平平的面，尖尖的角，六个面一个样。

圆柱：直直的，上下一样粗细，两头是圆形，平平的。

球：圆圆鼓鼓的。

### 三、面包丢失案

师：看来同学们已经具备了一定的图形知识，那我们一起去帮助三角形爷爷找小偷吧，三角形爷爷的面包店被小偷光顾了，三角形爷爷只目击到了小偷的一个面。当天有四位顾客到了面包店。

师：是哪四位顾客呢？我们一起看一看。

师：四位顾客中有一位是小偷。那到底谁是小偷呢？我们来听一听三角形爷爷是怎么说的。他只记得好像看到了一个尖尖的角，你现在觉得谁是小偷？谁不可能？说说你的理由。

生：不可能是圆柱和球，他们都没有角。

师：你的推理非常棒，很有可能图形王国会请你当小侦探呢！根据你们的推断，正方体有嫌疑，长方体也有嫌疑，三角形爷爷仔细想了想，原来他看到的是一个正正方方的面，你们现在觉得谁是小偷？

生：正方体。

师：爷爷也疑惑了。他仔细想了想，不对不对，应该是一个长方形的面，现在你觉得是谁偷了面包呢？

生：罪犯就是长方体。

师：可是长方体关进来以后对三角形爷爷说，你弄错了，我没有偷。三角形爷爷努力回想当时发生的情况，说又发现了一些线索，好像有圆圆的面从我眼前一晃而过，那面包店的小偷会是谁呢？

生：球。

师：那我们就把球关到牢房里去吧，可是球也委屈地哭了起来。这时，三角形爷爷一口咬定，说真的看到了一个圆圆的面在我眼前一晃而过，各位小侦探，你现在能不能根据三角形爷爷的线索，把真的小偷抓起来？我们一起来梳理一下，有正方形或长方形面的会是谁呢？还有一个圆圆的面从他眼前一晃向过，有同学说到了圆柱，圆柱哪有圆圆的面啊？如果有圆面的话，只有可能是圆柱了。虽然小球也有圆圆的面，但是它没有方形的面，那到底谁是小偷呢？

生：圆柱。

师：同学们真是太了不起了，找到了真正的小偷，圆柱，从他的正前面是一个长方形，从他的上面看过去是圆面。同学们太棒了，帮图形王国破解了面包失踪案，你们真是群厉害的小侦探。

**四、课堂小结**

师：恭喜同学们成功破案！老师给大家准备了神秘礼物，我准备带大家去旅游，一起去看看这个世界，好不好？（播放课件）

师：上面这些建筑中都有数学图形，这些建筑美不美呀？我们的数学图形美不美呀？只要我们留心观察，就会发现数学来源于生活，生活中处处有数学，我们的数学图形让这个世界变得更加漂亮，丰富多彩！

| 板书设计 |
| --- |

长方体　　　　　正方　　　　　体　　　　　球

| 教学反思 |
| --- |

本节课为学生提供了充分的观察、操作、讨论的机会，通过看一看、摸一摸、想一想、说一说，让学生充分表达自己的见解，在实际操作中加深对各种物体特征的理解。

在巩固练习环节，学生扮演小侦探，利用几何知识进行推理，帮助三角形爷爷破案。通过角色扮演，学生们不仅可以增加对数学概念的理解，还可以培养他们的逻辑思维和推理能力。

# 数学戏剧实践课《数据收集与整理》

戴一铭

| 教学基本信息 | | | |
|---|---|---|---|
| 课题 | 数学戏剧实践课《数据收集与整理》 | | |
| 学科 | 数学 | 年级 | 二年级 |
| 教师姓名 | 戴一铭 | | |

### 戏剧元素融于学科教学有效性的思考

将数学教学与教育戏剧的元素相融合，不光能够调动学生积极参与，激发学生的学习主动性，通过情景的演绎、角色的扮演将数学知识融于戏剧之中，让学生自主探究知识。在跨学科与实践的基础上，让学生感悟到数学与生活息息相关，以数学的眼光发现生活中的数学问题，并能用数学的语言描述自己的发现，进一步促进学生数学核心素养的发展。

### 教学目标及重难点

教学目标：

1.经历简单数据收集与整理的过程，初步了解统计表。

2.通过对数据进行简单分析，初步体会用数据说话，体会统计对决策、预测的作用。

3.体验统计的过程，积累统计经验，培养数据意识。

教学重点：体验统计全过程，初步掌握数据收集和整理的方法，认识统计表。

教学难点：借助统计表中的数据，做出科学判断，培养用数据说话的习惯，提高数据意识。

### 教学过程

**一、情境导入**

（教师穿上学校食堂师傅的服装，头上戴着厨师帽，进入教室。）

1.创设情境。

师：为实现绿色、环保，学校发出了"光盘行动"的倡议。为了减少食物浪费的情况，现在我想用最快的速度知道全班每位同学喜欢吃什么蔬菜，根据同学们的选择购入蔬菜数量。（课件出示：西红柿、土豆、青菜、西兰花四种蔬菜。）

师：现在需要选出我们班最爱吃的一种蔬菜，你们想选哪种？

师：大家的选择各不相同，怎样才能选出全班最喜欢的？

生：投票。

2.理清统计思路。

师：谁来说说具体怎么投票？

生：举手、起立、写选票……

师：投完票之后还需要做什么呢？

生：根据投票统计的结果，选择喜欢哪种蔬菜的人数最多，就多购入哪种蔬菜。

【设计意图：创设生活情境，教师的扮演提高学生参与活动的积极性，让学生在真实情境中解决现实问题，体会数据收集和整理的必要性。】

二、经历统计全过程

1.收集数据。

全班同学参与。每位学生从四种蔬菜中选择一种，将所选择蔬菜对应的卡片贴在黑板上。

2.整理数据。

师：我发现黑板上的卡片有点乱，同学们有什么好的建议？

生：按照蔬菜分类，把卡片摆整齐。

（请学生上台将卡片分类整理。）

师：将卡片分类整理、摆整齐，有什么好处？

生：一眼能够看清楚每种蔬菜选择的人数。

3.分析数据。

将投票的结果填入统计表中。用数学语言表达统计表中的内容。通过分析，做出选择。

| 西红柿 | 土豆 | 青菜 | 西兰花 |
|---|---|---|---|
| 18 | 7 | 11 | 9 |

师：根据同学们的选择，你发现了什么？（小组讨论）

生：（1）我发现选择西红柿的有18人，选择土豆的有7人，选择青菜的有11人，选择西兰花的9人。

（2）我发现选择西红柿的人最多，选择土豆的人最少。

师：如果你是食堂师傅，会选择多购入哪种蔬菜？少购入哪种？

生：班中同学选择西红柿的人最多，选择土豆的人最少。如果我是食堂师傅，我会选择多购入西红柿，少购入土豆。

师：从统计表中你还有什么新发现？

生：能算出全班有多少人。将分别选择四种蔬菜的人数相加，就能算出全班一共有多少人。

18+11+7+9＝45（人）

【设计意图：教师全程扮演食堂师傅，在学生的帮助下做出选择。在学生真实的故事情境中，经历"收集数据——整理数据——分析数据"全过程。在认识统计表的基础上，培养数据意识，让学生学会用数据说话。】

### 三、巩固提高

1.用数据说话。

师：你刚刚选择的是哪种蔬菜？

生：我选择的是西兰花。

师：现在你是食堂大师傅，你选择多购入哪种？

生：西红柿。

师：为什么不是你最喜欢的西兰花？

生：因为我是食堂师傅，不应该根据自己的喜好来进行选择。班中选择最多的是西红柿，所以应该多购入西红柿。

2.将收集的数据数量扩大化。

师：谁还有不同的意见？你会和刚刚那位同学多购入西红柿、少购入土豆的选择一样吗？（小组讨论）

生：食堂师傅是为全校学生服务的。如果只根据一个班的学生的喜好做出选择，收集的数据过少，需要收集全校学生的喜好之后再进行选择。

师：你真是一名优秀的厨师，思考得真全面，课下老师把厨师帽奖励给你。

（出示全校学生关于四种蔬菜的喜好表。）

| 西红柿 | 土豆 | 青菜 | 西兰花 |
| --- | --- | --- | --- |
| 420 | 561 | 237 | 182 |

师：现在我请全班同学都来争当食堂大师傅。根据以上统计表你有什么发现？

生：（1）我发现选择西红柿的有420人，选择土豆的有561人，选择青菜的有237人，选择西兰花的有182人。

（2）我发现选择土豆的最多，选择西兰花的最少。

师：哪位食堂师傅有了自己的选择？

生：我会选择多购入土豆，少购入西兰花。

师：为什么和刚刚的选择不一样？

生：因为收集到的数据不一样了。刚刚是全班的，现在是全校的。依据全校的更加准确。

师：数据是真实的，我们每个人都可以是一个数据的来源。数据是会变化的，会根据调查的对象不同而发生变化。读懂数据蕴含的信息，能帮我们更好地做决策。

四、归纳总结

学生分享本节课收获。

1.数据收集整理的步骤：收集数据—整理数据—分析数据。

2.收集数据注意全班参与，每人只能选择一个。

3.整理数据是为了让数据更加清晰明确，便于统计数量。

能够根据统计表中的数据，给出合理建议。

| 板书设计 |
|---|

数据收集与整理

收集数据　　　　整理数据　　　　分析数据

18　　　7　　　11　　　9

西红柿　土豆　青菜　西兰花

二（1）最喜欢蔬菜调查表

| 西红柿 | 土豆 | 青菜 | 西兰花 |
|---|---|---|---|
| 18 | 7 | 11 | 9 |

| 教学反思 |
|---|

（1）将戏剧带入课堂，可以激发学生的学习兴趣。学生通过情景演绎、角色扮演等教育戏剧方式，更能够主动参与到课堂教学中。在激发学生主动积极参与课堂活动的基础上，提高学习兴趣，增强课堂活力。

（2）将戏剧带入课堂，能够创设更加真实的生活情况，将数学概念与生活经验结合，使学生在课堂上的体验感增加，并且在自主探究的过程中更容易认识和理解数学概念。

（3）将戏剧带入课堂，能够提高学生的数学核心素养。融入教育戏剧的数学教学的重心就由"教师教"转向了"学生学"，学生可以在学习过程中自主发现问题，再通过团队合作运用原有的知识和经验去解决问题。

# 数学戏剧实践课《小猫盖房子》

### 韩 旭

| 教学基本信息 | | | |
|---|---|---|---|
| 课题 | 数学戏剧实践课《小猫盖房子》 | | |
| 学科 | 数学 | 年级 | 一年级 |
| 教师姓名 | 韩旭 | | |
| 戏剧元素融于学科教学有效性的思考 | | | |

本课属于人教版一年级上册数学中的综合与实践内容，每位同学扮成小猫，通过游戏的方式搭建房子，戏剧元素的融入为学生创设了贴近生活实际的情境，让学生体验运用所学的知识和方法解决简单问题的过程，充分调动学生学习的积极性，激发数学的学习兴趣。

| 教学目标及重难点 |
|---|

教学目标：

1.通过经历"小猫盖房子"游戏活动的全过程，学生初步感受到做事情要遵守规则的重要性。

2.在"盖房子"的过程中，使学生学会调用以前的知识、经验解决生活中常见的问题，感受数学与生活的联系，培养合作意识和交流能力。

3.感受梳理知识的重要性，体会归纳整理知识的好处。

4.初步培养学生的审题意识和倾听习惯。

教学重点与难点：能够把所学的知识进行归纳梳理，并利用这些知识解决问题。

| 教学过程 |
|---|

（一）激情引趣，揭示主题

同学们，今天我们要一起玩《小猫盖房子》的游戏，你们期待吗？每位同学都将扮演成小猫运用自己所学的知识来盖房子。

【设计意图：利用问题引领式学习，引发学生的思考，揭示本课的主题，激发学生的兴趣。】

（二）读懂规则，示范游戏

播放游戏规则动画：四人为一组答题，先抽取号码卡片，然后按照1—4的顺序开始抽题。1号同学先抽题，把答案填写出来，然后其他三位同学进行判断。如果回答正确，那么1号同学就能得到这块题板；如果回答错误，赶快帮助他改正。

【设计意图】由于学生的年龄小，识字量不大，如果将规则用文字表示，教师讲解不适合一年级的孩子，所以我们将游戏规则用动画讲解的形式呈现，并简单进行示范，使学生明确："有序"、为其他同学评价、答对或错采取的方法等重要的信息。

四个人答完题后可以把题板贴在黑板上，搭建美丽的房子！

（三）开始游戏，交流合作

学生分组进行游戏，教师要巡视分组完成情况，要着重观察每组在游戏过程中遇到的困难，为接下来梳理知识点作准备。

（四）梳理知识，拓展延伸

师：在同学们的努力下，我们已经建造出美丽的房子，现在老师做小记者采访采访小猫们啦！

1.你们在游戏过程中遇到哪些解决有困难的题？

（1）数袜子：找成功解决的小组做小老师，上前数袜子。

先解决问题中的"双"的含义，教师再跟着学生边数边在ppt上圈画出每一双袜子。（引导学生按照颜色顺序数袜子，培养有序思考的习惯。）

引导小结：这道题是我们学过的什么知识？（数数——把花瓣数一数贴在黑板上）还有哪些题用到了数数的知识？指一指。

（2）星期二到星期四放假，一共放了几天假？

引导：具体哪天放假？星期二、星期三呢？星期四呢？数一数放了几天？

2.你觉得哪道题最有意思？

引导归纳知识点：这道题是我们学过的什么知识？还有哪些题用到了这一知识？指一指。

3.在游戏过程中，你们走出教室去干了什么呢？

答：我们去做题啦！我们去大教室门口数小动物去了！……

小结：这就是利用我们学过的知识解决生活中的问题。

提问：这节课你有哪些收获？

【设计意图】老师扮演记者，采访学生的游戏感受，主要目的是对本节课的知识进行梳理，让学生把学过的知识形成一个体系，帮助学生在问答交流中进行归纳，完成小花图。】

| 教学反思 |
| --- |

1.结合一年级学生的年龄特点，将本课与戏剧元素进行融合，让学生扮演成小猫，在游戏中感受规则的重要性。老师当记者，采访学生的游戏感受，学生在游戏过程中全身心地参与到课堂活动之中，促进了学生学习的主动性。在这个游戏的过程中，老师帮助学生梳理归纳繁杂的数学知识，把学过的知识形成一个体系，完成小花图，促进学生有效学习。

2.采用问题引领式学习的理念，学生亲身经历提出问题、分析问题、解决问题的过程，学生先提出问题：①数学游戏是什么？②要怎样盖房子？引发学生的思考，激发学生的兴趣。在理解规则的同时运用所学的知识解决了"怎样盖房子"的问题，最后搭建出了美丽的房子，在这个过程中有效地培养了学生梳理与归纳知识的能力。

3.学生合作学习，培养学会尊重与学会倾听的好习惯。在小组交流、合作探索的过程中，学生体验到的不仅仅是对知识的感知，更是同学之间情感的交流、思维火花的碰撞。

# 戏剧元素融入"搭配-排列"问题

王 禄

| 教学基本信息 | | | |
| --- | --- | --- | --- |
| 课题 | 戏剧元素融入"搭配-排列"问题 | | |
| 学科 | 数学 | 年级 | 四年级 |
| 教师姓名 | 王禄 | | |
| 戏剧元素融于学科教学有效性的思考 | | | |
| 戏剧元素融入数学教学能帮助学生理解教学难点，提升学生对数学的兴趣，搭设了学科实践与跨学科实践的平台，让学生更喜欢数学，培养学生核心素养，促进学生全面发展。 | | | |
| 教学目标及重难点 | | | |
| 教学重点：<br>学会用固定、交换两种方法解决排列的问题。<br>教学难点：<br>经历探索解决身边排列问题的过程，提升有序思考和全面思考问题的意识和能力。<br>初步感受排列的思考方法，能够灵活运用知识和方法解决排列问题。 | | | |
| 教学过程 | | | |

**一、情境导入，激发兴趣**

师：王老师在假期去玩了一个密室逃脱游戏，第一关是"一个含有钥匙的宝箱，这个宝箱的密码是由1、2两个数字组成的两位数，猜一猜它的密码可能是多少？"

学生独立思考，很快就找出了答案，可能是12或21。

师：这个宝箱只有一次输入密码的机会，接下来老师看到了提示，"密码是一个大于20的数"。那么，这个宝箱的密码是什么呢？

密码是21。

师：恭喜同学们顺利地帮助王老师找到了第一把钥匙，但是想要离开密室，还需要打开剩下两个宝箱，找到钥匙才能完成游戏，各位同学想不想帮助王老师通关密室呢？

【设计意图：通过真实有挑战的情境，提升学生对本节课的兴趣，让学生初步感知搭配。】

**二、实践操作，探究新知**

（一）活动1：打开蓝色宝箱找钥匙

师：蓝色宝箱上有一张纸条，上面说"这个宝箱的密码是由1、2、3三个数字组成的两位数，每个两位数的十位数和个位数不能一样，能组成几个两位数？""十位数和个位数不能一样"是什么意思？

信息1：宝箱密码是一个两位数。

信息2：宝箱由1、2、3这三个数字组成。

师：那宝箱密码可以是11、22或33吗？

生：不可以，宝箱上这两位数不能一样，11、22、33这几个数的个位和十位上的数字都相同。

学生理解题意后，教师提出具体、详细的小组活动要求：

1.两人一组，一人负责组数，一人负责记录。

2.看看哪一个小组能找全所有的"钥匙"。

请学生上台分享，并请台下的同学进行补充。

生1：我们组的数字是12、13、21、23、31、32。十位是1的时候可以组成12和13，1的组合齐了再把2放在十位上，组成21、23。最后再把3放在十位上组成31、32。所以1、2、3可以组成6个两位数。

预设2：我们组的数字和他们一样，但是思考顺序不一样，是12、21、13、31、23、32。先用数字1和数字2组合换一下两个数的位置，组成12和21，再用1和3组合，组成13和31，最后用2和3组合组成32、23，所以1、2、3可以组成6个数字。

师：两组同学的介绍很清楚，各位同学听明白他们的想法了吗？

第一组同学通过固定一个数位上的数字，改变另一个数位上的数字，从而组成不同的数字，这种方法因为需要固定一个数字，我们称之为"固定法"。除了可以固定十位，还可以固定个位。

第二组同学选择了两个不同的数字，通过交换数字的位置，从而组成不同的数字，这种方法因为需要交换数字位置，我们称之为"交换法"。

师：同学们找到的这两种方法都特别棒！那这两种方法有什么相同？有什么不同？

生1：不同点是，第二种方法先找出一种排列的顺序，然后交换。第一种方法是把十位或者个位固定住不变，然后再去搭配另一个。

生2：相同点是两种方法都是按照顺序思考的，都不重不漏地找全了所有的情况。

师：非常棒！同学们帮王老师找到了所有的排列方法，"这个密码是所有数中最大的"，谁知道密码是什么？

生：31。

师：通过刚才的学习，我们认识了固定法和交换法，那么你能用实际行动来演示一下什么是交换法，什么是固定法吗？

生：交换法相当于两个同学站在一起交换了一下位置，形成了不同的顺序，这样的交换可以进行3次，每次两种排列顺序，所以有六种排列方法。

生：固定法就是一个同学不动，另外两个同学分别和这位同学组合，固定的同学可以是第一位、第二位，还可以是第三位，每种固定有两种排列顺序，所以有六种排列方法。

师：同学们演示得生动形象，相信各位同学已经学会了什么是交换法，什么是固定法，那现在带着这两种方法继续帮老师打开最后一个宝箱吧！

【设计意图：应用合作交流、共同探究的学习模式，生生互动，使学生在合作中学会知识，体验学习的乐趣，演示中，学生更加了解两种方法，加深印象。】

（二）活动2：打开黄色宝箱找钥匙

师：前两个宝箱的密码，同学们都轻松破解了，这第三个宝箱的问题加大了难度，这次是"用1、2、3组成不同的三位数，且每个数位上的数字不一样，这个三位数是什么"。

师：各位同学通过这张小纸条知道了什么？

生1：宝箱密码是一个三位数。

生2：宝箱由1、2、3这三个数字组成。

生3：每个数位上的数字都是不一样的。

学生理解题意后，教师提出具体、详细的小组活动要求：

1.三人一组，两人负责组数，一人负责记录。

2.看看哪一个小组能找全所有的可能。

请学生上台分享，请台下的同学进行补充。

生：可以先把百位固定为1，交换十位和个位上的数组成123和132。

师：非常好，这位同学将两种方法综合运用了一下，固定了百位上数字的位置，交换数字十位和个位上的位置，从而组出两个不同的数字。那接下来剩下的数该如何排列呢？

生：把2固定在百位上，交换十位上和个位上的数，组成213和231。

生：把3固定在百位上，交换十位上和个位上的数，组成312和321。

师：看样子同学们已经掌握了两种方法的使用，当我们要用三位数组成不同排列顺序的三位数的时候，我们可以固定一个数位交换另外两个数位上的数。从而组成两个不同的数，然后把另外一个数固定交换其他数，最后一共有六种排列方法。那么怎样才能做到不重不漏呢？

生：一定要按照一定顺序有规律地进行排列。

师：现在王老师有个小问题，组成的这六个数最大是多少，最小是多少呢？"密码的百位是2，这三个数组成了最大的三位数"，你知道密码是多少吗？

生：最大是321，最小是123，密码是231。

师：太棒了，同学们帮助王老师顺利打开了最后的宝箱。

【设计意图：运用所学的两种方法解决新的问题，帮助学生再次巩固排列的方法与思路，培养学生合作交流意识与有序思考问题的能力，这部分知识是本节课的难点，通过学生演示再次巩固两种方法，能更深刻地理解两种方法的含义。】

活动3：拍照排列

师：通过各位同学的努力，王老师找齐了三把钥匙，成功地完成了密室逃脱，为了感谢同学们的帮助，王老师选了这节课积极发言、认真思考的三名同学，上台进行合照，那现在王老师又遇到问题了，王老师想拍出他们三个顺序不重样的照片，这三位同学有多少种排列方法呢？先请三位同学上台。

师：王老师还有一个小疑惑，三位同学的名字太长了，王老师不想把每个人的名字都写很多遍，有没有什么更快更简洁的方法？

生：可以用符号代替，可以用字母代替，可以用数字代替。

师：非常棒，用这些符号代替会更加方便，王老师选择用字母代替。三位同学分别代表字母a、b、c。那各位同学思考一下，三位同学可以怎样排列顺序？

第一种方法可以让a同学固定不动，b、c同学交换位置，分别是abc和acb。

第二种方法可以让b同学固定不动，a、c同学交换位置，从而产生baa和bca。

第三种方法可以让c同学固定不动，a、b同学交换位置，从而产生cab和cba。

师：一共有六种排列方案，现在王老师根据刚才的六种方法进行排序，依次拍照。

### 三、巩固练习

完成数学书习题"做一做，为城区上颜色"。

师：如果没有不同颜色的彩笔可以用其他形式表示，注意在书中标注一下每个符号表示什么颜色。

【设计意图：提升训练，进行变式练习，把学习的知识应用在生活实际当中，感受数学与生活息息相关，再次帮助学生巩固排列的方法与思路，培养学生合作交流意识与有序思考问题的能力。】

### 四、课堂小结，畅谈收获

师：其实在我们的生活中有很多搭配顺序问题，相信各位同学通过今天的活动也有很大的收获，请几位同学来说一说通过这节课你学会了哪些新知识？

| 板书设计 |
|---|

| 123　组成一个两位数 | | 123　组成一个三位数 |
|---|---|---|
| 固定法 | 交换法 | 固定法＋交换法 |
| 12 | 12 | 固定数字1 |
| 13 | 21 | 123　　132 |
| 21 | 13 | 固定数字2 |
| 23 | 31 | 213　　231 |
| 31 | 23 | 固定数字3 |
| | | 312　　21 |

按照一定顺序有规律地进行排列

| 教学反思 |
|---|

第一，激发学生的学习兴趣，调动学生参与的热情。

课前通过一个现实的游戏情景提高学生的积极性，展示在游戏中遇到的问题，请学生帮老师解决问题，激发学生的兴趣。

第二，戏剧元素融入帮助学生学习新知识。

通过戏剧元素的融入，学生能够充分地理解交换法和固定法的定义，以戏剧的形式演绎出来，从而加深学生对知识的理解，攻破教学难点。

# 数学课"排队问题"

### 张 洁

| 教学基本信息 | | | |
| --- | --- | --- | --- |
| 课题 | 数学课"排队问题" | | |
| 学科 | 数学 | 年级 | 一年级 |
| 教师姓名 | 张洁 | | |

| 戏剧元素融于学科教学有效性的思考 |
| --- |
| 　　学生的认知发展是有规律的，学生对知识的掌握，以及情感、态度与价值观的塑造要在具体情境与实践中自然孕育。在教学中通过数学学科与戏剧元素的融合，更能激发出学生的学习兴趣，同时促进学生对学科知识的理解与思想情感的发展，提高教育教学效果，多方面发展学生。 |

| 教学目标及重难点 |
| --- |
| 　　教学重点：学会求两数之间数的个数。初步体验解决问题方法的多样性。<br>　　教学难点：通过活动，理解"之间"的含义。 |

| 教学过程 |
| --- |
| **一、激趣引入**<br>　　师：从小到大数一数数学王国里的数。<br>　　（1）从1数到9。<br>　　（2）从10数到15。<br>　　师：新学期，高年级的哥哥姐姐们画了很多数学小报用来布置展板，同学们正在欣赏。对比这两个场景，你有什么想说的？（播放学生表演视频："整齐欣赏"和"拥挤围观"）<br>　　生：如果同学们能整齐地排好队去看，每个人都能不拥挤地看到展板。<br>　　出示课题：你们说得特别对，我们要做文明欣赏的好孩子！其实这里还有一个和排队有关的问题呢。今天，我们就一起来解决排队中的数学问题。<br>　　【设计意图：通过视频的播放吸引学生的学习兴趣，同时培养学生的规则意识。】 |

**二、探究新知**

1.收集信息，发现问题。

师：学校组织同学们去动物园参观，小朋友们正要排队进入熊猫馆。请你仔细观察，从图中你知道了什么？

生：小丽排第10个，小宇排第15个。

师：小丽和小宇之间有几个人呢？我们一起来研究一下！

2.小组合作，探索问题。

学习建议：

(1) 用你喜欢的方法进行探究，可以写一写、数一数，还可以摆一摆、画一画。

(2) 把你的想法与同桌进行分享。

3.交流方法，解决问题。

(1) 摆一摆。

方法1：用小圆片摆出所有人，再数出小丽和小宇之间的人数。（随学生回答在黑板贴图。）

师：小丽和小宇之间是哪几个人？包括小丽吗？包括小宇吗？一共几人？

方法2：只摆出从小丽后到小宇前的人。

师：为什么不摆出其他人？

生：其他人不在小丽和小宇之间，所以可以不摆。

师：这两种摆法，你更喜欢哪一种？

生：第二种，更加简单方便。

(2) 画一画。

方法1：用圆圈和序号表示排队的人，把小丽和小宇之间的人打√。（学生画在黑板上。）

方法2：用三角表示小丽和小宇，用圆圈表示其他人，只保留三角之间的圆圈，其余打×。

师：你看出图上表示的是什么意思了吗？

(3) 列算式。

方法1：15-10=5（人）　　5-1=4（人）

方法2：15-9=6（人）　　6-2=4（人）

表演验证：我们请几位小助手分别来扮演小丽、小宇和其他排队的人，根据同学的算式演一演。（学生表演，教师板书。）

师：10表示什么含义？1呢？为什么要减去它们？

生：10表示从第1个排队的同学一直到小丽，一共有10个人，1表示小宇。因为他们不是小丽和小宇之间的人，所以要减去。

师：9和2又表示什么含义？

生：9表示排在小丽之前的9个同学，2表示小丽和小宇两个人。

师小结：同学们探究出了这么多种方法，真了不起，你对哪种方法印象最深刻？为什么？

通过画图，我们既可以理解题目意思，也可以清楚地数或算出两个同学之间的人数。在解决类似问题时，我们可以画一画帮助思考。

【设计意图：通过不同的思路与策略解决问题，使学生深化对数的大小和数序的理解，初步体验解决问题方法的多样性。同时将要解决的问题在生活情境中演绎，有助于学生理解"之间"的含义和抽象的数量关系。】

**三、练习巩固**

师：小朋友们，参观下面的图片，这里面又存在什么数学问题呢？

1.教材"做一做"。

做一做

东东和玲玲之间有几人？

我排第4，该我滑了。

玲玲

东东

我排第8。

2.教材习题。

今天我从第10页读到了第14页，明天该从第15页读了。

他今天读了几页？

师：从题中你知道了什么？怎样解答？

**四、课后活动**

你能在生活中找一找这样的问题吗？

板书设计

小丽 1 2 3 4 小宇

1 2 3 4 5 6 7 8 9 10 11 12 13 14 15

小　　　　　　　　小

丽　　　　　　　　宇

1 2 3 4

15－10＝5（人）　　5－1＝4（人）

15－9＝6（人）　　6－2＝4（人）

教学反思

戏剧元素融入本课教学主要想达到以下目标：

第一，激发学生学习兴趣，适时渗透规则意识。

开课伊始，通过播放学生表演的校园生活视频，引出本课的学习内容。由于是发生在自己身边的事，学生会更加关注并产生对本课的学习兴趣。同时教师在组织学生进行场景对比和交流中，自然地渗透规则意识。

第二，抽象知识，具象理解。

在学生用列算式的方法求小丽和小宇之间的人数时，配合学生讲解算式，同学们模拟排队场景，理解算式中每一个数所对应的含义。将数学融入表演中，调动了学生参与的积极性，在每一步实践的过程中，学生逐步加深了对抽象知识的理解。

# 第三章　戏剧做红线 学科巧相连

# 戏剧做红线，学科巧相连

## ——《七颗钻石》跨学科主题实践课程实施与评价方案

### 课程设计者：吕秋影

#### 一、主题

《七颗钻石》跨学科主题实践课程实施与评价方案。

#### 二、设计意图

戏剧作为一项综合艺术，显现了它超强的集体性和无限的多功能，戏剧教育实践过程，是一个真实任务驱动的过程，它提供了一个真实的情境——排演剧目；它形成了一个各学科整合资源的载体——剧目。每一个演出的剧目，就是一个真实的任务，是学科联动的纽带。它把与剧目完成相关的老师组织在一起，形成课程共同体。他们来自不同学科背景，有共同的目标——完成作品，有不同任务；有个人特长发挥，更有团队磨合共赢。这样的一个动态学习型组织，就是学科联动的研究型团队。

以排演课本剧《七颗钻石》为核心，根据学生学习需求，组建学科联动团队，师生共同构建多学科融合综合实践课程，从而促进教师课程意识与专业素养不断提升，改善教师教学行为，给课程注入了活力，为学生提供一种集体验、创造、娱乐、教育于一体的全身心、多感官齐参与的戏剧式体验学习方式，促进学生综合素养的整体提升。

#### 三、课程目标

1.培养学生有效表达与交流的能力，提高学生的阅读与写作能力，发展学生的语言素养。

2.过程中引导学生深入感悟广博无私的爱是可以创造奇迹的，使学生懂得爱父母，爱动物，爱所有生命，培养心中有爱的学生。

3.开展综合性学习，在学习过程中培养独立学习、合作学习的能力，鼓励批判与创新，发展学生的学习与创新素养。

4.关注学习过程中的生成，进一步挖掘课程资源，推进课程的深入开展。

#### 四、内容设计

《语文课程标准》在课程基本理念中明确提出：语文是实践性很强的课程，应着重培养学生的语文实践能力，而培养这种能力的主要途径也应是语文实践。着重强调在实践中学语文、用语文。同时还指出要努力建设开放而有创新活力的语文课程。要努力拓宽语文学习和运用的领域，注重跨学科的学习和现代科技手段的运用，使学生在不同内容和方法的相互交叉、渗透和整合中开阔视野，提高学习效率，初步养成现代社会所需要的语文素养。纵观其他学科课程标准，也都涉及了综合实践领域以及跨学科融合的问题。最新颁布的北京市课程计划也提出"各学科平均应有不低于10%的学时用于开设学科实践"的要求，对各个学校的教学改革都提出了新的要求，引领学校重新思考和构建课程框架。这10%该如何落实，剩下的90%的三级课程又该如何高效实施呢？

带着这样的思考，我们再一次重新审视我校的戏剧综合实践课程，发现它很好地落实了10%的学科实践，巧妙地促使各学科相互融合，实现了10%+90%＞100%的课程目标。以课本剧为核心，多学科融合综合实践课程以培养学生的核心素养为课程目标，通过主题实践学习，不断丰富、深化课程内涵，提升课程质量，促进学生的全面发展。

（一）确定研究主题

每学期学校各年级都会基于学校戏剧教育这条主线，以学生为主体，师生共同确定本年级的课程主题。学校认为综合实践不是漫无边际地选择教学内容，而是要以教材为圆心，边使用、边开发、边拓展。新学期伊始，各年级师生共同研读教材，根据学生的年龄特点、兴趣爱好，选择一个主题作为本学期戏剧综合实践课程的研究内容。上学期，在前期调研中，三年级教师发现学生对《七颗钻石》这篇课文特别感兴趣，被故事内容深深地打动了，特别愿意演一演。于是，三年级确定开设以《七颗钻石》为载体的多学科融合综合实践课程。

（二）自选学习内容

学生围绕《七颗钻石》这一学习主题自选学习内容，有的学生要学习生动地讲故事，将这个故事带给身边的每一个伙伴；有的学生要将这么美好的故事改编为剧本，搬上舞台进行表演；有的学生想要为故事绘制手绘本；有的学生酷爱音乐，要为故事配上动听的乐曲；有的学生要为这个舞台剧设计舞蹈动作；更有的学生要将这个国外的故事用中国传统皮影戏的形式演绎……

（三）组建课程团队

三年级组长根据学生的学习需求，向相关学科教师发布征集令，组建学科联动团队。于是，语文老师要交给学生如何讲故事、改编剧本；音乐老师要指导学生在赏析中外名曲的过程中针对作品做出选择；美术老师和语文老师一起指导学生完成手绘本；劳技老师和学生们一起做皮影、演皮影……除了满足孩子们的学习要求，老师们还为每一位学生建立了成长档案册，引导孩子们记录参与课程过程中的点滴收获与体会，各学科教师共同努力为学生搭建全身心参与的综合实践平台（见图3.1）。

图3.1 《七颗钻石》教师组建团队

（四）形成课程方案

各学科教师则根据学生的学习需求及自己所教授学科的特点，和学生一起研讨、设计学习计划，最后由年级组长即本课程负责人制定课程方案，完成主题课程第一阶段的研发（见图3.2），内容包括《经典童话》《改编剧本》《音乐欣赏与选编》《舞蹈》《认识材质　了解价值》等。在课程实施过程中根据学生新的学习需求还会继续生发新的课程，完成主题课程第二阶段的研发，包括《民族皮影》《中英文电子宣传》等。两个阶段的课程研发，共同形成一个完整的主题课程，从而实现一个主题，全面开花。各学科教师不再各顾各地思考如何开展综合实践活动，而是都围着学生转，围着同一研究学习的主题共同展开教育教学活动。

**《七颗钻石》主题课程表**

| 联动学科 | 生发课程 | 呈现形式 | 课时安排 |
|---|---|---|---|
| 语文学科 | 《宣传策划课程》 | 宣传海报 | 语文 2课时 |
| 语文学科 美术学科 | 《经典童话课程》 | 经典童话 手绘本 | 美术 2课时 |
| | | 讲童话 演童话 | 330 4课时 |
| 数学学科 | 《认识材料 了解价值》 | 数学趣味小报 | 330 1课时 |
| 语文、英语 美术、信息技术 | 《中英文电子宣传课》 | 中英文宣传海报 中英文电子宣传手册 | 英语 2课时 330 3课时 |
| 音乐学科 形体学科 | 《音乐剧》 | 《七颗钻石》 歌舞剧 | 音乐 2课时 330 6课时 |
| 校本学科 | 《皮影戏》 | 《七颗钻石》 皮影戏 | 330 4课时 |

图3.2 《七颗钻石》主题课程课表

**五、课程实施过程**

依据课程实施方案，各学科教师则根据学生的学习需求及自己所教授学科的特点，和学生一起开展学习活动，当学生遇到困难时再引导、帮助学生完成自己的学习计划。下面通过五个课例，具体介绍课程实施过程。

（一）经典童话课

1.课例简介

《七颗钻石》是俄国作家列夫·托尔斯泰写的一篇童话故事，经过查找资料，我们发现列夫·托尔斯泰还创作了多篇童话，这激发了学生读故事、讲故事的热情，同时也是学生学习的拓展延伸点，于是研发了经典童话课。经典童话课由语文学科教师和美术学科教师共同帮助学生完成。语文学科教师引导学生读童话、讲童话，最终要实现由一篇带多篇的阅读，使学生都了解列夫·托尔斯泰的童话作品。美术学科老师基于学生的学习需求，引导学生以手绘本的形式表现自己最喜欢的童话故事。

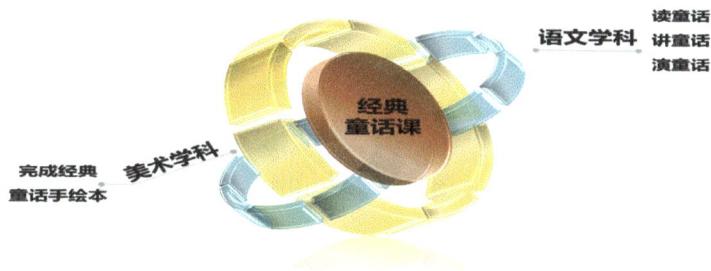

图3.3　跨学科设计结构图

2.实施过程

（1）广泛阅读，走进童话世界。

（2）锦囊妙计，助力学生讲故事。

学生从自己阅读的多篇童话故事中选择一篇最喜欢的，练习讲一讲。老师以派送小锦囊的方式，帮助在讲故事中遇到困难的学生。教师设计精致的琅琊阁，里面放置小锦囊，锦囊中藏有讲故事小妙招。学生在练习过程中，遇到了困难，找到老师讲明需求，老师会根据学生的学习需求，派送相应的小锦囊，帮助学生具体、生动、绘声绘色地把故事讲好。

锦囊妙计之讲清楚："讲故事五个要素，何时、何地、何人、何事、何故，每一个故事，都应该包括这五项内容，才算表达清楚。'何时'的表述要注意开门见山，引起听众注意，'何地'的表述要尽快进入场景，'何事'的表述应注意具体化，描述细节化。"

锦囊妙计之再创造：在把故事讲清楚的基础上，我们还要对故事所表达的内容进行再加工再创造，充分发挥自己的想象力，融入自己的理解。

锦囊妙计之塑角色：读故事时就要认真揣摩角色性格，在确定角色性格之后，就要选择适当的声音来表现，也就是声音的"造型"。故事中的人物在年龄、性别、身份、性格等方面各不相同，讲述故事时要把他们区分开来。例如，小孩说话声音高而细，语速较快；老人说话声音低而粗，语速较缓；另外，还可以使用一些特殊的声音，如用又粗又涩的声音扮演鸭爸爸，用恶狠狠的腔调演绎大灰狼，用尖细做作的嗓音塑造狐狸，用阴郁沉闷的怪声表现老巫婆，等等。这样，一个个活生生、有个性、有魅力的声音形象就出现了，这些声音会把听故事的人带入多彩的童话世界。

(3) 搭设平台，展示交流。

(4) 绘制绘本，展现魅力童话（见图3.4）。

图3.4　绘本示例

3.课例反思

基于学生的兴趣爱好及学习需求，语文学科教师与美术学科教师一起，共同陪伴孩子畅游童话王国。两位老师分别引导学生通过讲故事和绘制绘本的形式与自己喜爱的童话故事亲密接触，极大地激发了学生学习的热情，唤起了阅读兴趣，培养了讲故事的能力、绘画能力、合作能力、审美及鉴赏能力，促进学生综合素养的整体提升。

(二) 改编剧本课

1.课例简介

学生想把《七颗钻石》这个生动、感人的童话故事，排演成课本剧搬上舞台。那么，首先就要把课文改编成剧本。虽然戏剧教育是我校的特色教育，剧本对我校学生来说并不陌生，但三年级学生独立完成剧本改编还是非常困难的，所以由师生共同完成剧本改编，在过程中培养学生的习作能力及合作能力。

2.实施过程

(1) 剧本知多少？

要想把课文改编成剧本，首先学生要对剧本这种文体有充分的了解。于是，学生通过查阅相关资料，广泛阅读一些传统及经典剧本，提炼剧本基本要素，发现剧本基本格式，了解剧本相关知识。

(2) 剧本知识大比拼。

在班中开展擂台赛，进行剧本知识大比拼，以赛促学，帮助学生走进剧本，准确把握剧本这种文体的特点。

（3）创作剧本，初体验。

学生根据剧本基本格式，梳理《七颗钻石》课文内容，提炼基本要素，完成剧本基本框架。

（4）合作探究，共创造。

在初步完成剧本基本框架的基础上，根据故事的起因、经过、高潮、结果，把剧本正文分成四幕，课上以一幕为例，进行重点讲解，引导学生共同改编，从而感悟方法。然后，其他部分由各组学生分别认领，小组合作探究，自主创造，完成改编。最后，各组交流分享，把这四幕组合在一起，形成完整剧本。过程中，教师根据各组学生遇到的困难及学习需求相机指导。

（5）尝试排演，过程中不断完善剧本。

3.课例反思

根据学生的学习需求，引导学生把课文改编成剧本，不是为改编而改编，而是通过这种形式，很好地为学生提供在实践中学语文的平台。促使学生在感兴趣的改编剧本的语文实践活动中，提高学生的阅读理解及写作能力，提高学生的语文综合素养。

（三）民族皮影课

1.课例简介

我校与皮影戏结缘源于学生的突发奇想，在我们排演《七颗钻石》这个美丽而又神奇的童话故事的过程中，孩子们有了奇思妙想：如果用皮影来演绎故事中神奇的部分，那该多有意思呀！为了满足孩子们的学习需求，帮助孩子们实现这个美好的愿望，我们因需开设了民族皮影戏课程，普及皮影知识，引导孩子亲身体验皮影从制作到表演的全过程，孩子们兴趣盎然，参与其中，收获颇丰（见图3.5）。

2.实施过程

（1）探访皮影艺术团，与皮影戏亲密接触。

（2）走进皮影课堂，亲身体验制作皮影。

（3）尝试操纵皮影，感悟皮影操作方法

（4）小组合作，动手练习操纵皮影。

图3.5 学生体验皮影表演

3.课例反思

我们与皮影戏结缘，完全是缘于学生的奇思妙想，孩子们说没想到我们的想法一出现就得到了老师的关注，专门为我们开发了皮影戏课程，成立了多彩少年皮影剧社，我们的兴趣爱好及学习需求得到了极大的满足！因需开设课程，学什么、怎么学，由教师、学生共同研究决定，促使学生在主动积极地参与、体验中有所收获、有所成长，使课程落地生根。

（四）音乐欣赏与选编课

1.课例简介

很多学生酷爱音乐，要为《七颗钻石》这个动人的故事配上动听的乐曲，于是生发了音乐欣赏与选编课程。音乐学科教师与学生共同研讨学习计划，他们希望将小歌和简单的舞蹈动作，通过巧妙的编排，融入到剧目当中，再与皮影进行整合，最终形成一部皮影舞台剧，过程中培养学生对音乐的鉴赏能力以及创造力。

2.实施过程

（1）置身音乐世界，根据剧情需要，选择适合曲目。

（2）撰写推荐函，推荐自己选定的曲目。

（3）音乐风云榜，投票选出最佳曲目。

（4）基于剧情以及乐曲风格，编排舞蹈动作（见图3.6）。

图3.6　学生排演舞蹈动作

3.课例反思

本课通过学生喜闻乐见的形式撰写推荐函、音乐风云榜等，引领学生自由自在地走进音乐的殿堂，为学生提供了广阔的思维空间，促使学生的鉴赏力、创造力、表达能力全面提升。

（五）中英文宣传策划课

1.课例简介

在全体师生的共同努力下，《七颗钻石》皮影舞台剧终于打造成功了，孩子们迫不及待地把它搬上舞台，展示给大家。当然，孩子们更希望这部剧目能够得到更广泛的关注，邀请更多的老师、同学、家长共同来观看。于是，中英文宣传策划课程应运而生了。

在这门课的学习中，孩子们充分发挥自己的想象力和创造力，自主设计中英文宣传海报，美术、语文、英语学科教师分别针对学生过程中遇到的困难进行指导（见图3.7）。

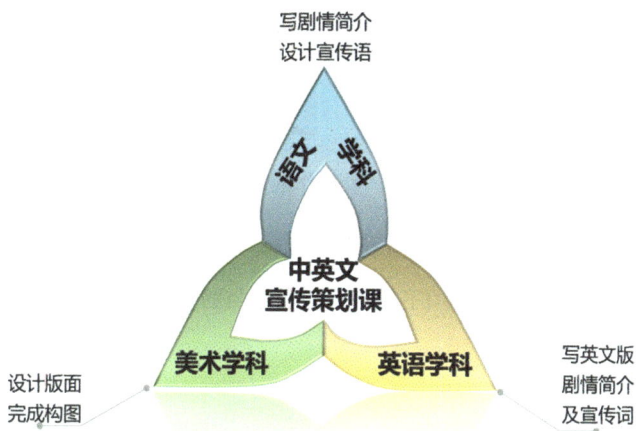

图3.7　学科教学示意图

2.实施过程

（1）我眼中的海报

广泛浏览各种海报，总结海报的基本构成。学生发现一张宣传海报主要包含两部分内容：一部分是宣传文字，另一部分是宣传画。

（2）我心中的海报

学生分别从不同角度挖掘《七颗钻石》这部剧目最吸引人的地方，然后进行合理构思，完成初步设计。有的学生认为这个故事的内容最吸引人，那么他就会重点描述剧情；有的学生认为故事中水罐一系列的变化最神奇，那么他就会在水罐的变化上做文章，还有的学生认为这部剧目皮影戏的表现形式是最大的亮点，那么他就会针对这一特点进行宣传……然后再配上相应的绘画，文字与绘画交相辉映，在学生的脑海中形成一张张精美的宣传海报（见图3.8）。

（3）我手中的海报

在合理构思的基础上，学生认真绘制宣传海报，从语言的表现形式上，学生可以根据自己的兴趣爱好和特长选择中文宣传词或英文宣传词。过程中老师会从版面设计，合理构图、锤炼语言等方面有针对性地对学生进行指导。

（4）我口中的海报

开展"我是剧目宣传员"活动，孩子们借助海报，落落大方地向老师、同学、家长、客人等介绍我们即将演出的剧目，热情要求大家来观看，培养学生的交际能力。

图3.8 学生制作的宣传海报

3.课例反思

一门课程，一项任务，却调动了每一个孩子参与的热情，多位老师共同研究，多元智能综合发展。

## 六、课程评价

形成性评价：课程实施过程中为每一个孩子建立成长档案册，档案册中留有孩子参与的照片，孩子写下参与的感受与收获，记录孩子的自我评价，以及教师、家长和学习伙伴对他的评价，从而帮助孩子记录成长的过程（见图3.9）。

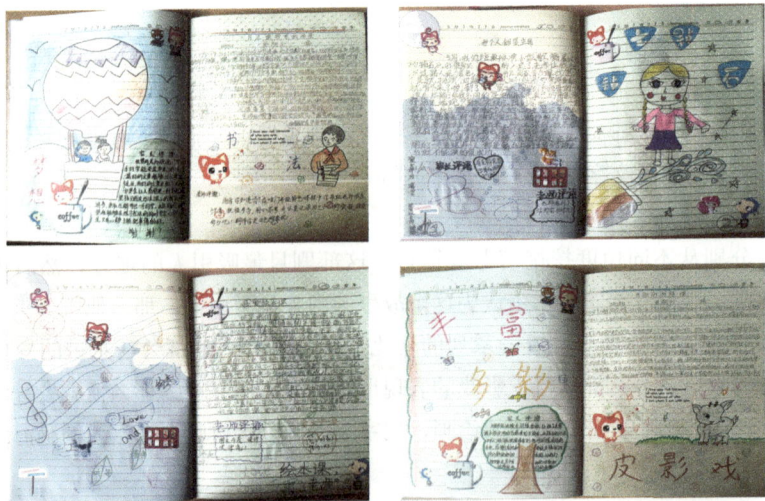

图3.9 学生成长档案册

展示性评价：学期中召开课程中期汇报会，学期末召开课程总结会，邀请学生、教师、家长以及关注我们发展的社会人士共同参加。会上展出学生的阶段性作品、中英文海报作品、童话故事手绘本，播放孩子们制作的电子宣传片，演出皮影舞台剧《七颗钻石》，分享学生参与过程中的独特感受，为每一个孩子搭设展示的舞台，彰显个性，展现独特的自我。

# 一年级跨学科主题实践课程实施与方案

课程设计者：高羽惠　刘　帆

### 一、课程主题

和美民族娃 欢喜迎新年（人教版数学一年级上册教学）。

### 二、核心内容简介

展示活动以"和美民族娃 欢喜迎新年"为主题，设计了内容丰富而充实的考察内容，分为"开福袋""贴窗花""年夜饭""看春晚""放鞭炮"五个版块，灵活以时间、图形、位置、20以内的加减法、简单推理等知识提出问题、发现问题、解决问题。在关注学生年龄特点的前提下，对学生进行学业考察，关注学生知识的掌握情况和数学素养的水平，使学生在快乐的氛围中巩固知识，提高能力，查漏补缺。

### 三、课程育人目标

（1）通过"开福袋"活动，让学生在抽奖箱中摸出指定的立体图形，并将图形上的祝福语送给同伴，调动学生良好的情绪。

（2）通过"贴窗花"活动，让学生在提取信息、分析解答的过程中解决简单的数学实际问题，并且和好朋友互相交换自己剪的窗花，促进同伴交往。

（3）在"年夜饭"活动中，学生通过角色扮演，在戏剧审美的空间里开展情境式立体学习过程，促进学生的语言表达。

（4）在"看春晚"活动中，学生通过拨表盘，用手势表示分针和时针的活动，应用钟表模型解决生活中的实际问题，培养学生的思维能力和动作协调能力。

（5）在"放鞭炮"活动中，学生手中拿着道具，口算上面的算式，给予学生看得见、摸得着的体验，增强学生的学习兴趣。

### 四、情境安排

将戏剧元素融入"和美民族娃 欢喜迎新年"的主题活动中，受到春节的传统习俗的启发，设置了"开福袋""贴窗花""年夜饭""看春晚""放鞭炮"等五个场景，学生在活动过程中运用表演、对话、动作表征等方式解决问题。以学生观察、思考、表达的能力作为展示活动考察的内容，融入戏剧情感体验的评价。

情境一：第一关"开福袋"——认识图形

情境二：第二关"贴窗花"——解决问题（二选一作答）。

情景三：第三关"年夜饭"——位置。

情境四：第四关"看春晚"——认识时间。

情境五：第五关"放鞭炮"——20以内加、减法。

## 五、课程实施安排

（一）课表

（二）课程实施过程

情境体验课程

1.课程简介

春节是我国的传统节日。本课程旨在将一年级数学学习与春节文化相结合，通过富有节日特色的数学活动，让学生在欢乐的氛围中提高数学能力，增强对传统文化的认识。

2.实施过程

情境一：第一关"开福袋"——认识图形。

同学们，新的一年就要到了，经过这一学期的学习，你们认识了很多图形宝宝，它们就藏在老师的大福袋里，我们一起来闯关找一找它们吧！摸出的立体图形上面会有一句祝福语，请你把它送你的好朋友，共同分享你的喜悦。

任务内容（见图3.10）：

1.摸出一个福袋里的立体图形，并说出它的名称。

2.摸出指定的立体图形。

（抽到祝福后将祝福送给你的好伙伴）

图3.10　第一关任务

情境二：第二关"贴窗花"——解决问题（二选一作答）。

过年时，家家户户都会贴窗花，象征着人们对新一年美好生活的期待。咱们的教室里也有很多窗花，请你用数学的眼光看一看它们（见图3.11）。

任务内容：

1.学生从剪窗花的过程中找出数学信息、提出数学问题，并列式解答。

2.学生从窗花中找出数学信息、提出数学问题，并列式解答。

3.解决问题后，请你和好朋友互相交换自己剪的窗花，增进彼此之间的友谊。

图3.11 第二关问题

情景三：第三关"年夜饭"——位置

大年三十要吃年夜饭，寓意着阖家团圆。看！我们面前也有很多美味佳肴，快来和小伙伴们分享你最喜欢的一道菜吧！

任务内容：一个人扮演客人，一个人扮演服务员，客人选择这里面最喜欢吃的菜，并用"前""后""左""右"等方位词向服务员描述它的位置，让服务员一下就猜出它又不直接说出它的名字，再交换身份再次体验（见图3.12）。

图3.12 第三关任务

情境四：第四关"看春晚"——认识时间。

全家一起看春晚，让我们在欢声笑语中共同迎接新年的到来，为新的一年注入美好的祝愿和期待。

任务内容（见图3.13）：

1.春节联欢晚会从晚上8时开始，你能用手中的钟表表示出这一时刻吗？

2.马上就要跨年了，旁边的钟表快到几时了？（用手势模拟演示从快到整时的过程，跟随着欢快的节奏一起跨年）。

图3.13　第四关任务

情境五：第五关"放鞭炮"——20以内加、减法。

到了同学们最喜欢的放鞭炮环节了。这里面可藏着秘密呢！需要通关密语才能放响它，看看谁的本领大。

任务内容（见图3.14）：

1.说一说13和20数的组成，正确、快速计算每节鞭炮上的算式。

2.说一说9+3=、7+8=的计算过程。

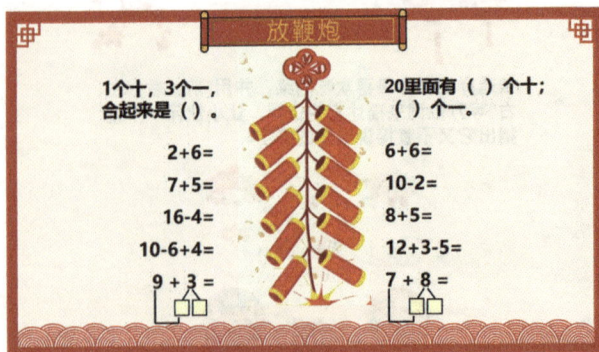

图3.14　第五关问题

3.教学反思：基于中国春节的传统文化、学生的兴趣和学习需求，让学生在故事情境中解决问题、完成任务。数学教师与戏剧教师共同搭建出一个个春节场景，使学生身临其境，感受到浓浓的节日氛围，在巩固数学知识的同时，进一步了解春节的习俗，提高学生的表达能力、合作能力及逻辑思维能力，促使学生综合素养的整体提升。

### 六、评价指标

| 评价要素 | 分值 | 得分 |
|---|---|---|
| 1.知识层面：能够运用本学期的知识解决现实生活中的实际问题。 | ⭐ | 一颗星1分；二颗星2分；三颗星3分。 |
| 2.素养层面：结合戏剧元素，评价学生的语言表达能力、动手操作能力、人际交往能力。 | ⭐ | |
| 3.情感态度层面：感受到数学活动的乐趣，建立自信心，体现出在社会角色中的责任心。 | ⭐ | |

### 七、评价方式

评价方法：分项评价（一个活动对立一个评价结果）。

表现优秀可得三颗星；表现达成课程标准要求的可得两颗星；表现不理想的可得一颗星。

# 和美民族娃　欢喜迎新年

## 课程设计者：孙晨一　李传樾

**1.课程简介**

一年级学生在期末以学业展示的方式进行测评。将传统的试卷检测、分数评定改变为场景体验、团队合作、游戏闯关的形式。对于学生而言，他们不再有畏难情绪，在面对人生"第一次大考"这个紧张的环节时，学生从内心忐忑转变为充满期待，这样做更能激发学生乐学、善学的学习态度。对于老师而言，学业展示的设计既要涵盖全册书的知识点，又要考查学生解决问题、思维发展、合作学习的综合能力。

**2.实施过程**

（1）I can guess.

在设置的春节过年情境中，家家户户挂红灯，迎新年。学生们在社区举办的迎新春活动中，热情参与，第一个是"猜灯谜"活动，学生从高高的红灯笼里取下字条，考查学生对整体认读单词的掌握程度。

示例，学生摘取字条，老师念谜面：Your family sleep in it.You live in it.学生听懂谜面，大胆猜出词汇，如果猜不出来，则自己认读该单词house。

（2）I can say.

学生体验完猜灯谜活动后，挑战"赶年兽"活动。年兽看起来凶凶的，学生一个人的力量无法驱赶，需要小组合作完成。学生2—3人为一组，一起完成年兽出的考题，顺利完成的小组可战胜年兽。

示例，老师扮演年兽，用低沉又凶猛的嗓音，指着备好的课文对话问学生：Can you read this dialogue? If you read loudly, fluently, You win.I will go home.学生按照年兽指定的课文内容进行朗读表演。

（3）Let's celebrate.

学生顺利击败年兽后，大家一起欢唱、庆祝新年到来的歌曲或其他英文歌曲、歌谣。

示例，老师扮演落荒而逃的年兽：You are super great! You win.I will go home.

学生：Wow！Great！Let's sing a song together.学生可以齐唱，也可以个人展示：I can sing.Happy Chinese New Year to you all…或I can chant.Fish, fish, in my dish.Fish, fish, yummy fish.

**3.教学反思**

（1）对畏难情绪说No

无纸笔的群体展示相较于传统的纸笔测试,让学生不再紧张。在面对人生第一次"大考"的时候，学生不再惧怕。这对于学生来说，是心理健全的过程，是育人的首要目的。

（2）与乐学善学说Hi。

学生以游戏、情境、合作的方式体验、参与学业展示。他们人人是小主人，在松弛状态下，表达自己最拿手的内容，增强其信心，为今后的英语学习做好铺垫。对于英语启蒙阶段的学生，是最宝贵的财富。

## 六、课程效果呈现

## 七、评价方式

| 英语学科学业展示评分标准 | 3☆ | 2☆ | 1☆ |
|---|---|---|---|
| 知识点 | 能够准确清晰地朗读单词和韵文，语音规范。 | 正确朗读单词，语音语调比较规范。 | 经考官提示能正确模仿朗读单词和韵文，语音比较规范。 |
| 能力点 | 能够顺利地说出含有相同音素的词汇，并能找到相对应的小韵文。 | 经过思考，能说出含有相同音素的词汇，找到相对应的小韵文。 | 在考官的启发下，能说出含有相同音素的词汇，能够找到韵文并模仿朗读。 |
| 情感态度价值观 | 在说唱韵文时能表现出英语语调和语音美，以及韵文的韵律美。 | 能够比较准确地表现语音语调的美感和韵文的韵律。 | 经过帮助能把词和韵文读准确，但是美感不突出。 |

# 一年级学业展示实施与方案

张媛媛

**一、学业展示主题**

和美民族娃 欢喜迎新年。

**二、核心内容简介**

以《义务教育语文课程标准（2022年版）》为指导，全面贯彻党的教育方针，遵循教育教学规律，发展素质教育。

通过游园会系列情境活动，在关注学生年龄特点的前提下，将戏剧元素融入语文实践活动。在学业展示中，通过创设情境设计多彩的活动对学生进行学业考察，关注学生知识的掌握情况、语文素养的水平，使学生在快乐的氛围中巩固知识，提高能力，查漏补缺。

**三、课程育人目标**

1.能够准确拼读音节，正确书写生字词，养成良好的写字习惯，书写规范、端正、整洁。

2.喜欢阅读，感受阅读的乐趣，基本读懂课文内容，感受语言的优美。

3.有一定的语言积累，并愿意尝试运用。敢于大胆地展示自己，有一定的交际能力。

4.对周围事物有好奇心，能结合其他学科的学习和生活经验展开交流。

**四、跨学科实践安排**

戏剧元素融入语文学科口语交际环节，为学生创设真实的生活情境，让学生结合活动主题，真实交流，检验学生的表达能力。

**五、活动用具准备**

环境布置：突显新年氛围。

道具：糖果、饺子模型等。

**六、课程实施安排**

课程实施过程：

以游戏闯关答题的方式，检验学生本学期的学习情况。

（一）拼音部分——"新春祝福我来送"

1.会正确拼读音节。

2.会正确、工整地将汉语拼音音节抄写在四线三格中。

3.能够结合生活实际灵活运用汉语拼音。

（二）课文积累背诵——"欢乐新年展示台"

1.背诵本册教材中的部分课文。

2.能够展示一首课外积累的古诗词。

（三）生字词部分——"快乐游戏大比拼"

掌握一年级上册教材中识字表、写字表中的生字，以及教材中出现的常用笔画和偏旁名称。

（四）口语表达——"新春文化我知道"

主题："新春文化我知道"

活动情境：同学们，春节有很多传统文化习俗，你知道吗？本学期，我们通过实践活动学做了民俗小吃，在道德与法治课上，我们进一步了解了春节文化，那么接下来请同学们选择一个情境，说一说所了解到的新春习俗。

例：

角色：

1.小明（男主角）。

2.小红（女主角）。

3.小华（配角）。

4.小丽（配角）。

5.爷爷（配角）。


场景一：小明家。

（舞台上摆放着一张桌子，桌子上放着一些春节的食物，如糖果、坚果等。小明、小红、小华和小丽围坐在桌子旁。）

小明：大家知道春节有哪些习俗吗？

小红：春节要贴春联、放鞭炮，还要吃团圆饭。

小华：对，我们还要给长辈拜年，他们会给我们压岁钱。

小丽：我还会和爸爸妈妈一起包饺子呢！


场景二：街头。

（舞台上摆放着一些鞭炮和春联。小明、小红、小华和小丽走在街头。）

小明：快看，有人在放鞭炮呢！

小红：放的鞭炮真漂亮，我们要小心一点。

小华：我发现路上的春联都换成新的了，真好看！

小丽：是啊，春节的街头真热闹。

场景三：长辈家。

（舞台上摆放着一张桌子，桌子上放着一些水果和糖果。小明、小红、小华和小丽站在长辈面前。）

小明：祝爷爷新年快乐，身体健康！

小红：祝爷爷福如东海，寿比南山！

小华：祝爷爷笑口常开，心想事成！

小丽：祝爷爷万事如意，幸福安康！

爷爷：谢谢你们，给你们压岁钱，希望你们在新的一年学习进步，快乐成长！

场景四：小明家。

（舞台上摆放着一张桌子，桌子上放着一盘盘热气腾腾的饺子。小明、小红、小华和小丽围坐在桌子旁。）

小明：大家来尝尝我们包的饺子吧！

小红：这个饺子真好吃，里面还有硬币呢！

小华：我吃到了硬币，说明我新的一年会有好运气！

小丽：是啊，我们新的一年一定会更加快乐幸福！

（舞台上，五个人围在一起，欢声笑语，共度春节。）

3.教学反思

本次学业展示设计结合一年级语文学科特点，在关注学生掌握知识形成技能的基础上开展本次活动。让孩子在有趣的闯关游戏中巩固所学知识，体验成功的喜悦和学习的快乐，增强学生学习语文的兴趣和信心，从而使学生真正地喜欢语文、爱上语文。

**六、学业展示效果呈现**

本次活动为搭建一个"玩中学、玩中评"的综合性趣味评价展示平台。一年级所有任课教师集思广益、精心设计，结合学科及一年级学生特点，在关注掌握知识和形成技能的基础上开展趣味十足的展示活动。和美娃娃们在闯关中掌握所学知识，并在活动中体验学习的愉悦和成功，提升自我成就感。

### 七、评价指标

| 联动学科 | 评价要素 | 分值 | 得分 |
|---|---|---|---|
| 戏剧 | （1）学生能够围绕主题进行表达、演绎。表演时，学生能够做到大方、自信，并且语言流畅、声音洪亮，表达内容清楚、具体，得三个小龙印章。<br><br>（2）学生能够围绕主题进行表达、演绎。表演时，语言流畅、声音洪亮，表达内容清楚、具体，得两个小龙印章。<br><br>（3）学生能够围绕主题进行表达、演绎，得一个小龙印章。 | 三个小龙印章 | |
| 语文 | （1）学生能够正确背诵所抽选的课文，并且能够做到正确流利、有感情地背诵，背诵时学生能够落落大方、声音洪亮；能够背诵一首课外积累的古诗词，得三个小龙印章。<br><br>（2）学生能够背诵所抽选的课文，做到正确流利，能够背诵一首课外积累的古诗词，得两个小龙印章。<br><br>（3）学生能够正确背诵所抽选的课文，得一个小龙印章。 | 三个小龙印章 | |
| | （1）在规定时间内，学生能够准确拼读音节，并按要求正确、工整地抄写音节，得三个小龙印章。<br><br>（2）在规定时间内，学生能够准确拼读音节并抄写音节，得两个小龙印章。<br><br>（3）学生能够正确拼读音节并按要求抄写音节，得一个小龙印章。 | 三个小龙印章 | |
| | （1）学生能够在规定时间内准确地说出随机抽取的汉字、笔画或偏旁，得三个小龙印章。<br><br>（2）学生能说出随机抽取的汉字、笔画或偏旁，得两个小龙印章。<br><br>（3）学生能说出随机抽取的部分汉字或笔画、偏旁，得一个小龙印章。 | 三个小龙印章 | |

## 八、评价方式

设计表格，按照评价标准评价孩子的展示情况。

# 二年级跨学科主题实践课程实施与方案

## 课程设计者：王 娜

### 一、课程主题

和美民族娃 欢喜迎新年。

### 二、核心内容简介

语文是其他学科教育的基础，没有语文就没有其他学科教育。从古至今，语言文字是最重要的交际工具，是人类文化的重要组成部分。它不仅传承着中华民族灿烂辉煌的文明，也是我们中华文化的一个重要载体。

为了更好地展示学生期末作业，更好地促进学生发展，培养学生的学习兴趣，让期末测试更符合孩子的年龄特点和心理需要，给学生创造和谐的成长环境，保护孩子的学习积极性，结合二年级学科特点，在关注孩子掌握知识、形成技能的基础上开展"和美民族娃欢喜迎新年"的学业展示活动，从内容、形式、方法等多方面积极探索期末测试改革途径，在展示题目设计中突出学生语文能力、语言积累、语文知识等的考查，注重学生口语表达和交际能力的展示。展示充分调动了学生的兴趣，让学生自然而愉快地接受知识，并提升道德修养、审美情趣。拓展学生的文化视野，增加学生对中国古代优秀文化的积累，提高学生的学识修养和人文修养，能够让学生们更加热爱中国的传统文化，更加热爱语文学习。

学业展示本着尊重人、培养人的教育理念，以唤起学生的主体意识，发展学生的主动精神，促使其健康成长，使学生在宽松愉悦的氛围中感受语文学习带来的乐趣，使学生真正意义上的减负。

### 三、课程育人目标

1. 全面提高学生的语文素养。面向全体学生，为学生的终身发展打下基础，全面提高语文素养。

2. 正确把握语文教育的特点。

3. 倡导积极自主、合作、探究的学习方式。注意学生身心发展的特点、学习语文的特点、个体差异与学习需求，激发学生的学习兴趣、好奇心、求知欲和进取精神，鼓励学生想象、质疑、发现、创新。

4. 努力建设开放而有活力的语文课程。沟通学科间的联系、语文与生活的联系。积极开发和利用课程资源，课内外学用结合，吸收新思路、新观念，运用新技术、新方法，满足不同地区、不同学校和不同学生的需求。

**四、课程实施安排**

（一）课程实施准备

1.准备创设情境所用物品。

2.设计展示内容。

3.准备学生奖状。

（二）课程实施情境

创设三个展示项目"民族娃送祝福""民族娃知习俗""民族娃话新春"，展示成功后颁发奖品。

（三）课程实施过程

第一部分　民族娃送祝福

1.认一认，读一读。（自选一组）

A.水分　　重新　　当作　　名胜古迹

B.头发　　继续　　盛开　　四海为家

C.号叫　　好客　　结束　　大禹治水

2.照样子，说一说。（自选一组）

A.例：一（方）鱼塘　　　例：（荡）秋千　　　例：惊弓之（鸟）

　　　一（　）石桥　　　　　（　）京戏　　　　漏网之（　）

B.例：一（方）鱼塘　　　例：（荡）秋千　　　例：（狼）吞（虎）咽

　　　一（　）翠竹　　　　　（　）围棋　　　　（　）飞（　）舞

C.例：一（方）鱼塘　　　例：（荡）秋千　　　例：如（虎）添翼

　　　一（　）帆船　　　　　（　）钢琴　　　　如（　）得水

3.我会查字典。

| 要查的字 | 部首 | 除去部首几画 | 字典中的页码 | 拼音 |
|---|---|---|---|---|
| 糙 |  |  |  |  |
| 悬 |  |  |  |  |
| 鹤 |  |  |  |  |
| 氏 |  |  |  |  |

学生进入第一展示项目"民族娃送祝福"，答对以上题目，获得小红花，即展示完成，继续进入下一展示环节。

　　在选择新年祝福词语时，引导学生不仅要朗读正确词语的发音，还可以加上适当的动作，或者在朗读祝福语时表达出自己真诚的祝福语气。

第二部分　民族娃知习俗

（一）优秀诗文，我会背诵。（自选一组）

shǒu suì
守 岁

A.有山皆图画，_____。

日月潭很深，湖水碧绿。_____。（《日月潭》第二自然段）

bài nián
拜 年

B.千山鸟飞绝，_____。

清晨，湖面上飘着薄薄的雾。_____。（《日月潭》第三自然段）

guàng miào huì
逛 庙 会

C.与朋友交，_____。

蒲公英妈妈准备了降落伞，把它送给自己的娃娃。_____。
（《植物妈妈有办法》第二节）

（二）阅读短文

### 过新年

除夕的晚上，我们一家人坐在电视机前一边包饺子，一边看春节联欢晚会，可热闹了！

爸爸和妈妈包饺子。爸爸擀的面皮是中间厚边缘薄，都快赶上机器操作手了。妈妈的手又快又巧，一会儿就包了许多各种各样的饺子。最吸引我的是小鱼样饺子，我问妈妈："这个代表着什么呀？"妈妈说："这个代表着年年有余，幸福吉祥。"我就迫不及待地想尝尝爸爸和妈妈合作的手艺了。于是，爸爸给我煮了一大盘饺子，味道好香啊！

在春节联欢晚会上我看到了很多精彩节目，还有许多小品。我看得津津有味，不知不觉新一年的钟声敲响了，我们全家一起说："新年快乐！"

我觉得这是我过得最有意义的一年了！

1.在文中找到和"年年有余"结构相同的词。

2.文中除夕晚上我们一家人做什么了？请你选一选。

（1）包饺子。（　　）

（2）包饺子，看春节联欢晚会。（　　）

3.过新年你都会做哪些事？请你说出两种。

学生进入第二展示项目"民族娃知习俗"，学生提前领取一篇短文进行阅读，理解并根据文后小题进行信息提取、圈画和选择。展示时首先完成展示卡中课内优秀古诗文和现代文的背诵，再跟老师交流阅读短文后的理解和感悟。展示完成后进入下一环节。

学生在此环节中利用春节传统习俗卡与老师进一步交流，结合自己家过春节的经历，说出自己最感兴趣的春节习俗。

### 第三部分　民族娃话新春

（自选一幅图。）

1.说一说图上画的是什么时候？小朋友们在做什么？

民族娃话新春

2.看图讲故事。

先了解每幅图的内容，再把这些图画的内容连起来，讲一讲这个故事。

学生在这一部分的表达中能够发挥自己的想象力和表达能力，可以对图片中的人物动作、语言、想法等充分展开合理想象，把图片中要表达的意思表达充分，这也得益于把戏剧融入课堂教学，让学生细致观察，深入感受。

（四）课程实施评价标准

| 评分标准 | 5分 | 4分 | 3分 |
|---|---|---|---|
| 知识点 | （1）独立读准词语字音。<br>（2）能够准确背诵题中的优秀诗文和课文内容。 | （1）读词语中有1-2个不认识，在老师的启发下能够认识。<br>（2）背诵题中的优秀诗文和课文内容。出现一处错误或遗忘，经老师提醒可自主改正完成的。 | （1）多个学过的词语不认识，在老师的帮助下能够认识。<br>（2）背诵题中的优秀诗文和课文内容。出现一处以上错误或遗忘，在老师的帮助下可完成背诵的。 |

| 评分标准 | 5分 | 4分 | 3分 |
|---|---|---|---|
| 能力点 | （1）能够正确进行词语搭配。<br>（2）能够独立准确地提取信息，回答问题并准确说出来。<br>（3）能正确运用部首查字法查字典。<br>（4）能够看图说话，内容符合图意，想象丰富合理；语句完整、通顺。 | （1）能够正确搭配词语，出现一处错误，经提示后可改正。<br>（2）能够在老师的提示下提取完整信息，回答问题并准确说出来。<br>（3）能正确运用部首查字法查字典。其中有一个字出现一处问题。<br>（4）能够看图说话，内容符合图意，有想象且合理；语句比较完整、通顺。 | （1）能够正确搭配词语出现一处以上错误，经提示后可改正。<br>（2）在老师的帮助下回答问题。<br>（3）能正确运用部首查字法查字典。其中有一个字出现一处以上问题。<br>（4）能够看图说话，内容基本符合图意，有想象且比较合理；但语句不够完整、通顺。 |
| 情感态度价值观 | （1）对中国汉字感兴趣，识字兴趣浓厚。<br>（2）对中国传统文化感兴趣，乐于积累优秀古诗文并有感情地诵读。<br>（3）喜欢看图讲故事，并乐于与他人分享。 | （1）对中国汉字感兴趣，识字兴趣比较浓厚。<br>（2）对中国传统文化比较感兴趣，愿意积累优秀古诗文并有感情地诵读。<br>（3）喜欢看图讲故事，并愿意与他人分享。 | （1）对中国汉字感兴趣。<br>（2）对中国传统文化感兴趣，能积累优秀古诗文并进行诵读。<br>（3）会看图讲故事，并能够与他人分享。 |

# 三年级主题课程实施方案

### 课程设计者：李 茁　王忱忱　安玉新　董思博　李佳樾　高楠楠

#### 一、课程主题

走进秋天　感受美好。

#### 二、核心内容

金色的秋天是农村田野中最美的季节。三年级上册语文教材中第二单元课文的主题就是金秋时节，这些课程资源，有利于学生走进大自然、观察大自然，直观地发现秋天的季节特征。通过实践活动让学生知道季节变化、回归自然、亲近自然，在大自然的怀抱中感受秋天的美好，了解秋天是个丰收的季节，体验丰收的喜悦之情以及秋天给人们带来的乐趣。通过一系列走进秋天的综合实践活动，多角度地感受秋天。

#### 三、育人目标

1.培养学生的观察能力和调查分析能力，并能用自己的语言、文字、图画等进行表达的能力。

2.培养学生亲近自然，对秋天的植物、对大自然、对生活的热爱之情。

3.培养学生收集相关信息，并对收集到的信息进行简单加工处理和应用的能力。

4.阅读和欣赏有关秋的文章，拓展学生的知识范围。

#### 四、跨学科实践安排

##### 语文——诗情画意的秋天

本年级第二单元学习主题为"金秋时节"，学生在学习了《古诗三首》《铺满金色巴掌和水泥道》《秋天的雨》《听听，秋的声音》三篇有关秋天的课文后，对秋天有了更深刻的了解，也渴望走进秋天、探索秋天。在课文学习中，学生读出了秋天的韵味，读出了秋天的美好，也初步培养了学生的语言感受力。随之带领学生真正走进大自然，语文与美术、科学学科的巧妙融合，引导学生在科学中探索，在艺术中感受。在分享科学知识的同时，提升学生的口语交际能力；艺术绘制是为写作积累素材，提升学生真实感受的过程。针对学生的特点，设计了以下实施过程。

（一）走进大自然，感受秋天的美好，学习、积累秋天的美文和古诗

1.初步观察，发现问题。

到大自然中观察秋天的美景，走出教室，到校园、生活区、公园、郊外等各处走一走、看一看，初步观察，发现秋的变化，寻找秋的印记。把自己的见闻通过多种形式记录下来，在观察中发现问题。回家与父母进行交流，并捡落叶带回家，与美术学科进行巧妙融合，用树叶做贴画。

2.讨论交流，提出问题。

（1）各自说说：秋到了，你发现了哪些变化？

（2）对于秋，你有什么困惑的地方？提出来与大家讨论。

学生课外搜集积累描写秋天的好词好句，有关秋天的美文、小诗，进行欣赏朗诵，与同学共享。

3.问题归类，确定主题。

（1）将大家提出的问题进行分类。

（2）观察秋可以有哪些方向。

4.划分小组，制定积累方向。

分小组进行讨论，可以从哪些方面积累"秋天"。在这个过程中也无形地与科学学科进行了巧妙融合，探索大自然中秋天的奥秘。

秋的天气：描写秋的成语有哪些？为什么会"秋高气爽"？雾、霜是怎样形成的？

秋的植物：花草树木有什么变化？哪些庄稼在秋季成熟？为什么秋的枫叶那么红？有哪些描写秋天植物的美文或古诗？

秋的动物：哪些动物到了秋天很忙碌？为什么大雁要南飞？找到描写秋天动物不同变化的文章。

秋的水果：秋的水果有哪些？吃水果有什么作用？水果吃得越多越好吗？秋天还有哪些干果？找到描写秋天水果或颜色的美文。

秋的节日：秋天有哪些节日？这些节日有什么传说？找到描写秋天节日的古诗。

5.集体交流，分享秋天的美。

小组间进行汇报，将自己积累的关于秋天的词语、成语、美文或古诗与大家进行交流，大家互通有无，补充积累。

（二）抒发爱秋的美好情怀——"走进秋天"语文综合实践活动展示会

1.诗歌朗诵《秋风》。

进行秋天美文朗诵比赛活动，让学生在诵读的过程中，感受词句之间夹杂的秋天之美。

2."写秋天"优秀作文朗诵。

学生前期从课文中及与同学互相活动的交流中，都积累了对秋天的描写。现在学以致用，自己书写一篇关于秋天的美文，并请同学朗诵优秀作文。

3.展示秋天的画和树叶贴画。

将语文学科与美术学科联结，将自己积累的词句、美文、古诗进行诗配画创作。还

有部分同学选择制作树叶贴画，将优秀作品汇集，进行展览。

4."秋天知多少"知识竞答

在科学中探索，与科学学科联结，在阅读中寻找秋天的奥秘，了解秋天的知识，探索大自然中的奥秘，并将其积累的知识进行小组汇总，由组长进行题目筛选，编辑题目，开展学生间的知识竞答。

5.教学反思

学生在学习了第二单元四篇有关秋天的课文后，积累有关秋天的词句、美文、古诗。随之与科学学科和美术学科融合，以小组为单位开展实践活动，巧妙地提升了学生的口语交际能力，增加了学生对于秋天的真实感受，对学生关于秋天的写作起到了辅助作用。

## 数学——秋天的"数"说

1.课程简介

金色的秋天是最美的季节，数学来源于生活、根植于生活，更是蕴藏在生活的每个角落中。为了激发学生的学习兴趣，培养学生的数据意识，我们结合统计的相关知识，为学生创造实践和体验的机会，开展了此次丰富多彩的实践课程。

2.实施过程

（1）引导学生统计秋天的天气情况：你能准确统计最近每天的天气情况吗？如何统计？

（2）小组分工：自由组成学习小组，并推选出组长，由组长组织讨论，分配好每个成员的任务。

（3）组内探究：记录好每天的天气，并将每天的天气数据制作成天气记录单或绘出天气变化图，再结合记录的数据搭配相应的诗句或插图，丰富作品，诉说秋天的美好。

（4）全班交流：对数据进行分析，根据数据变化，说说自己的体会。从你的统计中，会有什么发现？你对秋天的天气变化有什么体会？

我的发现：本月内晴天有……阴天有……雨天有……（见图3.15）秋天中的气温……适合穿……

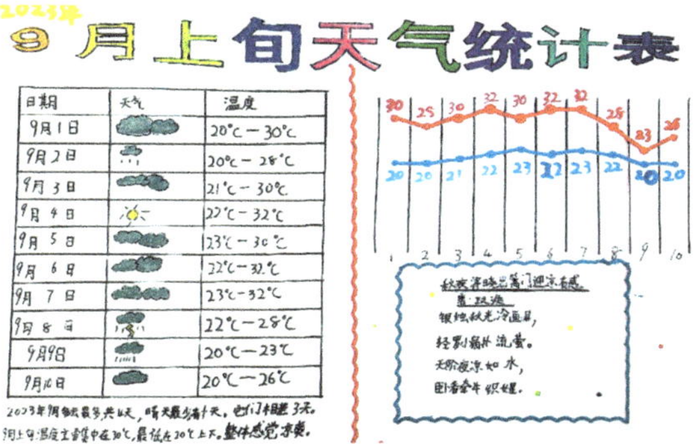

图3.15　9月上旬学生的天气统计表

3.教学反思

本次课程引导学生开展对天气变化的观察，进一步培养学生的分析能力，让学生根据实际分析出应该收集哪些气象信息。同学们在实践活动中，一丝不苟地记录、研究，感受数学的魅力，学会用数学的眼光探索分析生活中的实际问题。同学们在做中学、学中思，每一段学习之旅都成为探索、发现、成长的过程。

### 英语——美好的秋天

1.课程简介

我校学生一直受戏剧教育熏陶，热爱戏剧表演。戏剧教育能够帮助学生提升参与课堂的积极性，激发学生学习的热情与兴趣，促进学生合作意识的培养。三年级的学生已经经历了两年的戏剧浸润，学生对生活充满了好奇心，充满了热爱。学生们在一二年级学过季节表达的相关内容。本课程教师先通过北京版小学英语三年级上册Unit5 *It's a nice autumn day* 学习与秋天相关的英语词汇、句式表达。鼓励学生制作介绍秋天的英语小报。在此基础上，教师带领学生创编《去年的树》的英语剧本，并进行排练。

2.实施过程

（1）学习Unit5 *It's a nice autumn day*

教师根据课文带领学生学习关于秋天天气、秋天活动等的表达。教师通过音频、视频、图片、小韵文等多种形式，帮助学生学习相关的表达，并通过小组合作活动，帮助学生巩固"I like autumn.""It's nice autumn day.""It's sunny today.""We go to the park."等表达，激发学生学习英语的积极性，以及对生活、对大自然的热爱。

（2）用英语介绍秋天。

学生以小组为单位，制作介绍秋天的英语小报，可以介绍秋天的景象，也可以介绍在秋天参加的各种活动。在介绍的过程中，教师和其他组的同学会对台上同学发音的语音语调、内容、仪表仪态等进行评价，并给出相应的建议。

（3）创编剧本《去年的树》。

带领学生了解《去年的树》的故事，教师鼓励了解此故事的同学用中文讲给大家听。接着，教师让大家说一说自己的感受。教师带领学生梳理故事中的人物名称、人物特点以及需要的场景和道具。在此基础上，教师带领大家分组进行英语剧本的创编。教师会根据学生的英语掌握程度进行分组，鼓励小组内同学相互帮助，遇到不会的生词可以询问老师、同学，也可查英文词典或者上网查询相关资料，培养学生小组合作的意识及自主学习的能力。

（4）排练英文戏剧《去年的树》。

教师带领学生创编剧本后，对学生的剧本进行审核。鼓励学生报名参加戏剧表演，选择自己喜爱的角色，教师会根据学生的特点及对英语台词的掌握情况，对其所选的角色进行调整。教师下发剧本，带领学生通读英文剧本，对一些生疏的词汇进行指导。学生熟读台词，小组配合，用废旧报纸等物品制作道具。在培养学生学习英语兴趣的同时，引导学生保护环境，激发学生热爱生活的热情。

（5）表演英文戏剧《去年的树》。

学生把台词背熟练后，教师鼓励学生拿着自己准备的道具，以小组的形式在台上表演。台上的学生表演后，台下的学生会给出相应的评价，同时也给出改进的建议。大家相互学习、相互指导，学生在轻松、愉悦的氛围下学习与收获。

3.教学反思

本课程教师带领学生学习小学英语三年级上册Unit5 *It's a nice autumn day*，带领学生学习关于秋天的相关表达，用英语介绍秋天检验学生的学习效果。接着以戏剧为载体，带领学生创编《去年的树》的英语剧本并进行表演。通过一系列的教育教学，让学生成为学习的主人，培养学生学习英语的积极性，提升学生的英语课程素养，激发学生对生活的热爱之情、保护环境的意识。

### 科学综合实践课程设计

在本课中，学生首先观察陆生植物和水生植物的个体，再仔细观察植物器官，认识到植物具有生命体的特征，植物的叶也有生命体的一些特征。本课是学生由整体观察到局部观察转变的一课，认识到不仅植物有生命特征，连它的叶子也有生命特征。尽管学生对叶子很熟悉，但对结构认识不够，特别是对叶子的生命特征认识不够。引导学生从三个方面去观察叶子：（1）交流捡到了多少叶及是从哪里捡来的，既教育了学生保护植物的意识，也为后面认识"叶是有生命的"做铺垫。（2）观察众多的叶后谈自己的感想，使学生认识到叶在很多方面是不同的，叶是多种多样的。同一种叶子虽然颜色、大小、完整度不同，但整体拥有的形状、叶缘、叶脉等是相同的，不同的叶也有相同结构。（3）观察同一枝条上叶子的变化过程，了解叶子有生长、发育、衰老的过程，观察新鲜的叶与落叶的不同，显示出叶子的生命特征，培养学生热爱生命、尊重生命的思想情感。

（一）引入课题

通过观察植物图片和学生捡到的落叶导入课题。

1.（出示课件）我们从图中看到了什么？

2.同学们捡到落叶了吗？在哪里捡到的？（要求学生边说边举起树叶）

3.出示课题：植物的叶。

（二）比较叶的相同和不同

通过三组不同结构的叶子图片感知叶的相同与不同，掌握叶是由两部分组成的。让学生互相说一说捡到的叶的结构，并将捡到的叶放在一起，分一分捡到了几种叶，检查学生是否掌握了叶的特点。

1.第一组叶片图：欣赏老师收集的各种各样的叶。

2.第二组叶片图：比较同种叶。（大小、颜色、完整程度不同的相同种类的树叶）

它们是同一种叶吗？为什么说它们是同一种叶？

3.第二组叶片图：比较不同种的叶。

这些叶是同一种叶吗？为什么说它们不是同一种叶？

4.叶的结构。

虽然它们不是同一种叶，但它们的结构相同吗？（叶是由几部分组成的？）

答：它们有相同的结构（有叶片、叶柄，叶片上有叶脉）。

课件出示叶的各部分名称及叶脉的作用。

5.数一数你们小组捡到了几种树叶。

（1）同桌互相说一说你捡的叶的叶柄、叶片及叶片上的叶脉。

（2）各小组将捡的叶放在一起，数一数你们一共捡了几种树叶？

（三）观察叶的生长变化

老师拿起一片叶问：你知道叶是怎样生长的吗？

1.教师出示一条树枝（同时出示课件）。老师这里有很多树枝，这些树枝上长满了树叶，同学们想观察这些树叶吗？

2.给每组发一条树枝，观察树枝上的叶有什么不同。

分组观察后集体交流：树枝上的叶有什么不同？

叶的不同说明了什么？答：叶在生长。

如果用词语来表述树叶的生长阶段，我们该怎样表述呢？

答：分为叶芽、小叶片、嫩叶、成熟的叶、老叶、将枯的叶等不同阶段。

课件出示树枝上各个阶段的树叶。

3.从树枝上摘下一片新鲜的树叶和一片已枯的叶，比较他们的不同。

长在树上的新鲜叶与落叶的最大不同表现在哪里？

答：树枝上新鲜的叶是活的，枯死的落叶是死的。

（四）制作叶脉书签

1.教师演示用实验制作叶脉书签。

2.学生尝试制作叶脉书签，并用画笔、羽毛等进行装饰。

3.学生展示自己制作的叶脉书签。

（五）总结

1.通过这节课对植物的研究，我们了解了关于植物叶的哪些知识？

2.师小结：通过观察、比较植物的叶，我们知道了植物的叶是由叶柄和叶片组成的，叶片上有叶脉；植物的叶是有生命的。它从叶芽长成小小的嫩叶，又慢慢地长大、变老。许多植物的叶在春天长出来，到秋天枯黄死去，这是叶的一生。有些植物虽然秋天不落叶，但它们的叶子同样也有生长、衰老和死亡的完整过程。

3.教学反思

三年级的学生对科学有着浓厚的兴趣，他们比较熟悉植物的叶，但他们对叶的结构的认识还不够，特别是对叶的生命历程的认识不足，因此，本堂课，引导学生通过比较观察叶子的相同点和不同点，从而了解叶子的结构。通过这节课的学习，学生提高了研究植物叶的兴趣，培养学生爱护植物，与自然和谐相处的态度和意识。植物不仅有生命特征，连它的叶子也是有生命的。课堂上，教师注重引导学生观察思考，比较新鲜的叶与落叶有什么不同，体会叶子的生命特征——新鲜的叶是活的，而落叶是死的；观察同一条枝条上的叶子的变化过程，知道叶子有生长、发育、衰老的过程，感悟生命历程。在制作叶脉书签的过程中，学生们体验到了动手实践的快乐。

**五、课程实施安排（课表）**

| 学科 | 课程 | 呈现形式 | 课时 |
|---|---|---|---|
| 语文 | 学习 | 结合教材进行阅读、理解、积累的学习 | 4课时 |
| | 运用 | 诗配画 | 1课时 |
| 数学 | 搜集信息 | 关注每日天气，记录温度变化。<br>画出温度变化图。<br>进行数据分析。 | 2课时 |
| 英语 | 积累运用 | 积累单词、句型<br>制作小报 | 3课时 |
| 科学 | 动手实践 | 科学小制作 | 1课时 |

# 四年级跨学科主题实践课程实施与方案

课程设计者：翟 燕 杨朝霞 韩 旭 王 禄 孙辰一

### 一、课程主题

向榜样学习，做"四美"少年。

### 二、核心内容

语文教材非常注重对学生核心素养和实际能力的培养。四年级语文教材的第七单元以"家国情怀"为主题。家国情怀是人类共有的一种朴素情感，它包含热爱祖国的大好河山，热爱家乡的土地，人民愿意为保家卫国奉献自己的一切，它是国家和民族的精神凝聚力，这个单元所选的都是表现家国情怀的作品，能够激发我们的爱国主义情感，号召每一个回民实验小学的学子从小立下报国之志、学报国之才，长大才能践报国之行。让学生能够心有榜样，向阳成长，进而认识到今天的幸福生活来之不易，更加热爱自己的祖国，深耕家国情怀。我们要在教材中深挖细耕，用教材为学生拓展更为丰富的学习内容，帮助孩子提高能力与思想品质，注重学生实际获得，提升学生综合素养。

### 三、课程育人目标

1.通过深入学习感悟经典作品，了解经典，传承经典。

2.各班开展学习榜样的教育活动，不断培养学生坚毅勇敢的意志品质、严谨认真的学习习惯、乐观自信的生活态度。

### 四、课程实施安排

| 学科 | 课程 | 呈现形式 | 课时 |
|------|------|----------|------|
| 语文 | 1.红色经典诗词课程。<br>2.我讲英雄故事。 | 展示红色故事作品。 | 午晚管理班 |
| 数学 | 1.探索科学家的秘密。<br>2.绘制"数学家的故事"小报。 | 展示交流数学家的故事作品。 | 午晚管理班 |
| 英语 | 1.读英雄榜样的英文故事。<br>2.绘制介绍英雄榜样的英文小报。 | 在班级中朗读自己喜爱的英雄榜样英文故事，展示绘制的小报。 | 午晚管理班 |

## 红色经典诗词课程

1.课程简介

在"家国情怀"的主题课程学习中，学生了解到很多不同历史时期的人们在家国大义面前有不同风采，对红色经典诗词十分感兴趣。我们以此作为课程延伸点，研发了红色经典诗词课程，由课内到课外，一篇带多篇，由学生搜集整理红色经典诗词、朗诵红色经典诗词、积累红色经典诗词，使学生品味诗词语言，领略艺术风格，提高鉴赏诗词的能力，同时懂得如今幸福生活的来之不易，进而激发学生高尚的情操以及爱国主义情怀。和美术学科联动，绘制精美的诗词配画，制作红色经典诗词集萃。

2.实施过程

（1）了解英雄人物，搜集整理诗词。

鼓励学生走进图书馆浏览官方网站，了解在战火纷飞的革命年代中的英雄人物，搜集整理相关人物的诗词。如毛泽东的《沁园春·雪》《卜算子·咏梅》、周恩来的《大江歌罢掉头东》、赵一曼的《滨江抒怀》……

（2）感悟诗词内容，积累红色经典。

①解诗意，悟诗情。

学生从自己搜集整理的红色经典诗词中，选择自己最喜欢的一首读一读，再深入理解诗词的意思。在理解的基础上，感悟诗词中作者想要表达的思想感情。如，毛泽东代表无产阶级要做世界的真正主人的豪情壮志；青年时代的周恩来力图"破壁而飞"的凌云壮志和献身救国事业的革命精神；赵一曼坚贞不屈的革命气节……

②诵诗词，乐表达。

开展红色诗词朗诵会，每一位学生朗诵一首自己最喜欢的红色经典诗词。可以加入自己的理解和想象，可以采用多种形式，如多人诗朗诵、模仿人物诗朗诵、配乐诗朗诵、诗伴舞等，表现出作者创作诗歌时的情感状态，切实加深学生对红色经典作品的思考、领悟，提高了表达能力。

③抄诗词，爱积累。

学生选择自己最喜欢的一首红色经典诗词摘抄，注意运用"抄写文段小妙招"，如汉字居中小妙招、集中注意力小妙招、正确运笔小妙招、连贯抄写小妙招、速度均匀小妙招……让自己摘抄的红色经典诗词工整美观、行文流畅。

（3）绘制诗词配画，制作诗词集萃。

和美术学科联动，在美术课上，把自己摘抄的红色经典诗词用丰富的图画加以表现，如融入英雄人物元素、历史背景元素、漂亮的花边……让自己的摘抄积累更美观。再把每个学生的作品进行收集整理。最后，设计出有鲜明特色的封面，装订成《红色经典诗词集萃》摘抄集进行展示。

3.教学反思

本课程基于学生的兴趣爱好，以家国情怀为主线，语文学科和美术学科跨学科联动，开展了诵读诗词、积累诗词、绘制诗词集萃等活动。学生在品鉴红色经典诗词的同时，开阔了阅读视野，发展了想象能力和审美能力，加深了对红色经典作品的思考、领悟，从而激发了更深层次的爱国主义情怀。

## "我讲英雄故事"课程

1.课程简介

每个孩子都喜欢听故事，故事是学生们最喜欢的交流方式之一。"我讲英雄故事"分享会，其实也是一次学生口语交际方面的训练，通过这种讲英雄故事的方式，进一步培养学生搜集资料的能力。在搜集、了解、交流英雄故事的过程中，学习其优秀品质。

在以往的教材中，学生曾经接触过有关英雄人物的故事，这并不陌生。四年级的学生也已经尝试过自己搜集和整理资料，所以课下搜集英雄故事对他们来说不是难点。但是在表达交流的过程中，清楚地向别人讲述故事，能认真倾听、思考、提问、作答，这些交流的方法还需要教师的一些指导。

2.实施过程

（1）英雄人物我知道

在第七单元语文课本中介绍了几位英雄人物，如为中华之崛起而读书的周恩来、坚决不为日本人演出而蓄起胡须的梅兰芳……在课外，学生也认识了很多英雄人物，了解了许多英雄人物的平凡而又不平凡的事迹，感受了那些普通而又不普通的情怀。所以，首先请学生说一说他们都认识了哪些英雄人物？又是通过什么途径了解到的，学生可以畅所欲言。

（2）英雄故事会分享

1）讲故事要讲清楚，让别人听明白，听的同学要认真听，可以提问，也可以补充。

2）讲故事前先按照要求在下面准备，准备好后，在组内进行展示。

3）组内成员以"现场评委嘉宾"的身份及形式交流自己的感受，教师在下面进行巡视、指导。

通过英雄故事分享，使学生进一步认识到从小就要做一个有理想、有道德、有文化、有纪律的高素质人才，努力增强自身的文化修养，为富国强民而不懈努力。

（3）相互倾听提建议

学生在讲英雄故事与同学交流评价的过程中，不断提高讲故事的水平。同学间可以提出一些改进的建议。

1）是否可配以图片、视频辅助展示。

2）讲述人的站位是否合理。

3）可否适当加上一些动作。

4）展示时是否声音洪亮，语言表达准确、得体。

5）讲故事时的感情是否丰富，口齿清楚，落落大方。

（每个小组派出小评委到前排组成评审团，评委可以从人物语言的运用和神态表情的配合是否吻合人物的性格等方面来评价。）

| 评价项目 | 评价等级 | | |
| --- | --- | --- | --- |
| 声音洪亮 | ☆ | ☆ | ☆ |
| 语言生动 | ☆ | ☆ | ☆ |
| 动作到位 | ☆ | ☆ | ☆ |
| 神态逼真 | ☆ | ☆ | ☆ |
| 我的建议或评价是： | | | |

（4）全班交流谈感受

1）各组推荐本组评出的"最佳讲故事小达人"。

2）分别请他们在全班交流，大家共同评议讲述情况。

3）听完故事后，请小评委们谈一谈听后的感受。可以谈谈对英雄人物的行为、品格的评价，也可以联系自身和现实情况发表自己的感想。

4）评选出"内容充实奖""感受真实奖""表达流利奖"等。

5）教师小结：故事中的一位位英雄就像是一座座丰碑，他们的思想与品格就像一座座灯塔，我们应将他们的形象永远铭记在心中，从他们身上获得力量，学得智慧，向自己的理想迈进。

3.教学反思

以课本第7单元的伟人故事《为中华之崛起而读书》作为引入，帮助学生打开话题，实现了由读到说，再到讲的过渡。由课内英雄人物外延到了课外，体现了学习的衔接性。在整个课程当中，学生在赞英雄、颂英雄等环节中触动了心灵，思想认识也得到了提高。这种喜闻乐见的讲故事的形式，很好地为学生提供了在实践中学语文的平台，促使学生在感兴趣的语文实践活动中，提高收集、筛选资料的能力以及语言表达能力，从而提高学生的语文综合素养。让学生在听人讲话、听故事讲述的过程中，提升语文的实践能力并积累语言表达的经验。

## "探索数学家的秘密"课程

**1.课程简介**

本课程基于"向榜样学习 做'四美少年'"这一主题，让学生了解数学家的成长历程，探索数学家身上的秘密。学生通过查阅资料、小组合作、汇报分享等活动感受数学家们严谨治学、锲而不舍的探索精神，进而了解数学的发生和发展，感受数学学科的魅力，在这个过程中提高学生的阅读理解和口头表达能力，培养学生的自主学习和合作学习能力。

**2.实施过程**

(1) 查阅资料，探索数学家的秘密。

同学们选择一位自己喜欢的数学家，通过查阅资料，了解他的成长历程，探寻他为数学做了哪些贡献等，并把这些资料进行记录，自己先练习讲解。

(2) 小组合作，"我是小小讲解员"。

小组合作，教师根据同学们选择的数学家为同学们进行分组，同学们以小组为单位互相帮助，共同为大家汇报分享。

汇报分享的形式可以不同，每个同学都是"小小讲解员"。例如，有的小组以ppt汇报这位数学家的成长历程、为数学做的贡献、名言等；有的小组以角色扮演的方式，让一位同学扮演成数学家，另一位当旁白讲述他的事迹和主要贡献，教师可以提供一些道具或背景音乐，帮助学生更好地理解。

在这个过程中，同学们还可以根据需要展示相关图片、播放数学家故事的音频或视频等，让所有同学都能够深入了解数学家们背后的秘密。

**3.评价**

| 评价项目 | 评价等级 | | |
|---|---|---|---|
| | 自评 | 互评 | 师评 |
| 1.查阅收集、整理数学家的资料时文字是否详尽，是否配有图片、音频或视频。 | ☆☆☆☆☆ | ☆☆☆☆☆ | ☆☆☆☆☆ |
| 2.在讲解过程中语言表达是否流畅，能否做到生动地演绎故事，做到声情并茂。 | ☆☆☆☆☆ | ☆☆☆☆☆ | ☆☆☆☆☆ |
| 3.是否积极参加小组合作学习，乐于助人，积极帮助学习有困难的学生。 | ☆☆☆☆☆ | ☆☆☆☆☆ | ☆☆☆☆☆ |

4.教学反思

学生通过探寻数学家的秘密，感受他们刻苦钻研、严谨治学的精神，同时让同学们在学习和生活中以榜样的力量不断激励自己进步成长，养成严谨认真的学习习惯、乐观自信的生活态度、热爱祖国的思想品质。

**绘制"数学家的故事"小报课程**

1.课程简介

在数学领域，有许多著名的数学家，他们做出了非常突出的贡献，为了丰富学生的知识，激发学生对数学的兴趣，开阔学生的视野，设计了一节开放性的课程。学生介绍一位自己喜欢的数学家，了解他的成长历程，探寻他为数学做了哪些贡献。为了让学生更全面地了解数学家，数学老师、信息科技老师、美术老师一起引导学生设计数学小报，数学老师带领学生认识我国的数学家，信息科技老师引导学生从网上查阅相关资料，美术老师帮助学生设计排版、绘画装饰等，帮助学生绘制精美的数学小报。

2.实施过程

（1）查阅相关资料。

引导学生思考我国有哪些著名的数学家？然后选择自己喜欢的数学家进行深入探究，通过广泛阅读相关书籍以及在信息教室通过互联网查阅相关资料，了解这位数学家的成长历程，还要知道这位伟大的数学家为数学做了哪些贡献，最后通过了解数学家的名人格言体会数学家迎难而上的品质。

（2）绘制数学小报。

通过美术老师的指导，引导学生根据搜集的资料设计好文字的排版，把内容工整地呈现在小报上，最后引导学生进行装饰，设计出一张精美的小报。

（3）展示环节。

选择不同数学家的数学小报粘贴在班级墙上进行展示。

3.评价要素

①介绍一位我国的数学家。（1分）

②小报字迹工整、干净整洁。（1分）

③介绍这位数学家的成长历程。（1分）

④介绍这位数学家为数学做的贡献。（1分）

⑤介绍这位数学家的名人格言。（1分）

4.教学反思

通过小报的绘制，学生对所选的数学家更加了解，考验学生整理信息和绘画水平，培养学生的动手能力和自主探究能力，提升学生对数学的兴趣。通过班级墙展示不同数学家的故事，学生可以在课下了解到更多伟大的数学家，培养学生自主学习的良好习惯，相信每一位数学家的故事都能够激励学生，促进学生全面发展。

图3.16 "用英文介绍红色英雄"课程手绘小报

四年级的小学生，有强烈的爱国主义精神、有浓烈的英雄情怀。他们对红色故事特别感兴趣，崇尚英雄。为了弘扬红色故事和红色英雄，激励学生学习英雄人物坚忍不拔的精神和他们坚定的革命信念，从而树立学生正确的世界观、人生观和价值观。学习用英文介绍红色英雄，有助于学生增强民族自信，激励他们牢记革命精神，将我国伟大的英雄人物弘扬到全世界，让世界了解中国人民的坚毅品质。

1.试听英雄人物介绍。

四年级的学生阅读英雄人物的故事虽有些困难，但已可以听读懂关于人物的时间信息、地点信息。借助自身积累和语文常识、历史常识基本可以理解人物的相关内容。教师为学生选取耳熟能详的贴近学生年纪特点的英雄人物：王二小、张嘎、雨来、刘胡兰、宋振中（小萝卜头）、海娃（送鸡毛信）、黄友（东江纵队抗日小英雄）等。

2.阅读理解英雄人物的相关事迹。

学生对老师选材的英雄人物及事迹熟悉程度不一，对于耳熟能详的人物，老师带领学生泛读。以王二小的人物介绍为示例，进行阅读教学。

学生以小组为单位，每组阅读人物介绍不同。小组成员合作完成任务，如提取人物的相关时间信息和地点信息，利用图片排序、补全思维导图内容、信息差获取完整介绍等丰富的教学活动，对人物介绍文章中的重难点内容进行突破。

3.小组汇报，全班互动。

学生利用手中的思维导图，按自己组里讨论和学习的情况，向其他小组讲述自己学习到的人物故事，中间可穿插简单的剧情表演便于听故事的同学理解。设置提问环节和积分制度，介绍完毕后，向全班提问，如该英雄的出生年月、来自哪个省市、牺牲时间、主要事件等内容。回答正确的小组得分。得分最高的前三个小组，可以获得"英文讲故事大王"称号，同时获得老师为其录制用英文介绍红色英雄人物的机会。

4.人人可以开口讲。

开展"听我用英语讲红色英雄人物"活动，学生可以在小组内合作完善一个英雄人物的介绍。小组汇报后，学生可以发现问题进一步修正，课后刻苦练习。在四年级组开展的跨学科主题实践课程实施活动中，用英语讲述及表演故事。

5.教学反思。

介绍红色英雄人物、开展红色教育、传递红色精神为学生播下红色的种子，潜移默化地培养学生坚定的意志力，形成良好的道德品质，促进学生健康的心理发展是每一名教师该做的事情。不能因为文段难、拗口、学生理解困难而不勇于推进课堂。学生的潜力是无穷的，学生的兴趣点是可以被挖掘的，将红色精神与民族力量在教育教学过程中传播，在体验、参与中成长是老师需要深入思考和多次实践的。

## 六、课程效果

四年级围绕"向榜样学习　做'四美少年'"的主题开展了跨学科实践活动，以激发爱国情怀，培养学生坚强的意志品质为学科联动课程。同学们，最终要呈现的是：在学习中养成严谨认真的学习习惯、乐观自信的生活态度、热爱祖国的思想品质。在学习中以榜样的力量不断激励自己进步成长，提高表达呈现能力与综合素养。

## 七、评价指标

| 联动学科 | 评价要素 | 分值 | 得分 |
|---|---|---|---|
| 语文学科 | 1.红色经典诗歌集。<br>2.我讲英雄榜样的小故事。 | 5<br>5 | |
| 数学学科 | 1.探索数学家的秘密。<br>2.绘制"数学家的故事"小报。 | 5<br>5 | |
| 英语学科 | 1.试听英雄人物。<br>2.绘制英雄榜样英文小报。 | 5<br>5 | |

# 五年级跨学科主题实践课程实施与方案

**课程设计者：朱亚娜　胡雪梅　魏京燕　张洁　赵晓丹　李伯尧**

### 一、课程主题
演绎民间故事　感受戏剧魅力。

### 二、核心内容
中国民间故事源远流长，五年级组围绕我国经典蒙古族民间故事《猎人海力布》，设计了创造性讲述民间故事课程、课本剧表演课程、数学戏剧实践拓展课程、英文民间故事与传统节日文化课程，成为像海力布一样的猎人——体育训练课程，力求通过丰富多彩的课程，全方位提升学生的语文素养与艺术素养。

### 三、课程育人目标
1.通过跨学科课程的实施，让学生感受传统文化的魅力，培养学生阅读经典民间故事的兴趣，全方位提升学生的艺术素养。

2.在丰富多彩的课程实践活动中，培养学生丰富的想象力与创造力。

3.在戏剧排演课程中，提升学生的自信心、责任意识以及沟通能力，培育团队合作能力。

### 四、课程实施安排
（一）课表

| 时间 | 星期一 | 星期二 | 星期三 | 星期四 | 星期五 |
|---|---|---|---|---|---|
| 课程 | 创造性讲述民间故事课程 | 课本剧表演课程 | 数学戏剧实践拓展课程 | 英文民间故事与传统节日文化课程 | 成为像海力布一样的猎人——体育训练课程 |

（二）课程实施过程

创造性讲述民间故事课程

1.课程简介

民间故事是古代劳动人民创作并传播的口头文学作品，是前人留给我们的智慧结晶。了解和学习民间故事，是继承和弘扬优秀传统文化的重要内容。《猎人海力布》是五年级上册第三单元中的一篇课文。故事情节蕴含着丰富的想象，充满浪漫色彩，表达了劳动人民对幸福美好生活的期盼与追求。本单元的语文要素是"了解课文内容，创造性地复述故事"。这是在中年级"详细复述""简要复述"的基础上提出的进一步要求，旨在让学生把故事讲得更生动、更有吸引力，发展创造性思维，培养丰富的想象力。本单元还安排了"快乐读书吧"栏目，推荐阅读中国民间故事以及欧洲、非洲等地的民间故事，让学生进一步体会民间故事的特点，感受阅读民间故事的乐趣。

为了激发学生读故事、讲故事的热情，对学习拓展延伸，研发了民间故事课。民间故事课由语文学科教师和美术学科教师共同组织，语文学科教师引导学生读故事、复述故事。美术学科老师基于学生的学习需求，引导学生以手绘本的形式表现自己最喜欢的民间故事。

2.实施过程

（1）广泛阅读，走进民间故事的世界。

（2）锦囊妙计，助力学生复述故事。

学生从自己阅读的《中国民间故事》中选择一篇最喜欢的，练习复述。老师把复述故事的方法以派送小锦囊的方式传递给复述故事中遇到困难的学生。教师设计精致的"琅琊阁"，里面放置小锦囊，锦囊中藏有复述故事小妙招。学生在练习过程中遇到了困难，找到老师讲明需求，老师会根据学生的学习需求，派送相应的小锦囊，帮助学生具体、生动、绘声绘色地把故事复述好。

锦囊妙计之一：尊重原文。创造性复述是在尊重原文的基础上，在复述中加入自己的想法和见解。

锦囊妙计之二：变换人称复述。复述时可以尝试着把某些文章中的第三人称(他、她或它)，变成第一人称(我)，这样不仅能更深刻地理解他/她/它的内心世界，同时还可以自然地融入自己的见解。这是一个很好的复述方式。

锦囊妙计之三：续编故事复述。有些故事深深地感染了我们。那么可以通过为它增加内容或者续编来加深理解，并创造性地运用语言，从而积累语言。比如，有的同学学完《亡羊补牢》这篇文章以后，在复述时加入了人物的动作、神态，以及与狼争斗的情节等，使这个小故事更加生动形象，教育意义也更加深刻。

锦囊妙计之四：颠倒顺序复述，选择将文章情节重新组合，把课外阅读和活动中的情况结合课文进行发挥后的复述，可压缩，也可宽展复述等。创造性复述的目的是促使我们对一篇文章有进一步的理解和体会。我们要在创造性复述中锻炼自己的思维，丰富自己的语言。

（3）搭设平台，展示交流。

（4）绘制绘本，展现民间故事的魅力。

3.教学反思

基于学生的兴趣爱好及学习需求，语文学科教师与美术学科教师一起，共同陪伴孩子畅游民间故事。两位老师分别引导学生通过创造性复述故事和绘制绘本的形式与自己喜爱的民间故事亲密接触，极大地激发了学生学习的热情，唤起了阅读兴趣，培养了学生创造性复述故事的能力、绘画能力、合作能力、审美及鉴赏能力，促进学生综合素养的整体提升。

**课本剧表演课程**

1.课程简介

学习了这篇生动、感人的童话故事，学生纷纷表示想把它排演成课本剧搬上舞台。于是班级剧组迅速行动起来。由于戏剧教育一直是我校的特色课程，因此创编剧本对学生来说并不困难，但学生独立完成剧本排演还是非常困难的，因此我们剧组全员行动，合力改编剧本，并在戏剧表演上下功夫，在细节中培养学生的语言、肢体表达能力及合作精神，以多角度提高学生的综合素养。

2.实施过程

（1）编剧交流，改编剧本。

在各位小编剧的热情助力下，大家一起阅读、讨论，调整细节再改编。大家不仅顺畅梳理《猎人海力布》的故事内容，提炼基本要素，明确剧本基本框架，还努力在表演环节充分思考，为后续演员的表演奠定基础。

（2）海选演员，角色定位。

剧本初步确定，导演组介入海选演员。具有表演意向的同学拿到剧本，积极阅读，独立准备，试演角色。同学们的表演热情高涨，分成了A、B、C三组，大家尽心练习备演。

（3）编导一体，完善细节。

首轮合作，编、导、演员统一进组，大家根据故事的起因、经过、高潮、结果，把剧本正文分成四幕，课上以一幕为例，进行重点讲解，引导大家一边熟悉剧本，一边细化再创造（共同打磨、改编、再完善）。其他部分由各组学生分别认领其中的一部分，小组合作探究，自主创造，完成再细化。最后，各组交流分享，把这四幕组合在一起，形成编、导、演一体化的完整剧本。初演过程中，教师根据各组学生遇到的困难及学习需求相机指导。

（4）全员助阵，探究表演。

首先A、B、C三组同学进行分组练习，在熟悉角色的基础上，重点练习相互搭戏，力求角色与角色之间表演连贯，剧本各环节间衔接顺畅；而后，细抠角色表演的个性化表达，即深入角色，体会情感，爆发舞台张力；最后走上舞台串场表演，重点看搭戏、纠站位。

3.教学反思

根据学生的学习需求，引导学生把课文改编成编导演一体化的剧本，然后在排演中不断完善，这一过程，完善的不仅是剧本，还是演员的表演，是戏剧的效果。在全员联动中，为学生提供了在实践中学语文的平台，促使学生在感兴趣的改编剧本中进行语文实践活动，提高学生的阅读理解及写作能力，提高学生的语文综合素养；而且提升了学生的认知水平，感悟童话中的英雄壮举，学勇敢、讲担当，夯实未来的人生。

## 数学戏剧实践拓展课程

1.课程简介

《猎人海力布》是一篇动人的民间故事。为了凸显与歌颂课文中主人公海力布面对即将到来的灾难果断选择保护乡亲们的安危而自我牺牲的伟大精神，学生们对汹涌的洪水来临时带来的危害进行了充分的资料查阅，并结合数学学科小数乘法单元的知识，以戏剧形式为载体，用数据说话，使学生感受洪水迅猛的水量。

2.实施过程

（1）查阅资料，交流与汇报。

学生在课前通过查阅资料，了解洪水成因、分类及对人类造成的影响等，通过课上交流和教师介绍，使学生的认识更加全面。

（2）塑造角色，用数据说话。

学生在课上运用小数乘法知识，根据洪水流速计算出经过不同时间洪水流到的位置，通过数据使学生感受到洪水的威力，进而围绕《猎人海力布》中的情节分角色扮演文中人物，表现出洪水来临带给乡亲们的恐慌，从而映衬出主人公海力布一心为民的形象。学生的兴趣被充分激发出来，充分发挥自己的想象力，融入自己的理解。

（3）绘制小报，了解与预防。

在充分规划的基础上，学生认真绘制小报介绍洪水这种自然现象以及预防措施。教师从版面设计、内容等方面有针对性地对学生进行指导。

3.教学反思

基于学生的兴趣爱好及学习需求，教师引导学生自学、互学，并通过角色扮演和绘制小报的形式激发学习热情、拓展课外知识，培养学生获取信息的能力、合作能力、审美能力等，使学生在主动积极地参与、体验中有所收获，促进学生综合素养的整体提升。

## 英文民间故事与传统节日文化课程

1.课程简介

中华传统节日是本学期五年级学习的重点内容。五年级学生对春节、元宵节、端午节、中秋节等传统节日已经有所了解，更渴望拓展学习更多与传统节日相关的内容。为了弘扬中华优秀传统文化，我们将与节日相关的民间故事与中华传统节日有机结合。鼓励学生讲好中国故事，传递好中国声音，以此来激发学生的民族自豪感和自信心，让世界认识中国，了解中国。

2.实施过程

（1）探寻节日文化，走进民间故事。

五年级学生能够借助已有知识，同时结合传统节日文化搜集资料，查找与传统节日有关的民间故事。教师也为学生提供相关的话题，如春节有年兽的故事，乞巧节有牛郎织女的故事，中秋节有嫦娥奔月的故事等。学生通过视听资源，初步了解英文故事内容。

（2）阅读理解，深入学习故事内容。

学生以小组为单位，按同质分组，每组阅读不同的民间故事，同一小组成员间相互介绍，不断完善故事内容，合作完成任务。如根据故事发展讲述故事，结合故事内容制作思维导图等教学活动，实现对英文故事的理解，同时对文章中的重、难点内容进行突破。

（3）小组互动，全员参与。

学生利用手中的思维导图，总结小组讨论和学习的情况，向其他小组讲述自己学习到的民间故事，穿插简单的剧情表演便于听故事的同学理解。设置提问环节和积分制度，介绍完毕后，向全班提问。如该故事与哪个传统节日相关，节日时间，主人公是谁等内容。最后全班同学通过投票选出"最佳表演奖""经典故事奖"。获奖同学和故事将有机会参与到学校的戏剧展演活动中。

（4）我口中的海报。

开展"我是剧目宣传员"活动，孩子们借助海报，落落大方地向老师、同学、家长、客人等介绍我们即将演出的剧目，热情邀请大家来观看，培养学生的交际能力。

3.教学反思

一门课程，一项任务，却调动了每一个孩子参与的热情，在师生共同参与、共同研究的过程中，学生的参与热情十分高涨，他们的潜力被充分挖掘了出来，在体验、参与中不断成长，体现了多元智能的综合发展。

### 成为像海力布一样的猎人
#### ——体育训练课程

1.课程简介

猎人海力布的故事是蒙古族的传统民间故事，主要讲述了猎人海力布为了拯救村民，不惜牺牲自己的故事。这个故事传递了勇气、智慧和牺牲精神等价值观，对于培养学生的道德品质、提升人文素养具有积极的作用。组织学生进行角色扮演，模拟猎人海力布拯救村民的场景，让学生在亲身体验中感受勇气、智慧和牺牲精神。同时，结合体育课程设计一些团队协作的游戏或比赛，让学生在运动中培养团队协作能力和竞争意识。

2.实施过程

（1）了解民间故事，探寻猎人海力布。

让学生了解这个故事，引导学生可以首先从身体素质的角度思考，海力布作为一个猎人，必须具备出色的身体素质和运动能力。他需要在森林中长时间追踪猎物，这就要求他具备耐力和敏捷性。同时，捕猎过程也需要他拥有强大的力量和准确的动作。这些身体素质和运动能力与体育学科中的体能训练、运动技能培养等方面有着紧密的联系。可以激发学生对体育锻炼的兴趣。

（2）引出团队合作，体会团队运动带来的乐趣。

引导学生从团队协作的角度来看，团队协作的精神与体育学科中的团队运动训练是相通的。在团队运动中，学生需要学会与队友合作、沟通、分享和承担责任，这与猎人海力布故事中传递的团队协作价值观是一致的，从而设计出一些有趣的课程和活动。

（3）全员参与角色扮演。

可以组织学生进行角色扮演，模拟猎人海力布拯救村民的场景，让学生在亲身体验中感受勇气、智慧和牺牲精神。从心理素质的角度看，猎人海力布在面对困难和挑战时，展现出坚定的意志、勇敢的精神和牺牲的品质。这些素质的培养也是体育学科中的重要目标之一。

3.教学反思

在体育训练课程结束后，引导学生进行反思和分享，让他们回顾自己在活动中的表现，分析成功和失败的原因，从而培养他们的自我认知和自我调节能力。同时，也可以让他们分享自己的经验和感受，增强他们的心理韧性和适应能力。

## 六、课程效果呈现

1.学习兴趣的提升：丰富多彩的表演活动激发了学生自主学习的兴趣，积极能动、主动、全员参与。

2.个性特点的展现：活动中学生大胆地展示自我，表达自我，不仅自信心倍增，而且提升了交往能力。

3.戏剧活动调试培养了学生的情感品质、想象力与创造力，促进认知水平的提升以及语言表达能力的发展。

## 七、评价指标

| 联动学科 | 评价要素 | 分值 | 得分 |
|---|---|---|---|
| 语文 | 1.能够展开想象，独自或与同学一起创造性地复述课文。 | 2分 | |
| | 2.能够主动参与课本剧表演，在其中承担演员或其他剧务工作。 | 3分 | |
| 数学 | 1.主动参与收集和提取信息的活动。 | 1分 | |
| | 2.会正确利用小数乘法知识解决问题。 | 2分 | |
| | 3.对数据进行简单分析。 | 2分 | |
| 英语 | 1.结合故事内容，绘制插图或思维导图。 | 1分 | |
| | 2.有感情地讲述故事内容。 | 2分 | |
| | 3.与同伴合作，表演故事主要情节。 | 2分 | |

# 六年级跨学科主题实践课程实施与方案

课程设计者：杨颖莉　梁 超　戴一铭　韩雅楠　高楠楠

## 一、课程主题

学英雄 做榜样 学科共融实践。

## 二、核心内容

六年级上册语文教材各单元围绕"革命岁月主题"和"语文要素"环环推进。尤其"走进革命岁月"和"英雄人物"单元，不仅有利于学生对爱党、爱国情怀的感悟，同时有利于英雄精神对学生的传承引领。在贴近学生生活，进行语言文字训练的同时，学习党史知识，学习英雄榜样，增强学生的民族自豪感，提升学生热爱祖国、热爱中国共产党的情怀，提升自我使命感。因此我们要在教材中深挖细耕，用教材为学生拓展更为丰富的学习内容，帮助孩子提高能力与思想品质，注重学生实际获得，用教材构建提升学生的综合素养。

## 三、课程育人目标

六年级通过深入学习感悟经典作品，了解经典，传承经典。培养学生热爱祖国的传统文化，引领学生提升爱国情、使命感。

## 四、课程实施安排

| 学科 | 课程 | 呈现形式 | 课时 |
|---|---|---|---|
| 六年级语文 | 1.革命精神传承戏剧表演。 | 戏剧表演 | 午管理班课后托管班 |
| | 2.学习英雄精神，为英雄故事剧目制作宣传海报。 | 介绍海报、海报展示 | 中午管理班 |
| 六年级数学 | 1.了解π的由来，学习榜样精神。 | 资料检索、学习分享 | 530托管班 |
| | 2.绘制绘本或小报。 | 班级展示 | 530托管班 |
| 六年级英语 | 1.传统经典剧本创编以及表演。 | 班级展示 | 530托管班 |
| | 2.经典故事演讲分享。 | 班级展示 | 530托管班 |

### 语文学科戏剧表演实践课程设计1
#### ——革命精神传承戏剧表演课程

1.课程简介

部编版教材中，课文《清贫》是方志敏于1935年在狱中所写的一篇文章，以第一人称叙述了他被俘时被两个国民党兵士搜身、逼问的经历，表达了他对"清贫"的理解，展现了一位共产党人坚定的革命信念和舍己为公的高尚品质。

《我替父亲看到了可爱的中国》是在课文《清贫》的基础上，创编剧本，体现方志敏和女儿古今对话的一种戏剧表演形式。学生亲身参与、深入其中，更能够理解革命先辈舍生取义的高尚品质。

2.实施过程

（1）广泛搜集资料，了解人物及时代背景。

（2）收集和汇总材料，小组汇报收获。

（3）深入课文，体会方志敏的精神品质。

（4）内化于心，讲述课文故事。

（5）展开想象，分组创编剧本。

（6）博采众长，完成剧本。

（7）汇报演出，深入革命先辈的精神品质。

3.教学反思

学生在阅读红色经典课文时，往往觉得时代久远，难以理解英雄人物的行为，从而难以内化成自己的精神力量，因此，我想到了创编红色戏剧的方式。文本中，国民党兵士搜身时的动作、凶恶的神态、威吓的语言和方志敏平静而掷地有声的回答，形成鲜明对比，很吸引学生。教学时，我将这个部分编排成课本剧，学生通过角色扮演的方式，在真实的语言情境中感受方志敏的精神品质。

《我替父亲看到了可爱的中国》展现了方志敏与女儿的时空对话，一句句铿锵有力的发言，一段段感人肺腑的独白，使学生感受到方志敏的舍己为公、英勇无畏，也感受到如今幸福生活的来之不易，从而懂得了要继承和弘扬中华优秀传统文化。

将红色经典课文以戏剧的方式重现，将故事生动地呈现在学生面前，学生参与其中，带着对红色故事的思考和感悟，在生活中践行。

### 语文学科戏剧表演实践课程设计2
#### ——革命精神传承戏剧展演宣传策划课

1.课程简介

《我替父亲看到了可爱的中国》是在课文《清贫》的基础上创编的课本。大家都迫不及待地想把它搬上舞台，展示给大家。同学们也希望这部剧目能够得到更广泛的关注，邀请更多的老师、同学、家长共同来观看。于是，宣传策划课程应运而生了。在这门课的学习中，孩子们充分发挥自己的想象力和创造力，自主设计中英文宣传海报，美术、语文、英语学科教师分别对学生遇到的困难进行指导。

2.实施过程

（1）我眼中的海报。

广泛浏览各种海报，发现海报的基本构成。一张宣传海报主要包含两部分内容：一部分是宣传文字，另一部分是宣传画。

（2）我心中的海报。

学生分别从不同角度挖掘《我替父亲看到了可爱的中国》这部剧目最吸引人的地方，深入体会课文《清贫》，更加全面地了解方志敏1935年在狱中的经历，体会文章想展现一位共产党人坚定的革命信念和舍己为公的高尚品质。然后引导学生进行合理构思，完成初步设计。有的学生认为这个故事的内容最吸引人，那么他就会重点描述剧情；也有的学生认为剧目中体现方志敏和女儿古今对话的戏剧表演形式最神奇，那么他就会在"古今对话"上做文章，根据不同的特点进行多角度的宣传……然后再配上相应的绘画，文字与绘画交相辉映，在学生的脑海中形成一张张精美的宣传海报。

（3）我手中的海报。

在合理构思的基础上，学生认真绘制宣传海报，从语言的表现形式上，学生可以根据自己的兴趣爱好和特长选择中文宣传词或英文宣传词。在这过程中老师会从版面设计、合理构图、锤炼语言等方面有针对性地对学生进行指导。

（4）我口中的海报。

开展"我是剧目宣传员"活动，孩子们借助海报，落落大方地向老师、同学、家长、客人等介绍我们即将演出的剧目，热情要求大家来观看，培养学生的交际能力。

3.教学反思

一门课程，一项任务，调动了每一个孩子参与的热情，多位老师共同研究，多元智能综合发展。

## 数学戏剧实践课程设计
### 课程1：数学史拓展课程

1.课程介绍

该课程的主题为"π的前世今生"。在六年级上册，学生开始正式学习圆有关的知识。学生不仅需要掌握圆的一些基础知识，还需要通过学习，感受"化曲为直""等积变形""极限"等数学思想方法。其中π作为周长比直径的定值是理解圆的关键知识，在π的研究中包含了以上三种数学思想方法。在课堂上，我了解到学生对于π很感兴趣，可以借助学生对于 π 的未知与好奇，使其成为学生学习的拓展延伸点，了解其中的数学史。在中国，对于圆周率有重要贡献的数学家有刘徽、祖冲之。例如，祖冲之在南北朝时期将圆周率精确到小数点后七位，这一成果领先西方1000多年。学生通过了解他们的研究成就，激发民族自豪感，提高爱国之情。

2.实施过程

（1）收集资料，自主探究。

学生从网上收集有关 π 的资料，初步了解 π 的由来与发展历程。

（2）组内交流，发现问题。

由于从网上收集到的资料内容繁杂，学生收集的内容不一。有的学生主要收集的是中国古代科学家如刘徽、祖冲之对于 π 这一研究的成果；有的同学将视角扩大到了国内外；有的对于 π 如今的研究程度更感兴趣……因此，组内探讨不光是要向组内成员分享自己的收获，更重要的是通过倾听他人的分享，对自己所收集到的知识查漏补缺，深入地了解更多数学家对于 π 的发展所做出的贡献。但在组内交流的过程中，部分学生照本宣科，缺少内化再输出。这是因为有很多内容都是学生们直接从网络上摘抄的，未经过筛选，语言表述过于专业，学生自己无法理解，所以他们只能网上查阅到什么资料，就读什么。

（3）互帮互助，共探疑云。

针对学生对于收集到的资料产生的疑问，创设交流平台。首先，汇总各个小组无法理解的部分，按照 π 研究时间的顺序进行排列。每位学生都可以成为小老师，为他人答疑解惑。在面对同学之间无法解决的问题时，可共同查阅、再理解，如果仍无法理解，由老师来进行指点和解答。

（4）梳理脉络，展示交流

各个小组分别负责一个模块进行展示分享。主要按照时间的顺序，以及对国内外科学家们具有跨越性的研究成果进行展示。在讲述的过程中，同学同样也要做到面面俱到，将故事讲清楚，要求学生注意五个要素——何时、何地、何人、何事、何故。

（5）共绘小报，成果交流。

根据同学们的汇报展示结合自己的收获，在美术老师的指导下绘制小报

图3.17　"π 的前世今生"课程手绘小报

3.教学反思

本课程围绕着 π 展开，通过自主探究、网上搜索、组间分享、绘制小报，了解 π 的前世今生。在这个过程中，感悟数学的发展，了解为了 π 研究做出贡献的数学家，体悟数学精神，感受数学之美，激发爱国情感。美术学科老师基于学生的学习需求，引导学生以手绘本和小报的形式表现自己所学习到的内容。

### 英语戏剧实践课程设计

1.课程简介

花木兰的故事经久流传。*Mulan* 这篇英文文章源自小学英语六年级上册"Story Time"板块。教师引导学生基于英语课文 *Mulan* ，学习英雄精神，感受榜样力量。课上，教师带领学生创编花木兰英文剧本，将这部经典剧目在班级和年级中进行展演，激发和培养学生的英语阅读兴趣，发展学生思维能力和语言能力，让学生的听、说、读、演等方面的能力得到锻炼，让学生在演一演的过程中深入了解英雄故事，学习身边榜样。

2.实施过程

(1) 阅读绘本 *Mulan* ，挖掘性格特征，尝试完成初稿。

教师带领学生一起学习英文绘本 *Mulan* 的故事，与学生一起探讨人物言行、特点，尝试完成撰写剧本框架，我们将故事分为"从军前""从军中""从军后"三幕，课上教师引导学生共同改编。在理解故事内涵的基础上，尝试撰写故事剧本。

(2) 剧本创作，续写结尾，引发思考。

If you were Mulan, to go back home or to continue to serve our country, which one would you choose?如果你是木兰，你是会继续报效国家还是回到家孝顺父母？学生可以根据自己的想法，写出故事结尾，完成整个剧本的创编。在此过程中，教师根据各组学生遇到的困难及学习需求相机指导。

(3) 小组合作，排演剧目，班级展演。

组员们选定适合自己的角色，整理台词，制作道具，利用课后托管时间排演剧目，并在班级中进行展演。

3.教学反思

根据学生的学习需求，引导学生把课文改编成剧本，为学生提供语言实践的平台。多样化的戏剧活动为原本枯燥的阅读理解式教学增添了活力，使学生爱上阅读。当阅读文本改编成绘本时，抽象的文字就变成了有画面感的情境，为学生更好地学习、理解语言提供了有力的支持。

通过学习英雄故事，将榜样力量在教育过程中传播，学生在学习英雄故事、演绎英雄故事的过程中，潜移默化地养成了良好的品质。

**科学戏剧实践课程设计**

1.课程介绍

学生通过收集、整理、讲演中国科学院院士、著名核物理学家赵忠尧先生的生平事迹，感受科学家的科学探究精神、爱国主义精神，为学生树立不怕困难、坚持不懈、勇于探究的科学精神，同时通过调查帮助学生进一步了解什么是放射性元素，在日常生活中放射性元素的应用，在接触放射性元素时保护自己的方法，推己及人，进一步体会科学家在科学探究过程中的自我牺牲精神。

2.实施过程

（1）收集整理：组织学生收集整理赵忠尧的生平事迹。

（2）讲演：学生讲演赵忠尧先生的事迹。

例如，赵忠尧获得的成就；两次蒙冤入狱，仍心向祖国；抗日战争期间步行从北京到长沙，把50毫克镭放在咸菜坛子中送到长沙，胸口严重灼烧，形似乞丐的故事；等等。

（3）调查讨论：学生分组调查什么是镭，放射性元素对人体有哪些伤害？讨论50毫克镭对中国的意义。

（4）讨论：学生初谈对赵忠尧的认识。

（5）调查：学生调查了解在日常生活中我们都在哪接触过放射性元素，在接触过程中我们都需要做哪些保护措施，知道哪些因放射性元素造成伤害的故事。

（6）交流撰写：学生分小组交流，并撰写赵忠尧从北京到长沙的心理历程。

（7）撰写剧本：分小组撰写剧本，赵忠尧从北平到长沙的历程。

（8）排演展示：学生分小组排演展示自己排演的故事，进一步感受科学家为祖国的进步不怕困难的献身精神。

3.教学反思

戏剧融入科学史的教学方式拓展了教育的空间，唤醒了学生的自我意识，为学生提供了展示的平台，激发了学生的参与热情。英雄人物的故事色彩浓厚，激发了学生的学习兴趣，为学生建立了正确的世界观、人生观、价值观。

**六、课程效果**

六年级上学期围绕"学英雄 做榜样"主题开展跨学科实践活动，激发学生爱党、爱祖国，心中有榜样，努力做榜样，培养学生的爱国情怀和高尚品德。

同学们在学习中养成勤奋刻苦、持之以恒的学习习惯，勇敢乐观、永不言败的生活态度，严于律己的行为能力，爱党、爱国的高尚品德。学生在综合实践课程的学习体验中不断成长进步，提升并塑造学生各种能力与综合素养。

## 七、评价指标

| 联动学科 | 评价要素 | 分值 | 得分 |
|---|---|---|---|
| 语文学科 | 1.深入角色，体会英雄高尚品格，进行合作表演。<br>2.阅读所学英雄的书或文章进行阅读摘抄并制作小报。 | 5<br>5 | |
| 数学学科 | 1.了解 $\pi$ 的由来，学习榜样精神。<br>2.绘制绘本或小报。 | 5<br>5 | |
| 英语学科 | 1.传统经典剧本创编以及表演。<br>2.经典故事演讲分享。 | 5<br>5 | |

## 八、评价方式

班级剧目会演、海报或绘本作品评展、经典故事演讲分享。

| 英语戏剧实践课 | | | | | | |
|---|---|---|---|---|---|---|
| 项目 | | | | 自评 | 组评 | 老师评语 |
| 剧本设计 | Rich content<br>内容丰富 | Fluent expressions<br>表达流畅 | Less mistake<br>错误率低 | ☆☆☆ | ☆☆☆ | |
| 表演情况 | Be fluent<br>流畅表达 | Be vivid<br>生动演绎 | Be creative<br>大胆创编 | ☆☆☆ | ☆☆☆ | |
| 合作情况 | Good preparation<br>准备充分 | Reasonable rules<br>规则合理 | Proper manners<br>仪态得体 | ☆☆☆ | ☆☆☆ | |

# 第四章　戏剧实践　生发灵动课程

# 课本剧构建灵动课堂

## ——市级课题《小学戏剧教育实践研究》子课题研究汇报

### 吕秋影

在学校市级课题的引领下，我作为一名语文学科骨干教师，思考既然校园剧深受学生喜爱，那么如何使其更加科学、深入地融入语文教学，为学生学习语文而服务呢？带着这样的疑问，几年来，我在自己的课堂中进行着"以课本剧为载体实现学生阅读与体验互动发展的研究"，初步形成了"阅读与表演课程"。"阅读与表演课程"的教学内容来源于语文教材，课本剧为教材落实重点，为突破学生的学习难点而服务。现已形成"阅读与表演课程"课程教案，以及《课本剧剧本集》。

在实践中我们是按照以下步骤扎扎实实地进行的：

**第一步：研读课标，找准切入点，撰写课程纲要。**

《义务教育阶段语文课程标准（2022版）》明确指出，工具性与人文性的统一是语文课程的基本特点，同时强调语文是实践性很强的课程。课本剧为学生提供一种集体验、创造、娱乐、教育于一体的语文综合实践平台，更是每个孩子乐于参与、实现自我价值的舞台。它能够承载练能与育人双重功能，这便是课本剧融入语文教学的切入点。

**第二步：研究教材，了解学生，找准结合点，设计课程教案。**

我们不要求每一篇课文的学习都融入课本剧元素，而是根据教材特点以及不同学段学生的特点和发展需求，找准结合点精心设计。

1.根据教材特点以及不同学段学生的特点和发展需求选择课文。

低年级侧重选择生动有趣的童话故事。因为童话故事深受低年级孩子的喜爱，故事内容生动有趣，易于演绎。

中年级侧重选择叙事类的文章。文章可以是教材中出现的，也可以是学生的优秀习作。

高年级侧重选择古诗文。

2.根据不同学段学生的特点及发展需求选择学习方式。

3.根据教材特点以及不同学段学生的特点和发展需求选择表现形式。

4.根据不同学段学生的特点及发展需求选择开发剧目之外的副产品。

表4.1 课本剧融入语文教学的实践模式表

| 学生年段 | 教材 | 学习方式 | 表现形式 | 副产品的开发 |
|---|---|---|---|---|
| 低年段 | 童话 | 教师主导<br>学生主体 | 音乐剧<br>歌舞剧 | 制作简单头饰及小型道具 |
| 中年段 | 叙事类文章 | 师生同策划<br>家长共参与 | 课本剧<br>现实剧 | 制作服饰、简单头饰、道具，制作宣传海报 |
| 高年段 | 古诗文 | 学生主导<br>家校协同 | 诗韵剧 | 制作服饰、简单头饰、道具，制作宣传海报、绘制手绘本等 |

**第三步：根据课堂实际情况，找准落脚点，实施教学。**

下面举一课例具体说明。

这篇课文是五年级教材中的一篇文言文。文章内容如下。

> 梁国杨氏子九岁，甚聪慧。孔君平诣其父，父不在，乃呼儿出。为设果，果有杨梅。孔指以示儿曰："此是君家果。"儿应声答曰："未闻孔雀是夫子家禽。"

本文虽为文言文，但短小易懂，所以理解文章内容不是难点。但深入体会人物思维之敏捷、语言之精妙是重点，也是难点。所以，在第一课时学生初步读懂课文的基础上，我巧妙地引入课本剧，引导学生通过排演课本剧，走进故事情境，走入人物内心世界，然后通过表演外化自己的理解，在这一过程中体会人物思维之敏捷、语言之精妙，从而突破教学难点。同时，培养学生揣摩人物心理活动，绘声绘色地朗读、表演的能力。

（一）观看视频，激发兴趣

在学生初步了解课文内容的基础上，请学生观看以往同学们排演的课本剧片段，请学生边看边思考，剧中人物在通过什么塑造人物形象。不难发现，小演员表现的是自己的内心独白。那杨氏子为什么会这样说呢？他说之前又是怎样想的呢？引导学生走进人物内心世界的兴趣。

（二）用心揣摩，描写人物心理活动

杨氏子的心理活动才能真正反映他思维之敏捷、语言之婉转，让我们真正感受到他的聪慧，可这恰恰是文中的空白点，于是我抓住这一空白点，引导学生联系上下文，揣摩并刻画人物的心理活动，丰富教材内容。

> 学生进行如下拓编。孔君平看到杨氏子和他手中的水果想：早就听说这孩子聪慧过人，耳听为虚，眼见为实，就让我来逗逗他。
>
> 听了孔君平的话，杨氏子想、这孔伯父可真有意思，我姓杨，杨梅就是我家的水果，那这样说来，孔雀就是您家的鸟了？对了，让我也来逗逗他。于是他说："未闻孔雀是夫子家禽？"

在这一过程中引导学生准确体会人物的性格特点，孔君平风趣幽默，杨氏子的语言精妙主要表现在他思维之敏捷，对孔君平的话理解之透彻，应答之婉转，从而感受到杨氏子非常聪慧。在此基础上指导朗读，既为表演课本剧打下了坚实的基础，又很好地突破了本节课教学的难点。

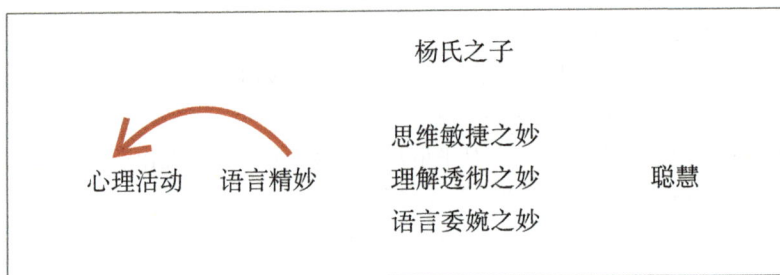

图4.1 教学难点图

（三）分组排演，深入体验

接着请学生根据排演提示分组排演。

排演后进行汇报表演，引导同学们根据排演提示进行评议。

师：从这段实录中大家不难看出，同学们参与的热情高涨，表演时绘声绘色，不仅融入了自己对人物的理解、对文章的感悟，还能够创造性地并合情合理地拓展情节，加入人物。

把老师分析、讲解的时间全部还给，让他们在充分体验中自我感悟，使课堂真正成为快乐的学堂。这一过程中，学生的语文综合能力得以提高。

（四）整体回文，朗读背诵

表演课本剧帮助学生在头脑中建立了这个故事的画面，准确把握了人物的性格特点，此刻引导学生通过绘声绘色地朗读、背诵，展现自己的理解与感悟。

第四步：课后自我反思，专家指导，完善教案。

第五步：收集整理资料，精心排演剧目。

第六步：课题研究中的收获与体会。

在这几年的实践研究中，我和我的伙伴、学生都取得了长足的进步。

　　课题研究为我们提供了一条科研与教研融为一体的专业发展之路。几年来，我们的科研意识及科研水平飞速发展。其中，四名子课题负责人现已独立承担区级课题的研究，两人已成功晋级中学高级教师。作为这四人中的其中一位，我也由一名骨干教师发展为区语文学科带头人，并向更高的目标努力着。我校现已形成系统的科研体系，引领广大教师做研究型的教师，为教师可持续发展奠定了坚实的基础。

　　课题研究中最大的受益者莫过于学生了。实践研究中我们越来越发现，校园剧综合实践平台不但让孩子获得了各种知识和技能，更巧妙地实现了它的育人功能，给孩子们带来很好的发展机缘。我带领孩子们共同排演的课本剧《揠苗助长》，不但荣获北京市艺术节一等奖，还登上了维也纳金色大厅的舞台。当我和孩子们带着祖国的传统文化走出国门、走向世界时，我们内心充满了自豪，眼神中闪烁的是自信，这都源于课题研究带给我的力量！

# 以课本剧为载体，实现学生阅读与体验互动发展的探究

## 吕秋影

**内容摘要**：课本剧是把课文中叙事性的文章改编为戏剧形式，以戏剧语言来表达文章主题。阅读的过程是阅读主体通过特定的心智活动，在自己的脑海中建立文本言语与本然生活之间对应关系的过程。在当下的语文教学中，大力倡导课本剧进课堂，提倡以课本剧为载体，提高语文教学质量。我在教学实践中进行了"以课本剧为载体，实现学生阅读与体验互动发展的研究"的初步尝试，本文将列举实例并阐述课本剧在小学语文阅读教学中的应用及其促进作用。

**关键词**：课本剧　阅读教学　促进作用

### 一、课本剧的含义

课木剧是将语文课本中有情节的课文内容改编成适合学生演出的戏剧，它力求充分表达原来课文的主要内容和主题思想，尽量运用原作的语言动作和主要情节来塑造人物形象，从而更好地体现课文的内涵。分角色朗读、口语交际等都属于课本剧表演的形式，但因其受重视的程度不够，往往只停留在按课后练习的标准去做，草草了事，在小学语文教学中课本剧未能发挥更大的作用。

### 二、阅读的含义及小学语文阅读教学的目标要求

从实质上说，阅读的过程是阅读主体通过特定的心智活动，在自己的脑海中建立文本言语与本然生活之间对应关系的过程。阅读是语文课程中极为重要的学习内容，小学语文阅读教学在整个语文教学中占有举足轻重的地位。小学语文课程标准在总目标中对阅读教学提出这样的要求：培养学生具有独立阅读的能力，学会运用多种阅读方法，注重情感体验，有较丰富的积累，形成良好的语感，能初步理解、鉴赏文学作品，受到高尚情操与趣味的熏陶，发展个性，丰富自己的精神世界。

### 三、课本剧在小学语文阅读教学中的应用及其促进作用

我校的校园话剧具有较高的水平，给学生带来很好的发展机缘，也逐渐成为学校

的特色教育，我校话剧团还被评为"北京市金帆话剧团"。基于我校的实际情况，我在语文课堂上以课本剧为载体进行学生阅读与体验互动发展的研究。研究发现，课本剧是开发学生多元智能培养学生语文综合素养的平台。学生通过阅读文本获取相关信息，受到情感熏陶，有所感悟。在此基础上，引导学生通过表演课本剧走进故事情节，走进人物内心，揣摩人物形象，进一步加深感悟与体验。最后，通过表演把自己的理解外化，通过语言、动作、神态等把自己的理解传达给他人。在这一过程中，培养学生的阅读理解能力以及言语表达能力，实现学生阅读与体验的互动发展。

（一）以课本剧为载体，唤起学生阅读兴趣，培养学生的朗读能力

以往的阅读教学存在的最大问题就是"三多一少"，空洞繁琐的分析多，把一个原本完整的课文搞得支离破碎；作用不大的板书多，老师在黑板上密密麻麻地写了很多，学生忙于记笔记；不必要的提问多，使有限的时间耗费在问答之中；学生所得甚少。其实，老师这样做归根到底就是想引领学生走进故事情节，了解主要内容，提升感悟和理解能力。但这样的教学过程多数是老师灌输，学生被动接受，学生并没有主动走进文章，了解故事情节，用心感悟和体验，更没有得到很好的阅读训练。

课本剧走进阅读教学，能很好地解决以上问题。课本剧能充分激发学生学习的热情，调动学生的想象力和创造力，是学生自主学习语文的催化剂。例如，我在教学《晏子使楚》《将相和》《赤壁之战》等课文时，发现课文篇幅较长，内容离学生生活实际较远，人物关系较为复杂。这样的课文，学生不感兴趣，读不进去，往往只能教师归纳总结，学生死记硬背。于是，我尝试把课本剧引入到阅读教学中来。先请学生以组为单位分角色朗读课文，激发学生的读书热情，学生在这一过程中，把握了文章的主要内容，初步理清了文中的人物关系，了解了故事情节。同时，在朗读的过程中，引导学生努力把自己置身于故事之中，想象自己就是文中的某个人物，用心感悟、体会人物当时的状态、说话时的语音语调，并努力去表示，教授学生朗读要点，切实提高朗读能力。

（二）以课本剧为载体，引领学生多角度阅读，培养学生的阅读理解能力

在初读课文的基础上，请学生组内合理分工，把课文改编成课本剧剧本，为排演课本剧做准备。

| 《晏子使楚》课文原文片段 | 《晏子使楚》课本剧剧本片段 |
|---|---|
| 　　春秋末期，齐国和楚国都是大国。<br><br>　　有一回，齐王派大夫晏子去访问楚国。楚王仗着自己国势强盛，想乘机侮辱晏子，显显楚国的威风。<br><br>　　楚王知道晏子身材矮小，就叫人在城门旁边开了一个五尺来高的洞。晏子来到楚国，楚王叫人把城门关了，让晏子从这个洞进去。晏子看了看，对接待的人说："这是个狗洞，不是城门。只有访问'狗国'，才从狗洞进去。我在这儿等一会儿。你们先去问个明白，楚国到底是个什么样的国家？"接待的人立刻把晏子的话传给了楚王。楚王只好吩咐大开城门，迎接晏子。 | 　　时间：春秋末期。<br>　　地点：楚国。<br>　　人物：晏子（齐国大使）、楚王、接待人、两个武士、楚国大臣。<br>　　剧情简介：春秋末期，齐、楚两国都是大国，齐王派晏子去访问楚国，楚王想趁机侮辱晏子，显示自己的威风。<br>　　【第一场】<br>　　（布景：楚国城门外，城墙上开了洞，几位武士站在那里看门。）<br>　　楚王：（得意扬扬地对大臣说）据说这次齐国派的是大夫晏子来访问我国，你们说说，我应该怎样做呢？<br>　　大臣甲：（对楚王）他身材矮小，可以在此做做文章吧。<br>　　大臣乙（点点头）。<br>　　楚王：（笑了笑）就这么办吧！<br>　　晏子：（来到楚国，见城门紧关着，接待的人叫他从旁边的洞进去。他想了想，对接待的人）这是个狗洞，不是城门，如果我进去了，那这就是个狗国。<br>　　武士：（匆匆地跑到楚王面前）大王，大王，齐国的大夫说，要是他从那洞进来，那我国就是狗国，怎么办？<br>　　楚王：（问了问两旁的大臣们）你们有什么办法？<br>　　大臣们：（都没了主意，无话可说）没……没……<br>　　楚王：（无可奈何）看来我还是低估了这齐国大夫，叫人去开城门，等着瞧吧。 |

　　从课文原文与剧本的比较中可以看出，剧本有格式要求，要写清故事发生的时间、地点、人物，简要介绍故事描绘出的人物语言及说话时的神态、动作等。其中有些内容是可以从文中摘录的，但是有些内容课文中没有明确介绍，需要学生通过读文，认真思考，然后独立概括，比如故事梗概。还有些内容是需要学生通过读文理解后用心揣摩的，比如，人物关系、人物的性格特点等。甚至有些内容是需要查找课外资料来补充的，比如，故事发生的历史年代、当时的社会背景等。学生在把课文改编成课本剧剧本的过程中，提高了提取信息的能力，概括文章重要内容的能力，理清人物关系、把握人

物形象的能力，以及搜集利用课外资料加深理解的能力。这是培养学生阅读综合能力的平台。为学生自主学习、合作学习，创设了空间，提供了时间。确实使学生在自主、合作、探究的学习方式中，在轻松愉悦的学习氛围中，理解内容，习得方法，提高能力。

（三）以课本剧为载体，引领学生揣摩人物心理活动，培养学生的写作能力

《杨氏之子》这篇文言文课文，文章内容很简单。

> 梁国杨氏子九岁，甚聪惠。孔君平诣其父，父不在，乃呼儿出。为设果，果有杨梅。孔指以示儿曰："此是君家果。" 儿应声答曰："未闻孔雀是夫子家禽。"

学生借助课后注释与教师的点拨，能够理解课文内容。但学习本文的难点，是深刻感受人物思维敏捷、语言委婉之妙。要从人物的一句话中体会出人物的思维敏捷语言精妙，这谈何容易呀！最好的方法就是走进人物内心，揣摩人物的心理活动，要知道人物为什么这样说。了解了人物内心想法与思维的过程，再体会人物如何思维敏捷、语言精妙就不难了。那要怎样引领学生走进人物内心呢？课本剧在这堂课的学习中又发挥了重要的作用。请学生以组为单位先演一演这个简短的故事，然后播放一个表演的精彩片段，请学生比较一下区别在哪。学生很快发现在精彩片段中，小演员通过大段的内心独白来表现人物，而自己今天表演的课本剧恰恰缺少了这部分内容，不足以表现人物。这大大激发了学生的好奇心、求知欲，于是，我以此为契机，引领学生走进人物内心，根据人物的语言推想人物当时的心理活动，并进行读写结合的训练。

> 写话练习单：
> 梁国杨氏子九岁，甚聪惠。孔君平诣其父，父不在，乃呼儿出。为设果，果有杨梅。
> 孔想：_____
> 孔指以示儿曰："此是君家果。"
> 儿听后想：_____
> 儿应声答曰："未闻孔雀是夫子家禽。"

> 学生作品举例：
> 梁国杨氏子九岁，甚聪惠。孔君平诣其父，父不在，乃呼儿出。为设果，果有杨梅。
> 孔想：<u>听闻杨氏子聪明伶俐，耳听为虚眼见为实，今日倒不如以此逗逗这孩子。</u>
> 孔指以示儿曰："此是君家果。"
> 儿听后想：<u>我姓杨，杨梅就是我家的果，那孔伯父姓孔，孔雀就是他家的鸟吗？我要来逗逗孔伯父，还不能惹他生气。</u>
> 儿应声答曰："未闻孔雀是夫子家禽。"

　　这种教学方式突破了本课教学的难点，又进行了读写结合的训练，培养了学生刻画人物心理活动的能力。最后，请学生再次表演课本剧，加上刚刚写的人物内心独白，学生的表演惟妙惟肖，把杨氏子的聪慧有礼表现得淋漓尽致。这样的学习方式深受学生喜爱，大大激发了学生学习的兴趣和参与的热情，摆脱了古文教学的枯燥、乏味。

　　本学期，我尝试把课本剧引入到阅读教学中来，把语文教学与我校校园剧特色教育有机结合，使特色教育更好地为课堂服务、为学生服务，确实做到人人参与，全面培养了学生的听、说、读、写的能力。这种形式实现了学生阅读与体验的互动发展，使课堂真正成为学生的学堂，让学生在轻松、愉悦的氛围中有所收获、得到提高，确实做到省时高效。

# 以课本剧为载体搭设语文综合性学习平台

## 吕秋影

语文综合性学习指在教师的引导下，学生自主进行的以语文学科为主并综合了其他内容的学习实践活动，具有学科性、综合性、开放性、实践性和自主性等特点。语文综合性学习是新一轮基础教育课程改革语文课程中提出的一种全新的课程形态，旨在实现语文学习对学生素养的整体优化、全面提高。因此，语文综合性学习既不同于传统意义上的课堂教学，也不同于以往的语文课外活动。本文主要阐述以课本剧为载体，为学生搭设语文综合性学习平台的途径和方法。

### 一、"课本"变"剧本"，读与写巧妙衔接

引导学生把课文改编成剧本，不是为改编而改编，是通过这种方式，提高学生的阅读理解及写作能力，为学生学语文而服务。改编剧本不是一蹴而就的，而是遵循学生的认知规律，随着学生对文章理解逐步准确、深入而逐步完善。下面以寓言故事《揠苗助长》由课文改编为剧本的对比进行说明。

| 《揠苗助长》课文原文 | 《揠苗助长》剧本片段 |
| --- | --- |
| 古时候有个人，他巴望自己田里的禾苗长得快些，天天到田边去看。可是，一天，两天，三天，禾苗好像一点儿也没有长高。他在田边焦急地转来转去，自言自语地说："我得想个办法帮它们长。" 一天，他终于想出了办法，就急忙跑到田里，把禾苗一棵一棵往高里拔。从中午一直忙到太阳落山，弄得筋疲力尽。 他回到家里，一边喘气一边说："今天可把我累坏了！力气总算没白费，禾苗都长高了一大截。" 他的儿子不明白是怎么回事，第二天跑到田里看，禾苗都枯死了。 | 时间：古时候。 地点：稻田里。 人物：农夫和儿子。（对人物简单描述）农夫是个急性子，整天巴望禾苗长得快一些，但不懂得遵循自然规律，结果好心办了坏事。 一大早，农夫扛着锄头，兴冲冲地来到田里。 农夫：（兴奋地告诉大家）昨晚老汉我做了一个梦，梦见刚插下的小禾苗，一转眼就接满了金色的、沉甸甸的麦穗。（做眺望远方的动作）可我这么放眼一瞧呀，禾苗怎么一点儿也没有长高，真是急死我了。（转圈表示十分焦急）（做思考状）这可怎么办呢？（思考片刻）不行，我必须想个办法帮它长高。 |

从课文原文与剧本的比较中可以看出，剧本有格式要求，要写清故事发生的时间、地点、人物，简要介绍故事梗概，写清人物语言及说话时的神态、动作等。这其中有些内容是可以从文中摘录的，但是有些内容课文中没有明确介绍，需要学生通过读文，认真思考，然后独立概括，如故事梗概。有些内容是需要学生通过读文理解用心揣摩的，如人物关系、人物性格特点等。还有些内容是需要查找课外资料来补充的，如故事发生的历史年代、当时的社会背景等。学生把课文改编成课本剧剧本的过程，培养了学生提取信息的能力、概括文章重要内容的能力，以及理清人物关系、把握人物形象的能力，搜集和处理信息的能力。

### 二、"人物"变"角色"，理解与塑造无痕对接

我在教学《晏子使楚》《将相和》《赤壁之战》等课文时，发现课文篇幅较长，内容离学生生活实际较远，人物关系较为复杂。这样的课文，学生读不进去，理解起来比较困难，往往就是教师归纳总结，学生死记硬背。我尝试摒弃以往的教学方式，针对这些人物形象特点鲜明的文章，在班中开展了"王牌对王牌"系列活动。

首先，请学生从这三篇课文中选择一个自己感兴趣的人物，读透课文内容，搜集研究课外资料，认真准确地把握人物形象。

接着，在班中开展口语交际活动"我心目中的王牌"，请学生以演说的方式介绍自己所研究的人物。同学之间互动交流，或是同一看法加以补充，或是不同理解相互辩驳，从多角度理解与鉴赏。

然后，进行"我演绎的王牌"活动，学生以组为单位，演绎自己心目中的"王牌"，通过自己的语言、动作、神态塑造自己理解的人物。在这一系列过程中学生不知不觉把自己置身于故事之中，成为文中的某个人物。

最后，进行"王牌对王牌"活动，把几篇文章中特点鲜明的人物形象进行横向比较。在比较中加深理解与感悟，提升鉴赏能力。

### 三、"环境描写"变"真实情境"，故事与生活完美融合

部编本二年级下册童话故事《青蛙卖泥塘》主要讲了一只青蛙为了把烂泥塘卖掉，搬到城里去住，根据小动物们指出的问题，一次又一次改造着烂泥塘，渐渐地，这方烂泥塘变成了有花有草、鸟飞蝶舞的好地方，最后青蛙决定留在这个好地方，不再卖泥塘了。

开课前我通过课件和板画把教室营造出小青蛙生活的真实环境，每个学生也随机抽取一个头饰，成为故事中的一个角色。随着学生的表演，教师引导学生一起探讨，听了小动物的建议后，小青蛙是怎样做的？为什么这样做？在小青蛙的努力下，泥塘发生了怎样的变化？并随即通过课件和板画演示泥塘的变化。学生仿佛置身于真实的故事情境中，感受着小青蛙虚心听取小动物们的意见，通过一点点的改变，把烂泥塘变成了美丽的家园，也自然理解了为什么最后小青蛙不卖泥塘了。一切都是那样自然而然，水到渠成。

#### 四、"单篇学习"变"主题课程"，实现学习方式的变革

每学期开学初我都会跟学生一起研读语文教材，从中选择一篇课文作为核心内容，构建多学科联动主题课程。本学期我发现孩子们都对《七颗钻石》这篇课文特别感兴趣，被故事内容深深地打动了，特别愿意演一演。于是，我以《七颗钻石》为载体构建多学科融合戏剧综合实践课程。

（一）自选学习内容

学生围绕《七颗钻石》这一学习主题自选学习内容，有的学生要学习生动地讲故事，将这个故事带给身边的每一个伙伴；有的学生要将这么美好的故事改编为剧本，搬上舞台进行表演；有的学生想要为故事绘制手绘本；有的学生酷爱音乐，要为故事配上动听的乐曲；有的学生要为这个舞台剧设计舞蹈动作；还有的学生要将这个国外的故事用中国传统皮影戏的形式演绎……

（二）组建课程团队

我根据学生的学习需求，向相关学科教师发布征集令，打破学科界限组建综合性学习实施团队。于是，语文老师要教给学生如何讲故事、改编剧本；音乐老师要指导学生在赏析中外名曲的过程中针对作品做出选择；美术老师和语文老师一起指导学生完成手绘本；劳技老师和学生们一起画皮影、刻皮影……除了满足孩子们的学习要求，老师们还为每一位学生建立了成长档案册，引导孩子们记录参与课程过程中的点滴收获与体会，又为学生搭设了微作文的平台，各学科教师共同努力为学生搭建全身心参与的综合性学习实践平台，从而实现一个主题，全面开花。

（三）课程评价方式

形成性评价：在课程实施过程中为每一个孩子建立成长档案册，档案册中留有孩子参与的照片，写下孩子参与的感受与收获，记录孩子的自我评价，以及教师、家长和学习伙伴对他的评价，帮助孩子记录成长的过程，而且也为学生创设了微作文的平台。

展示性评价：学期中召开课程中期汇报会，学期末召开课程总结会，邀请学生、教师、家长以及关注我们发展的社会人士共同参加。会上展出学生的阶段性作品，中英文海报作品、童话故事手绘本，播放孩子们制作的电子宣传片，演出皮影舞台剧《七颗钻石》，分享学生参与过程中的独特感受……为每一个孩子搭设展示的舞台，彰显个性，展现独特的自我。

语文综合性学习强调的是书本学习与实践活动的紧密结合，使学生在亲身经历过程中获得直接体验。它不只关注知识和能力学习的结果，更注重学生学习过程的参与程度，强调学生亲自经历和参与，因此，实践是第一位的，要让学生在人人参与、全过程参与的语文实践活动中获得乐趣，有所体验，习得方法，形成能力，提高素养。

# 戏剧元素在小学语文阅读教学中的开发与应用

吕秋影

教学是一门艺术，语文教学自然也不例外，戏剧与语文教学有着许多天然的、密不可分的联系。语文教学中听、说、读、写固然是要教给学生重要的基本能力，但文字背后蕴含的深刻意义和情感才是文字存在的最终目的。所以，在语文课堂中引入戏剧元素，不仅能够很好地帮助孩子体会文意的美感，潜移默化地提高学生的听、说、读、写能力，同时，还能给一成不变的课堂教学引入一股清泉，让学生亲近语文、喜爱语文。因此，在小学语文阅读教学中，我试图把戏剧元素作为一种教学方式引入课堂，使之为教学服务，使单向灌输式的传统课堂模式转变为具有戏剧精神的双向互动式的新型课堂模式，进而提高学生的适应能力、观察能力、想象能力、理解能力、语言表达能力和写作能力等。通过一段时间的学习和实践，我逐渐总结出了以下几种可供小学语文阅读教学中使用的戏剧教育方法。

## 一、戏剧游戏，玩中体验

"戏"本来就有游戏的含义，"剧"则包含嬉戏的意思。"戏剧"是由游戏逐步生发而成的，并始终带有游戏的性质。同时，游戏又是儿童最为自然的行为表露，因此，儿童戏剧无可厚非地具有游戏性。这里的所谓"玩"，指的就是游戏。它并不是简单地开展一些能够活跃气氛的无意义游戏，而是能指向性地指导孩子玩一些促进课堂教学的戏剧游戏。让儿童在戏剧游戏的过程中不断想象和扮演，时间、地点、角色、事件等说变就变，十分自由，不受定势思维和时空限制，顺理成章且创意十足。如一年级的孩子刚入学，对学习环境以及老师、同学都还不熟悉，难以融入群体，投入小学的学习；且低年级孩子注意力持续时间较短，所以低年级老师喜欢穿插"课中操"的教学环节。可是，操作下来，老师们发现结果其实并不理想。一来，时间久了，孩子们失去了兴趣。二来，"课中操"的教学环节停留在机械地完成几个动作上，教育效果甚微。这时，如果在班级中组织一些带有戏剧元素的小游戏，既可以解决以上问题，也可为今后各种戏剧活动的开展打下良好的基础。举个例子，一年级下册第一单元的四篇课文围绕"多彩的春天"编排，在课中，我与学生玩了一个"定格"的戏剧游戏。孩子在优美的音乐声中想象自己身处万物复苏的春日暖阳之中，自由扮演自己喜爱的角色，可以是动物植物，可以是融雪溪流，也可以是各行各业的人们，随音乐做出相应动作，音乐声停，所有动作定格，孩子们相互猜一猜对方表演的是什么，再相互说一说自己的想象。这样一来，不仅吸引了孩子们的注意力，调动了他们的积极性，也将春天生机盎然的特点深深地印刻在了他们的脑海中。除"定格"游戏之外，在语文课堂中经常使用的戏剧游戏还有"照镜子游戏""身体写字"等。

**二、创设情境，朗读背诵**

低年级处于朗读的起步阶段，有进行朗读训练并培养良好的朗读习惯的任务，朗读训练对理解课文内容、发展语言、陶冶情感有重要的作用。简单的全班齐读、指名朗读在完成朗读的训练目标上收效甚微，而将戏剧元素与朗读教学融合，则可以达到良好的训练效果，我最常使用的方法是在情境中进行分角色朗读。分角色朗读并不简单，它是一项系统性的工作，在进行此项训练之前，我会创设真实情境，引导学生在情境中朗读、背诵。

《要下雨了》是一年级教材中一篇生动有趣的科学童话故事。课文通过小白兔与小燕子、小鱼、蚂蚁的对话，介绍了燕子低飞、鱼游到水面、蚂蚁搬家这三种预示即将下雨的现象，使学生知道观察大自然能预测天气变化。课文内容生动有趣，通过对话展开故事情节，特别适合学生演绎。教学本课，我通过角色扮演的形式，引领学生走进故事情境，把文字内容形象化，把抽象内容具体化，激发学生阅读兴趣，调动学生参与的热情，使学生在轻松、愉悦的学习氛围中朗读、背诵课文，在情境表演中理解课文内容，识记重点字词。

1.走进文本，让教材"活"起来。

开课伊始，我请学生自由读文，走进这有意思的故事情境中去看看，要下雨了，小白兔遇到了谁？看到了什么？引导学生走进文本，寻找答案。徜徉在文本之中，学生看到小白兔分别遇到了小燕子、小鱼、小蚂蚁，并听到了他们生动有趣的对话。此时的文本变成了有声、有色、有形的动态"活"文本。

2.带入情境，让"人物"活起来。

在学生了解了故事的主要内容之后，把学生带入三次对话情境中，在情境中引导理解，指导朗读。在学习小白兔和小鱼的对话时，采用师生对读的方式进入情境。然后，抓住"闷得很"展开情境对话。我对学生说：小鱼们，我特理解你们，要下雨了，气压很低，水中缺氧，你们都闷得喘不过气来了。想想怎样读才能让我感受到你们的痛苦呀！在教师的引领下，学生自然进入了情境，在情境中用心体会，在情境中读出语气，使文本中的能"鲜活"起来。

3.角色扮演，让学生"活"起来。

在学生正确、流利、有感情朗读的基础上，指导表演，引领学生通过表演外化自己对课文的理解，展示自己朗读、背诵的成果，层层递进地落实本课教学重点。教学最后，教师巧妙拓展，引导学生想一想其他小动物在下雨前有什么表现。调动了学生的课外积累，为学生搭建了运用语言的平台，突破教学难点。学生在主动积极地参与过程中，思维是活跃的，表现是活泼的，表演是活灵活现的。

### 三、投入情境，演中感悟

所谓"演"，就是戏剧中的角色扮演，即让儿童通过想象，创造性地模仿真实生活中的某种活动，再现人与人之间关系的一种活动。在角色扮演中，儿童通过模仿、练习、同理（将自己置于角色的角度看问题）、商定（与同伴协商）等一系列活动，不断分析文本，理解情境，试图解决人与人之间交往的问题，为他们更好地理解情境、感悟文本意义、形成良好的社会交往能力打下基础。

### 四、改编剧本，创中升华

在开展戏剧创作的过程中，学生的学习兴趣、阅读鉴赏能力、写作能力、合作精神以及创造性思维都能够获得一定程度的提升。因此，在编演课本剧的基础上，我还会引导学生改编剧本、创编剧。低年级学生的想象力比较丰富，我们可以充分把握和利用这一点，引导学生对简单课文的想象编写。如在学完二年级《揠苗助长》这一成语故事后，我引导学生根据故事情节展开想象，把"话"变"画"，把成语故事改编成剧本，引导他们从不同的人物，如农夫、农夫的妻子、农夫的儿子、邻居甚至禾苗的不同角度出发，编写对话，充分展示各个人物的内心。还通过"第二年，农夫又种下了禾苗"这一旁白为后续，让孩子们想象着续编故事。孩子们创、编、演，在快乐的戏剧活动中深刻地揭示了成语的寓意。当然，对于大部分低年级学生而言，编写完整且有逻辑的故事情节有难度，教师可以引导学生分步创作。这样，不仅能帮助他们理解寓意，同时还能锻炼他们的想象能力、语言表达能力和创作能力。

---

剧本改编过程如下。

**第一步，提炼文章六要素：时间、地点、人物、起因、经过、结果**

（通过此环节引导学生把握文章主要内容，以及故事中的人物形象。）

以二年级下册教材中的寓言故事《揠苗助长》为例。

时间：古时候。

地点：稻田里。

人物：农夫和儿子。（对人物简单描述）农夫是个急性子，整天巴望禾苗长得快一些，但不懂得遵循自然规律，结果好心办了坏事。

故事很简单，就两个人物，我们也可以根据剧情需要添加人物。

此剧为了制造矛盾冲突添加人物小禾苗。

起因：古时候有个农夫，整天巴望自己田里的禾苗长得快些，他天天到田里去看，总觉得禾苗长得太慢了。

经过：一天，他终于想出了办法，就急忙跑到田里，把禾苗一棵一棵往高拔。

结果：禾苗全都枯死了。

此环节训练学生整体把握文章主要内容的能力，了解故事梗概也是改编剧本的第一步。

**第二步，分步改编剧本**

我们可以按照故事的起因、经过、结果，或根据剧情需要、场景转换等，把一个完整的剧划分为几幕，然后分步改编。

比如，《揠苗助长》这个故事的起因是：古时候有个农夫，整天巴望自己田里的禾苗长得快些，他天天到田里去看，总觉得禾苗长得太慢了。

改编：通过内心独白表现他急于求成的心理活动。

1.抓住文中"巴望"一词引导学生体会农夫盼望小禾苗快快长大的急切心理。学生说道，农夫连做梦都想着要禾苗长高了。

2.接着创设矛盾冲突，一边是农夫巴望小禾苗快点儿长高，一边是小禾苗慢慢地生长，焦急的农夫看着禾苗总也不见长高，他又是怎样想的呢？

学生说道，农夫想不能再等待了，要帮助小禾苗长高。

3.在前面交流的基础上，请学生写一写农夫的心理活动。

4.交流分享，修改完善。最终这部分剧本是如下呈现的。

剧本片段：一大早，农夫扛着锄头，兴冲冲地来到田里。

农夫：（兴奋地告诉大家）昨晚老汉我做了一个梦，梦见刚插下的小禾苗，一转眼就接满了金色的、沉甸甸的麦穗。（做眺望远方的动作）可我这么放眼一瞧呀，怎么一点儿也没有长高，真是急死我了。（转圈表示十分焦急）真是急死我了！（做思考状）这可怎么办呢？（思考片刻）不行，我必须想个办法帮助它们长高！

本节课就指导学生完成故事起因部分的改编。（播放视频）

从这一片段改编的过程中，我们以改编剧本为途径，培养了学生的阅读理解及写作能力。如我们首先抓住重点词"巴望"引导学生体会农夫的急切心情，揣摩农夫的心理活动，很好地落实了课标中对中年级教学的要求，体会重点词语在表情达意方面的作用。然后，引导学生在情境中揣摩人物的心理活动，并描写刻画人物的心理活动，进行片段描写的指导，培养学生的写作能力。

**第三步，课上以一个片段为例，进行重点讲解，其他部分由学生自主创造完成，教师辅导**

**第四步，排演实践中逐渐完善剧本**

将戏剧元素引入小学语文课堂，是一种有益的探索。作为传统教育模式下的一种新颖的辅助方式，以戏剧活动为载体承载语文课的教学内容，它既能帮助学生理解文本意义，变"死"的课本知识为"活"的探索实践，又能使他们充分发挥想象，培养感情，锻炼能力，充分体现了语文工具性和人文性统一的特点。它让语文课堂成为"生命光彩"涌动的充满灵性与智慧的殿堂。语文中的戏剧，戏剧里的语文，是学生喜欢的语文，也是教师喜欢的语文。

**第五步，课上以一个片段为例，进行重点讲解，其他部分由学生自主创造完成，教师辅导**

**第六步，排演实践中逐渐完善剧本**

# "双减"背景下展示性评价实践与探索

吕秋影

几年来，东城区小学期末以"乐考"的方式检验一个学期的学习成果，备受家长、学生的欢迎。2020年7月，在"双减"背景下，回民实验小学"乐考"又有了新变化。学校以立德树人为核心，以民族教育为基点，以统编教材为背景，以戏剧教育为载体，构建低年级跨学科主题学业展示与评价方案，坚持五育并举，促进全面发展。在学期末举行了主题为"少年儿童心向党，快乐学习伴成长"的一、二年级学业展示与评价活动。学校在过去"乐考"的基础上，再次创新，将党史学习教育融入"乐考"，同时也改变了过去"乐考"游戏化闯关的模式，而结合平时学习，采用期末才艺展示的形式进行。

## 一、"乐考"在孩子心中播下红色种子

此次活动既是学生学业展示与评价活动，也是一次生动的党史学习教育，旨在引领学生讴歌中国共产党的百年奋斗历程，坚定理想信念，传承红色基因，锤炼品格，茁壮成长。在学校党支部的引领下，一、二年级组全体教师坚守使命初心，精心构思设计，以语文学科为核心整合多学科联动，带领学生在完成学业展示的同时，传承红色经典、弘扬红色文化。

精心的设计往往会带来意想不到的效果，各班的呈现给教师、家长带来惊喜。在一年级（2）班，学生们朗诵的红色诗歌都来自学生和家长亲子原创的作品，家校携手用诗的语言、诗的方式、诗的热情和诗的力量，从多角度赞美亲爱的祖国，歌颂伟大的中国共产党。让人印象深刻的是二年级（1）班，学生们以喜爱的戏剧表演为主要形式，同时融入了诗朗诵、讲英雄故事和歌唱等方式，多元展现了自己在本学期中的所学、所得。在戏剧情境中自然地将多学科相融合，充分体现学生的综合素养。

## 二、在"乐考"中培育核心素养

在低年级学业展示与评价活动中，学校根据课程标准整体设计，关注学生实际获得，培育核心素养。以下是语文学科的"乐考"成果。

"乐考"与拼读识字紧密结合。活动中学生借助拼音去朗诵诗歌，学生在广泛阅读的过程中，不仅巩固了汉语拼音的能力，而且培养了学生主动识字、独立识字的能力。

"乐考"与情境朗读紧密结合。在正确、流利、有感情地诵读的过程中，学生区分了不同标点符号所表达的情感。在真实的情境中朗读，学生个个精神饱满、神采飞扬，不

仅获得了初步的情感体验，也在朗读中自然表达了自己的真情实感。

"乐考"与口语交际紧密结合。在我校的语文课堂中，因需设计实践课程。如祝福类课程、劝说类课程、邀请类课程、介绍类课程等。在低年级学业展示与评价活动中，学生准备了丰富多彩的节目，希望邀请更多的人来参与。根据学生的交际需要，老师们指导学生设计并制作邀请函，并把邀请函送出去。一年级的小朋友拿着自己亲手制作的邀请函去邀请观众，虽然已经练了很多遍，但还是状况百出。有的小朋友，只顾一股脑地把自己背的词都说出来，全然不顾对方的反应；有的小朋友，只会说准备好的词，当面对提问时大脑一片空白；当一位小朋友走到保安叔叔身边，送去邀请函，发出邀请时，场面一度尴尬，小朋友和保安叔叔都不知道该说些什么了。老师现场指导解围。老师采访："保安叔叔，你愿意接受这位小同学的邀请吗"？保安叔叔说："我愿意，可是如果我去观看节目，校门口就空岗了。"老师对小同学说："你听懂保安叔叔的话了吗？你有什么好办法吗？"学生想了想说："我给保安叔叔介绍介绍我们的节目吧，或者演出结束后请保安叔叔看我们演出的视频。"老师评价说："你们看，这样交流多好呀。"在这样生动的实践中，学生的综合能力得到锻炼。

### 三、"乐考"为学生搭设才艺展示的舞台

在以往，"乐考"采取的形式往往是游戏闯关，但是今年，回民实验小学用才艺展示替代游戏闯关，孩子们纷纷登台，通过才艺表演的方式展示学习成果，方式变得更加轻松灵活。

舞蹈、朗诵、歌唱、绘本展示、二胡独奏、原创戏剧表演等文艺形式，纷纷成为今年各班学业展示呈现的方式。

学校作为戏剧教育实践校，戏剧活动早已成为学生学习生活的一部分，这一次我们创新性地把"乐考"与戏剧充分融合，更是在检验学生综合素质能力的基础上，丰富了学生体验，充盈了学生情感，让孩子们乐在其中、快乐成长。本次"乐考"，教师们为学生们选择了喜闻乐见的戏剧表演作为展示形式，并融入朗诵、歌唱和讲故事等环节，真正实现了寓教于乐。

在这一思路指导下，学校课堂也发生了变化。数学课堂上，学生将收集建党百年以来祖国日新月异的变化与取得的成就，积极与同学们分享。语文课上，孩子朗诵自己与家长共同创作的爱国诗歌，音乐教师则带领学生学红歌、唱红歌……

课堂的变化带动学生发生了变化。平时活泼而又淘气的小泽得知他和妈妈创编的诗歌作品被选中登台表演时，一下子跳得老高，激动之情溢于言表。之后的课间活动，他少了追跑打闹，多了和同学的交流合作。每次和小组同学练习朗诵，他都特别积极，且次次有提升。

#### 四、"乐考"打破边界 实现学科融合

"学科融合"对于老师而言，已经不是一个新的名词了，各学科老师都在不断探索学科融合的教学方式，但是如何将各学科真正有效地融合呢？在这次"乐考"展示伊始，学校领导、年级组长及各学科老师便开启了多次跨学科探讨研究，经过一系列的思维碰撞，老师们根据学生的不同特点创设了多种形式的展示。

语文学科携手数学学科，通过亲子活动搜集祖国取得的伟大成绩，以及北京发展变化的相关数据，采用"新闻播报""知识竞赛"等形式，让学生透过一个个数字感受到祖国的发展变化。同时语文学科牵手美术学科，运用所学七巧板以及轴对称图形知识制作拼贴画，表达自己对祖国的美好祝福。学科融合的效果得以精彩呈现，达到了预想的教育目的。

#### 五、"乐考"通过多元评价促学生全面发展

学生学业评价改革是基础教育课程改革的一个重要组成部分。《基础教育课程改革纲要》指出："建立促进学生全面发展的评价体系。评价不仅要关注学生的学业成绩，而且要发现和发展学生多方面的潜能，了解学生发展中的需求，帮助学生认识自我，建立自信，发挥评价的教育功能，促进学生在原有水平上的发展。"

本次学业展示与评价活动评委会由学校党支部、教师代表、家长代表、学生代表组成。从知识积累、行为习惯、精神面貌、团结协作、审美表现等方面多角度对学生的展示进行评价，并引导进行学生自评、生生互评，通过多元评价促进学生的全面发展。

在"双减"背景下，我们不断探索如何给学生减负。此次"乐考"就是我们通过提高教育质量、优化课程来实现减轻学生课业负担目的的一次积极尝试。学生在本学期中的所学所得既能多元化地呈现出来，又能在戏剧情境中自然而然地将多学科内容融会贯通，可谓一举多得。